赋能教师成长的
项目化校本研究

程核红　　主编

中国出版集团　东方出版中心

图书在版编目（CIP）数据

赋能教师成长的项目化校本研究 / 程核红主编. —
上海：东方出版中心，2023.9
ISBN 978-7-5473-2240-6

Ⅰ. ①赋… Ⅱ. ①程… Ⅲ. ①师资培养－研究 Ⅳ.
①G451.2

中国国家版本馆CIP数据核字（2023）第135058号

赋能教师成长的项目化校本研究

主　　编　程核红
责任编辑　黄　驰　刘　叶
装帧设计　钟　颖

出 版 人　陈义望
出版发行　东方出版中心
地　　址　上海市仙霞路345号
邮政编码　200336
电　　话　021-62417400
印 刷 者　山东韵杰文化科技有限公司

开　　本　710mm×1000mm　1/16
印　　张　18.5
字　　数　278千字
版　　次　2023年9月第1版
印　　次　2023年9月第1次印刷
定　　价　85.00元

序　言

　　彭浦新村是上海第一批工人新村之一，彭浦初级中学（前身为彭浦中学）是彭浦新村第一所中学。六十载砥砺图强，学校今天已经成为彭浦地区一所具有引领和辐射作用的、老百姓"家门口"的好学校。这一切离不开一代代校长和教师对学校精神和文化的认同，他们日复一日坚守奋勉、助力学生成长成才的不懈努力。

　　学校既要立足于既往与现在，更要面向未来；如果说过去和现在学校的发展更多跟着社会的发展步伐前进。那么未来，随着脑科学、神经科学和学习科学的研究进展和数字时代的到来，教育和学校将会面临加速的迭代，迎接前所未有的新问题、新事物和新挑战。

新时代的"善教""乐学""会研"者

　　作为学生在校成长过程中重要的引导者——教师需要在传统中创新，做新时代的"善教""乐学""会研"者。

　　对于教师来说，"善教"不仅要"传道、授业、解惑"，更要立德树人、为党育人、为国育才；不仅要教学生掌握知识、促进他们的认知发展，而且要助力学生学会运用知识、创新创造；还要关心学生身心健康，助其能力提升；帮助学生学会承担责任、与他人协作共处、与自然和谐共生。

"乐学"是教师实现"善教"的途径。在"后喻文化"时代，教师们要孜孜不倦、好学乐学，相互合作探索，研读学习最新的理论、政策，将教学、管理和变革建立在人类智慧、科学成就和先进方法的基础之上。

"会研"是教好每一个学生、办好每一所学校的时代新要求。"会研"是为了面对复杂的教育情境和教育对象。教师要能敏锐地发现问题，应用适当的理念、知识与方法，这有益于改善教育教学方式。教师思考的方式不仅是"经验反思"和"行动研究"，更需要在面对全新和复杂的专业问题时，尝试使用科学的实证方法。

教师最终将成为"知识生产"者

联合国于 2022 年 9 月召开了世界"教育变革峰会"，明确提出"教师是知识生产者（knowledge producer）"。教师的专业行动循环本身就是教师个体进行智慧生产和运用的过程，教师应该不断累积经验，为下一次教学活动做好准备。

教师是教育问题的发现者和提出者，即知识生产的发起者。教师不再是传统的专注于教案、教材和教学的个体，而是要与他人协作共进。教师之间的合作，教师对新教学问题的发现和呼吁，也会促使大学学者、研究机构、政府和社会进行研究，使得"真问题"成为教育专业人员研究的对象——这便是系统知识生产的起点。

教师也应该是"教育知识生产的主要创造者"。随着人类知识增长和专业细分，知识和观念传递给下一代的时候，会越来越多地涉及新兴的领域、新近的研究发现，这就要求教师参与信息筛选、课程开发和教育探索创造。比如，大中小学课程列入了"环境气候"的内容，如何教"环境气候"、如何培养学生的环境意识、如何让学生经过师生互动的教学过程建构起对人类自身与自然环境的新型关系的认知，则是教师需要在实践中探索、发现、个性化创生的教育教学新知识。

学校治理视角下的教师专业赋能

当角色转变、专业性日益提升，教师们会去共同发现教育教学中面临的新问题，平等地去研讨并跟进解决的过程。为此，学校则应成为促进教师和学生共同学习、成长，自主、开放、富有创造力的场域。

在这个意义上，彭浦初级中学正在研究的课题"学校治理视角下赋能青年教师的项目化培训实践研究"，其顶层意蕴是有前瞻性的，能够切中解决实践中的真问题。课题的"治理"视角弱化学校的行政"管理""控制"，从而强化专业的力量；同时让教师，特别是富有活力的青年教师成为主角，通过"赋能"赋予教师专业自主的可能，使其担纲学校教育并能自主发展；项目化研修主题鲜明、内容精准适切，明确指向了对当前学校传统培训中弊端的改进。

从书中可以看出彭浦初级中学课题扎实研究的过程以及逐渐丰厚的成果。教师们根据兴趣、需求、教龄等主客观因素形成了十几个项目团队，教师能在自己的短板上找到专业共同体：师德素养提升、课例研究、科研方法学习、家校共育等等，持续共商共研，协同完成有挑战的工作任务。教师们对各种教育教学实践或主张进行反思、实验、评估，记录经验并在同侪中分享经验。难能可贵的是，学校非常用心地将过程的点滴系统编辑成书，付梓出版。相信这一定能让教师们体验到专业智慧生产的自信与成就。教师个人的发现、创新可能微小，但聚沙成塔则能为整个国家教育发展增加活力、做出贡献。当然，教师的学习和研究不是一帆风顺、一蹴而就的，教师永远要面对并虚心接受专业的进一步完善，坚定不移发展自身。值得推崇的是，课题还探索了一系列校本的创新激励机制，为教师长效的研究深耕保驾护航。

最后，祝贺彭浦初级中学甲子华诞，以及课题研究的硕果累累。春华秋实，在科学研究的引领下，未来学校定能收获更多教育改革带来的增值发展，创造新辉煌！

张民选

2023 年 5 月

目 录

序言（张民选） /001

绪论 /001

第一辑 谋 定 篇

第一章 项目化研修的根本导向 /011

第一节 为专业发展蓄势储能 /012

第二节 为砥砺前行引领赋能 /016

第三节 为项目生成顶层聚能 /022

第二章 项目化研修的核心内容 /030

第一节 项目化研修的网络图谱 /031

第二节 项目化研修的岗位职能 /039

第三节 项目化研修的协同赋能 /042

第二辑 笃 行 篇

第三章 项目化研修的基本过程 /057

第一节 从科研沙龙到学科项目 /059

第二节 从单科研究到多维提升 /070

第三节 从线下研修到线上探索 /083

第四章　项目化研修的评价保障　/103

　　第一节　项目化研修的制度保障　/104

　　第二节　项目化研修的资源支撑　/113

　　第三节　项目化研修的评价机制　/158

第三辑　励　新　篇

第五章　项目化研修的实践成效　/163

　　第一节　善观　善听　/166

　　第二节　善问　善喻　/182

　　第三节　善思　善行　/198

第六章　项目化研修的行动展望　/250

　　第一节　坚守项目化研修的主阵地　/251

　　第二节　打造项目化研修的新高地　/263

　　第三节　回归项目化研修的策源地　/274

赋能教师专业发展研修大事记　/280

后记　/284

绪　论

随着基础教育课程改革的深入，教师专业发展以应对教育教学要求将成为常态。在这种常态下，集中式大面积的培训难以满足教师个性化的专业发展需求。[1] 相对来说，同侪之间协同性高的校本研修因为时间成本低、问题情境精准且有针对性，具有无可比拟的优势。因此，如何克服校本研修当前的困局、激发教师内驱力、调动不同阶段教师学习积极性、盘活"老中青"教师队伍活力、系统有效发挥校本研修真正价值，是当前各中小学校共同面临的问题。

一、教师专业发展的理论应然与校本研修的实然困局

以校为本的全员研修是促进教师终身学习和专业发展的重要场域，但在实践中，学校在教师专业发展中的主体定位和应然价值还未得到充分体现。[2] 国培项目的相关研究表明，"校本培训"较其他模式成效欠佳，提质增效幅度尚小，改革创

---

[1] 唐泽静，陈留定，庄芳：《教师校本培训的供需失衡与调适之道》，《现代教育管理》，2020 年第 5 期，第 72—78 页。

[2] 张文超，陈时见：《学校本位教师专业发展的时代意蕴与推进路径》，《当代教育科学》，2022 第 1 期，第 68—76 页。

新滞后，为教师培训模式创新的薄弱点。[1]

（一）研修目标：多事务类定位、少专业性定向

研究表明，教师学习要激发其自我导向的内生动力，学校应创设多元环境发展教师的知识和技能。[2]在职研修内容和方式上要遵循成人学习选择性、自主性、独立性强，以现实问题解决为驱动的特点。[3]

校本研修的目标是研修内容的选择、研修活动的开展和研修评价的指挥棒。在实际工作中，校本研修的目标指向往往是完成上级教育主管部门布置的学习宏观政策、了解教育前沿、提升教师核心素养等主题任务，学校则多从教学、德育等工作条线去分解、落实上级的要求。[4]而这些远离于教师专业问题和工作场景的实际目标，与教师的关注和兴趣相脱节，与教师的个人专业发展目标不一致，工学矛盾明显。

（二）研修内容：多条块化部署、少个性化建设

"我的需求我清楚，我的选择我做主"，应该成为当前和今后一个时期构建教师研修支撑体系的基本理念。提供各类教师培训共同体和各种培训内容供教师选择，是各级教师培训部门和学校必须面对的课题。[5]校本研修理应是以教师的需求和知识技能为设计起点，精心打磨研修内容，既要解决现实问题，补足教师专业短板，又要回应教育新理念和新技术的发展，促进教师卓越发展。

而现实中校本研修模块和内容缺少整体性规划，出现内容覆盖面不全和关联性不强的问题，走不出原地踏步的怪圈。[6]这周开展"高效课堂构建"的教学展示，

［1］ 冯晓英，林世员，骆舒寒，王冬冬：《教师培训助力教师专业成长提质增效——基于国培项目的年度比较研究》，《中国电化教育》，2021年第7期，第128—135页。

［2］ L. Darling-Hammond, M. E. Hyler, M. Gardner. *Effective Teacher Professional Development*. Palo Alto, CA: Learning Policy Institute, 2017.

［3］ 田璐：《成人学习理论下教师教育与教师专业发展再思考》，《继续教育研究》，2022年第1期，第46—50页。

［4］ 王涣文：《现代学校治理视角下的校本教师专业发展策略初探》，《上海教育科研》，2021年第4期，第76—79页。

［5］ 刘涛：《搭建教师专业成长的立体空间与有力支撑体系》，《人民教育》，2018年第19期，第63—64页。

［6］ 郑明义：《从项目研修到课程研修：区域提升校本研修质量的路径探索——浙江省温州市的实践》，《教学月刊·中学版（教学管理）》，2021年第9期，第51—53页。

下周可能就是"全员导师制"的教师论坛等。研修活动长期处于碎片化状态，内容之间相互独立，缺乏顶层设计和逻辑关联，不能可持续地深入推进，解决教师个性化专业发展的瓶颈问题。

（三）研修过程：多科层制运作、少共同体运行

由于学校具有行政化的特点，校本研修组织与安排的主导权在学校层面，学校通常以学期为单位，统一安排全体教师的研修活动。此类自上而下的他组织方式的研修，重要求、轻支持，忽视了教师自组织的学习共同体构建。

自组织模式更有利于教师自主性学习、个性化学习和伙伴式学习。[1]研修根本上是一种教师自组织的研修。为了推进教师个体的专业发展，研修应该使每位教师都要通过研修团队发挥主体作用、进行信息交互，进而实现群体增值。这就需要学校打破多元主体、协同共治，打破原有层级化管理体制，超越行政科层的网状组织架构，多向度改变信息流向，协作式下沉决策权利。[2]

（四）评价保障：多单一性评价、少多元化支持

最新的教育评价制度改革要求，重视教师的评价主体地位、过程性评价和终结性评价相结合、质性评价和量化评价相结合。[3]而在校本研修中，"以评促研""以评促学"的评价却长期得不到保障。

究其原因，研修资源不充足和制度不健全是限制校本研修发展的系统性问题。[4]学校研修资源不足主要表现在三方面：一是名师专家资源不足，不能为教师发展提供专业指导；二是教师外部发展机会不足，不能为教师提供更多的专业发展渠道；三是信息资源不足，不能为教师提供最新的科研资讯和数字化发展平台。制度不健全主要体现在没有驱动研修有效运转的规章制度或管理办法，缺乏推动研修质量提升的绩效管理或激励制度。

［1］ 曹纺平，陈剑琦：《基于瑞典学习圈的中小学校本研修》，《上海教育科研》，2021年第7期，第74—78页。

［2］ 周彬：《学校教师队伍治理：理论建构与运作策略》，《教师教育研究》，2020年第2期，第13—19页。

［3］ 张力天：《新时代中小学校本研修评价导向探略》，《当代教研论丛》，2022年第8期，第18—21页。

［4］ 朱沛雨：《精准扶贫背景下乡村教师专业发展支持体系建设研究》，《中国成人教育》，2020年第18期，第82—84页。

二、项目化研修的基本内涵与理论基础

（一）基本内涵

项目化研修是基于项目化学习的本质与要素演化而来的一种校本研修模式。项目化学习打破了传统教学中的知识传递机制与身份角色定位。[1]其根本在于重构"学"的过程，通过将学习任务项目化[2]，在真实的问题驱动下、在真实情境中展开探究；用项目化小组的方式学习；运用各种工具资源促进问题解决；最终形成可以公开发表的成果。[3]目前，项目化学习的使用对象多是学生，目的是帮助其解决当下学科知识碎片化、学习内容远离生活情境，以及无法对知识整合应用的问题。而事实上这一学习方法也能针对性解决教师在职研修中的很多问题。

项目化研修的任何一个项目都着眼于解决学生实际发展中存在的问题、教师专业领域知识更新的问题。[4]因此，项目化研修是一种在真实情境中以项目为驱动的教师研修方式的变革，是传统校本研修的转型。其中的"项目"是指，结合教育教学的现实问题，匹配教师不同发展阶段，满足不同教师发展方向、研究兴趣而开展的，有明确计划、周期、目标、组织并辅以激励、控制等管理手段的研究工作。

其实，传统观念将教师专业发展界定为"掌握学科知识和必要的教育教学技能"。但客观上，新的教育理念已经要求教师把基于经验和常规的一般性思考上升为科学的、系统的、专业化的研究，即通过研究去解决问题，项目化研修的内核便是遵循了这样的发展思路。而实现教师个性化专业发展的"赋能"关键，则在于通过不同可选择的项目，给予教师更多自由发展的空间以及更多自我实践的平台。

[1]　叶碧欣，桑国元，王新宇：《项目化学习中的教师素养：基于混合调查的框架构建》，《上海教育科研》，2021年第10期，第23—29页。

[2]　郑彩国：《项目化研修：中小学教师综合素养提升的实践研究》，《中小学教师培训》，2021年第10期，第1—4页。

[3]　夏雪梅：《项目化学习：连接儿童学习的当下与未来》，《人民教育》，2017年第23期，第58—61页。

[4]　朱永新：《新教育》，漓江出版社，2014年，第63—66页。

（二）理论基础

1. 项目化研修的群体增值：治理理论

现代治理理论源于西方提出的新公共管理理论、政府角色理论以及公共理论重构等。治理是各种公共的或私人的机构和个人管理其共同事务的诸多方式的总和，它是使相互冲突的或不同的利益得以调和并且采取联合行动的持续过程。[1]在治理过程中要通过利益激励让更多相关者参与活动。[2]

一方面，教师专业发展是学校与教师的"共同事务"，把专业发展的任务还给教师自己，恢复专业发展的使命感，会更好地实现教师专业精进的目的；另一方面，学校治理强调多元主体、协同共治，学校应打破原有层级化的管理体制，架构超越行政科层的网状组织，多向度改变信息流向，协作式下沉决策权利。这意味着，项目化研修应是一种教师自组织的研修，每位教师都要通过研修团队发挥主体作用、进行信息交互，进而实现群体增值。此外，在项目化研修的过程中，学校要对项目团队进行综合评价，对教师个体发展的成果予以肯定，激发教师专业发展的动力，引领教师专业发展的方向。[3]

2. 项目化研修的个体发展：成人学习理论

成人学习理论起源于20世纪20年代，经历近百年的发展，形成了知觉转换理论、嬗变学习理论等多种流派的理论。美国学习政策研究所研究报告指出，有效的教师专业发展应该基于成人学习理论，突出教师的主动性、保障充足的学习时间。[4]相关理论表明，成人在学习方面具有很强的自主性和独立性，成人的学习目的在于解决当前存在的问题，解决生活和学习中的实际问题。[5]而"教师学习"的

［1］　俞可平：《治理与善治》，社会科学文献出版社，2000年，第4页。

［2］　蒋庆荣：《协同治理视角下中国高等职业教育治理模式研究》，吉林大学博士学位论文，2018年，第32页。

［3］　周彬：《学校教师队伍治理：理论建构与运作策略》，《教师教育研究》，2020年第32期，第13—19页。

［4］　L. Darling-Hammond, M. E. Hyler, M. Gardner. *Effective Teacher Professional Development*. Palo Alto, CA: Learning Policy Institute, 2017.

［5］　田璐：《成人学习理论下教师教育与教师专业发展再思考》，《继续教育研究》，2022年第1期，第46—50页。

途径是与协作学习并联的自我指导学习。[1]这启示项目化研修要尊重教师的个体选择、提供多种选择，以问题和现实需求为驱动，研修项目的设计扎根在真实的教育教学情境之中，充分发挥每位教师的自身优势，构建学习共同体，使团队力量得以最大化发挥。

三、项目化研修的实践历程

上海市彭浦初级中学（以下简称"彭浦初中"）是上海市静安区的一所"老牌"公办初中，也是上海市最早的工人子弟学校。不断提升教师专业发展，始终是学校在师资队伍建设上的目标。学校经历了"从关注见习教师培养到关注骨干教师研修（2012—2013年），从关注校本研修重构到关注项目研修转型（2014—2015年），从关注教师团队成长到关注教师个性发展（2016—2018年），从关注青年梯队赋能到关注教师生态盘活（2018年至今）"的探索历程。在问题驱动下，学校点面结合，持续深化，在推动教师专业发展的进程中不断优化教师研修模式，在探索项目化研修的实践中持续赋能教师个性化发展。

2012年彭浦初中成为见习教师区域培训基地，以见习教师规范化培训为切入，组建了研究团队，从教师专业发展视角出发，围绕"职业现状、自我效能、成长规划、发展需求、保障支持"等多项指标进行了调研，全面梳理教师专业发展存在的瓶颈、困惑及需求，全面反思以往研修中存在的问题。学习了"见习教师的培训策略""教师专业发展的基本路径""校本研修的有效形式"等相关理论与案例。

2014年起，彭浦初中陆续开展了"随堂视导"、"双组建设"等教学类研修、"PALS项目"、"学科节"等课程类研修的实践，搭建了"读书漂流、科研沙龙、教师论坛"等教育科研平台，构建了基于条块工作的研修模式。集体学习"赋能""项目化管理"等理论，探索传统校本研修向项目化研修模式的转型。成立以青年教师为主体、以教学问题为导向的学科项目组，对"项目""项目化"形成校

---

[1] 裴淼，李肖艳：《成人学习理论视角下的"教师学习"解读：回归教师的成人身份》，《教师教育研究》，2014年第26期，第16—21页。

本理解。2015 年，学校成为上海市见习教师规范化培训基地，以此为契机，学校开始切入青年教师发展，走上了校本研修的转型探索之路。主要的做法有：整合科研沙龙力量，成立以教学问题为导向的学科项目组；调整传统研修、部门工作、教师需求，逐渐丰富项目类型，不断拓宽研修内容。

2016 年，在区重点课题"'校本研修'背景下的学校师资培养、提高和建设的研究"的推动下，学校在学科项目的基础上五维聚焦，形成若干指向教师个性化专业发展的项目研修模块，确立了"如何项目化""如何开展项目化研修"等关键路径与基本方法。2017 年通过教育部子课题"适应学生个性化发展的学校管理策略研究"，学校提出研修项目的"六为"准则与项目化研修的"六有"要求，初步架构了"领衔人"机制完善项目运作模式。在深入探索赋能教师个性化专业发展的进程中，学校组织教师制定专业规划、开设个性化课程、编修"个性学案"。

2018 年起，为深化项目化研修的赋能实践，彭浦初中回溯各项目源头、模块、研修路径、机制、助推举措，厘清项目化研修赋能教师个性化专业发展的校本路线，提炼实践成效，摒弃低效项目，突出赋能特征。另一方面，学校在区学术季活动、强校工程支持过程、各省市学校来访交流、媒体报道中推介成果，出版发表系列成果。

学校教师平均教龄渐趋年轻化，10 年以下教龄的教师占比超过 40%。调研发现，部分 20 年以上教龄的教师进入职业舒适区以后，疏于更新教育观念，其中仅有不到 10% 的教师有区级及以上在研课题，不超过 24% 的教师愿意主动参与到教育前沿学习与研究中去；教龄在 5 年以内的青年教师有改革意识，但教学方法、学科研究等急需得到个性化指导，他们普遍反映当下的各类研修在"帮助学生改善心理焦虑、提高课堂效率"等教育现实问题面前捉襟见肘。面对如何培养未来教师专业能力、如何激发中老年教师专业发展活力等难题，传统校本研修一筹莫展，陷入困局。

2020 年，就如何优化教育生态、走向学研治理，彭浦初中展开了新一轮的探索，学校立项上海市教育科学研究一般项目"学校治理视角下赋能青年教师的项目化研修实践研究"。区别于传统校本研修，项目化校本研修扎根在真实的教育教学情境之中，在研修导向和内容方面，既遵照国家最新教育政策的顶层思路，又结合学校重点工作，同时还关照了教师个人的持续发展需求。在研修驱动方面，充分考虑了工学矛盾和教师自我发展意愿的现实问题，把专业发展的权利还给教师自己，充分发挥了每位教师的自身优势。在研修项目的资源和保障方面，项目充分发挥了校长的领导力，"对教师个体发展的成果予以肯定，对项目团队进行综合评价"[1]，对内进行制度建设，对外进一步拓展了各类资源和搭建了多元的发展平台。

---

[1] 周彬：《学校教师队伍治理：理论建构与运作策略》，《教师教育研究》，2020 年第 2 期，第 13—19 页。

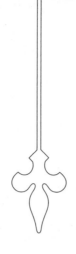

第一辑　谋定篇

第一章 项目化研修的根本导向

"教学国际调研"（TALIS）显示上海教师职前教育充分、入职和带教活动参与率高、在职专业发展优势巨大。但调研表明，上海教师存在专业自治不足等现象，这启示学校层面应注重建立教师专业学习共同体、尊重教师个体兴趣与行为方式、创造空间满足个体发展需求。

与此同时，中办、国办、市政府连续发文，把加强教师专业化建设摆在了战略位置，对新时期教师队伍建设提出了新的任务与要求。2018年，中共中央、国务院在《关于全面深化新时代教师队伍建设改革的意见》中把加强教师专业化建设摆在了战略位置，在提升中小学教师质量方面，要求转变培训方式、改进培训内容、推行培训自主选学。2019年《中国教育现代化2035》强调，"要坚持把教师队伍建设作为基础工作，完善教师管理和发展机制，吸引和汇聚优秀人才从教"。2021年《关于实施中小学幼儿园教师国家级培训计划（2021—2025年）的通知》提出，"推进以教师自主学习、系统提升、持续发展为导向的'国培计划'改革，实行分层分类精准培训，建立教师自主发展机制，探索教师自主选学等模式，推进人工智能与教师培训融合发展"。2022年教育部颁布了新义务教育课程方案和课程标准，给学校带来全新的挑战，这也意味着学校要充分发掘校本研修的优势，赋能教师准确理解课程标准的变化、依据新的标准设计自己的教学并在课堂上组织实施。

为培养具有持续专业发展动力的高素质教师队伍，构建起适应时代需求的教师专业发展体系和研修内容，从学校层面，我们不禁思考：① 什么样的研修能促进教师个体的专业发展？② 教师希望参加的研修有哪些内容？③ 怎样的学校作为能保障研修的有效性？基于教师专业发展的一种校本研修模式的转型迫在眉睫。我们希望通过把准教师的发展需求、整合各部门的核心工作、辅以多种评价激励的手段，形成一系列教师能自主选择、愿主动参与的研修项目，逐步优化、盘活学校的教师发展生态。

第一节　为专业发展蓄势储能

学校是师生共同成长的生命家园，在项目化研修助推教师专业成长的课题实践引领下，学校以建设老百姓满意的家门口的优质学校为目标，把推进新四年发展规划与学校整体发展联系在一起，与教师专业发展融合在一起，与落实"双减"措施结合在一起，促进学生全面发展、教师专业发展。

我国的著名教育家吕型伟同志说："教育是事业，事业的意义在于献身；教育是科学，科学的价值在于求真；教育是艺术，艺术的生命在于创新。"教师只有不间断地学习、研究才能创新教育方法，才能不断地成长。

一、教师既要专业发展，更要全面发展

教师职业是一种具有专业性的职业。没有专业，教学质量不能保证。教师既要看重专业发展，更要重视自身的全面发展。只有全面发展的教师，才能培养出全面发展的学生。

每个教师都必须意识到：自己是自身职业生涯的主人，在成就学生的同时，需要提升自己的生命质量，认识当前中国教育改革的时代要求与民族意义，把改革提出的一系列挑战当作时代赋予自己的机遇，以主动、积极的姿态迎接机遇。只有把

握时代脉搏与趋势，教师才能具有参与变革的自觉，并将之转化成自我更新的需要，才能得到生命发展需要的强大动力，全方位提升自己。

全面发展的教师应该具备教育教学的设计与实施能力、家庭教育指导能力、教育环境创设能力、反思与发展能力、现代化信息技术处理能力等。

二、塑造四种教师，提升教师全面发展的素养

在学习培训和项目化研修中，可以适当在以下四个方面注意加强，以激发教师的全面发展的能力。

（一）塑造"时代型教师"，激发教师师德修养的魅力

教师的工作是神圣的，也是艰苦的，教师首先要有高尚的师德，无怨无悔地热爱自己的职业。这是教师培训的永恒主题，也是为人为师的根本。教师要成为大先生，做学生为学、为事、为人的示范，要成为有理想信念、有道德情操、有扎实学识、有仁爱之心的好老师。师德建设是基础工程，要常抓不懈。学校应做的，一是有针对性地加强理想信念和时代精神教育；二是引进优秀报告，用专家的引领和楷模的感召来丰富和拓宽师德教育的形式，提高教育效果。学校要引导教师，特别是青年教师，坚持教书和育人相统一，坚持言传和身教相统一，以德立身、以德立学、以德施教，坚守师德底线，让每个学生得到良好的教育，让每一位孩子各方面的潜能得到最充分的发挥，健康快乐地成长。

（二）塑造"学习型教师"，激发教师文化素养的活力

学生总是把教师当作百科全书。一个知识面广的教师，能真正带给学生以人格上的感召。教师要树立终身学习的观念，以身示范，坚持多读书，提升自己的文化精神境界，做学生的榜样。学校和教师要做的，一是坚持书香校园建设，开展读书漂流定向阅读；二是加强阅读引导，鼓励自由阅读、广泛阅读；三是提倡跟班辅导，师生共同阅读。

（三）塑造"创新型教师"，激发教师自我革新的动力

创新是一个民族进步的灵魂，有创新精神的教师才能培养出有创新精神的学

生。塑造"创新型教师",一是教师要坚持赞赏教育,转变评价方式,充分认可每个孩子都能取得多方面的成功;二是要鼓励课堂创新,用多种教学方法,改变单一教学方法的习惯,鼓励个性化的教学方法;三是开展教学研讨,探索"双减"背景下高效课堂设计、作业设计,做到事半功倍;四是挖掘教研时空,给予教师更多的自我思考、自我学习、自我教研的时间和空间。

(四)塑造"合作型教师",激发教师团结协作的张力

一花独放不是春,百花齐放春满园。塑造"合作型教师",一是倡导兼容并蓄的校园文化,打造宽松幸福和谐的工作环境,关注师生的心理健康,减轻师生的思想负担,提高师生的幸福指数,既要拒绝所谓的躺平、佛系,也要防止内卷和零和博弈;二是营造互进共赢的学术氛围,坚持以备课组等为单位进行团队评价,强化集体优势和效应;三是建设头雁领航的工作格局,每个级组,都有能起示范效应的领头雁,学校要特别注重培养教研组和备课组的核心骨干力量,面上培训的同时对优秀教师进行点上的孵化助力,形成优势学科、品牌学科、骨干团队。

三、青年教师要不断自我赋能

青年教师的成长发展是对职业生涯的每个阶段进行自我比较从而提升个人能力的过程。一名青年教师的专业发展,既要提高品德修养,也要增强专业能力,不断给自己"赋能",自我激励,自我修炼,自我提升,让自己具备蓄势前行的能力,从而让自己快速成长。

(一)思想"赋能"

思想品行是人格力量的体现,思想强大了,人才能且行且成长。古人说:仁者无忧,勇者无惧。明确方向,找到动机和动力,找到理想和激情所在,然后去实现它。青年教师要明确专业发展目标,做好人生规划,树立良好心态,坚定理想信念,把正确的道德认知、自觉的道德养成紧密结合起来,不断修身立德,打牢道德根基,在工作中不断锤炼品德修为,在思想淬炼中自觉担当、主动作为。最伟大的

力量就是心灵的力量，我们不断优化自己的思维模式，这是从最基本的价值观上进行的自我赋能，也是最有力量的赋能方式。

（二）学习"赋能"

青年教师要有丰富深厚的业务知识和终身学习的自觉性，只有具备了丰厚的积淀，才能迈出成长的步伐。我们以学习为支撑，自觉培养学习的强烈意识和良好习惯；还要善于学习，找到学习的有效方法；还要学以致用，进行实践。不断地积累经验是快速成长的前提条件，我们要勤于学习、善于学习、精于学习，善于把零碎时间利用起来，在教学中结合学校主题研修，以自修与教研相结合的方式，学习吸收新的教学理念，提高课堂教学效率，构建新的课堂教学模式，形成自己的教学风格，全面提升教师专业化发展能力。"勤奋读书，年华不负苦读人"，这是一个不断学习、终身学习的时代，学习是一种追求，我们要坚持在学习中丰富专业知识，提升专业能力，锤炼专业作风，培育专业精神，不断增强担当作为的底气，在学习中"自我赋能"，让自己成为一个无比强大之人。

（三）实践"赋能"

加强青年教师的专业培养，最重要的是在业务能力的实践中锻炼成长。在个人教学方面，我们要认真钻研教材教法，关注高效课堂的研究和实践，调整教学心态，改进教学方法，提高教学质量，及时反思，不断总结，促使自己从经验型教师向科研型教师方向发展，逐步提高自己驾驭课堂教学的能力，在课堂实践中逐步提升专业能力。在个人管理能力的提升方面，我们需在实践中不断探索和思考更优的管理模式，通过"精细化"管理、"细节化"服务的主线，在实践中推进工作创新，把服务、管理、协调、配合、育人有机结合起来，树立服务意识，提升服务质量，把团队带向规范化、高效能的轨道。无论是教学还是管理，只有在实践中让自己不断地去行动、去改变，经风雨，见世面，才能更好地壮筋骨、长才干，成为专业能力过硬之人。"善于积累，天机云锦为我用"，只有保持初生牛犊不怕虎、越是艰险越向前的精神，在岗位上悉心修炼，真正把自己锻造成烈火真金。只有以专业之能力和负责之态度面对工作，才能把工作做到极致。

成功无止境，起点总是零。教师是平凡而伟大的职业，教师承担的责任重大，为党育人，为国育才，培养民族的脊梁。我们应不断加强教师队伍建设，提高教师全方面的素养，在"赋能"上精准发力，全心全意、身体力行，相信每一位教师终将在自己的教育之路上越行越远。

第二节　为砥砺前行引领赋能

所谓赋能，就是通过言行、态度、环境的改变给某人赋予某种能力和能量，最大限度地发挥个人才智和潜能。从心理学来看，这里的"能量"主要源于先天禀赋和后天赋能。一方面，每个人的先天禀赋存在差异，这就决定了我们后天需要被赋予能量，也需要学会接纳、主动蓄能；另一方面，赋能是双向的，既包括自我赋能，也包括赋能予他人。

随着社会发展，每一位教师都需要持续为自己赋能，以昂扬的精神面貌和不断超越自我的勇气，坚定理想、丰富学识、丰盈内心，承担起时代赋予我们教育工作者的责任与使命。

一、教师赋能的基本思路

（一）赋能的目标要化为自我的行动力

要想让一个学校达到理想的运作状态，就需要让学校里的每一个人、每一个团队都有能量、能力，一起去实现变革，这是赋能的目标。我们常说，真正的好学生是自己要学，不是老师和家长逼着学。同样，我们也期待每位老师能积极、主动地自我赋能，并化为实际行动。

据研究发现，大部人的行为是通过榜样习得的。榜样示范比说服教育更具魅力，更容易引起情感的共鸣。因此，我们要充分发掘、树立教师队伍中的先进人物、典型事迹。学校每年的十佳评选，公众号上好老师的推文，无不号召教师们见贤思齐，追求进步。这些榜样无形中会使更多的教师得到感应，从而增强工作的动力和热情。

在此次线上教学中，学校专门开设了线上技术培训，大家认真学习；教工大会的经验交流，大家积极聆听；录制的信息化视频非常实用，大家参与发表感言。封控前，老师们特意来到学校，三四个人待在一间教室，为的是探讨在线课堂的一些新功能。封控后，在家的老师们经常不耻下问，向他人讨教线上教学的各类经验，并自开小群不断演练。每一位老师的积极行动是他们对自身的赋能，是对学生的负责，是对教师责任的担当。

（二）赋能的方式要注重团队的引领力

教师赋能的形式有很多，学校以项目化研修为主线的思路，实质在于让青年教师打破自身的学科疆界，在团队合作中寻找差距、自我完善、赋能提升。其实，在日常的教学中，备课组活动也是一种良好的赋能形式，有助于每位老师得到团队的引领，取得自身的再进步。

以初二年级的英语备课组为例，在线教学期间，备课组提前召开视频会议，从重温直播技术到第一周课时安排，让组内每位老师都为即将到来的线上教学做好思想上、技术上、教学上的准备。面对大量文本材料，老师们细化分工、协作完成、共同校对定稿。每日课后，组内老师互通当日线上教学进度和得失情况，并讨论之后的教学安排。作业的设置，也做到年级统一化、班级个性化，确保提质减量。此外，他们还充分利用各类平台，如芝士网、轻松说霸、问卷星等，丰富作业形式，使学生能够每天进行听说读写各种英语语言运用的锻炼。整个备课组互帮互助，赋能提效，共同进步，充分发挥了团队的赋能性。

（三）赋能的过程要依靠机制的保障力

教书育人不仅需要扎实的专业知识，更需要热情和激情。学校要结合教育工作的特殊性为教师赋能，通过完善机制，让教师勇于突破自我，成为更好的自己。

教师作为社会文化阶层的重要成员，有自尊、自主、自由的需要。学校要向老师们提供广阔的舞台，让他们有展示自我、享受成功的机会，这将是他们继续赋能的动力源泉。如，五四青年教学评比，骨干教师风采展示，每位参与的老师都高度重视、精心准备，谁都想将最出彩的一面展现给大家。又如，全体教师大会鼓励老师发言，交流心得。我们应该多向老师们提供这样的舞台，尤其是即将退休的老师们，让他们对自己任教生涯做一些回顾，做一些总结，也帮助他们为自己的教育工作画上一个圆满的句号。

学校更要努力塑造关怀教师的文化氛围，创设良好的环境，让教师有舒适感；开展丰富的文体活动，让教师有放松感；定期走访慰问教师，让教师有被爱感。如，读书可以帮助教师提升自己，增长知识，我校积极打造书香小屋，鼓励教师把碎片化的时间利用起来读书、分享，努力打造"学习型校园"。又如，疫情期间，工会组织"电话诉衷肠"活动，积极筹买爱心物资，将学校的关心传递给每位老师，尽心为他们舒缓情绪、解决困难，帮助他们更好地投入线上教学工作。

二、以"问题"为导向，提升教师育德能力

随着全员导师的推进，"全员育人、全过程育人、全方位育人"的德育工作格局的形成，教师队伍育德能力的提升成为中小学发展的重要任务。青年教师作为师资队伍的生力军，成为了教师队伍建设任务的重中之重。

我校现有 32 个教学班，在班主任队伍中，35 岁以下青年教师有 24 位，占 75%，有 5 年内工作经验的职初教师有 20 位，占 62.5%，有 14 位班主任所带班级是其班主任生涯中第一个班级。无疑，在我校，青年教师成为了德育工作的中坚力量。然而，作为德育工作骨干团队的他们，在日常的工作开展中或多或少会产生一些疑惑，出现一些问题。青年教师往往出现重专业理论学习、轻德育实践能力的理论与实际脱节现象；也易出现专注知识教学，欠缺育德意识等现象。部分青年教师在工作中有力不从心，无从下手的现象。例如在班级常规管理、师生交往、个别指导、家校沟通等方面，他们会暴露出专业性缺乏、能力不足的现象，而导致这些现象的原因，有可能并不是教师自身道德品格（师德师风）的问题，而是教师缺乏专业化的育德能力。因而提升教师们的育德能力，赋能青年教师促进班级建设、促进德育工作的推进刻不容缓。

育德能力的内涵十分丰富，包括班级管理能力，了解、观察学生、正确评价学

生的能力，选拔、培养学生干部的能力，组织各种教育活动的能力，沟通与协调的能力，转化后进生的能力，指导学生人际交往的能力，指导家庭教育的能力以及发挥学科育德功能的能力等。其牵涉面之多，覆盖面之广，使得德育工作往往给人以千头万绪的感觉。

有人说学生的成长就是不断发现并解决问题的过程，这就要求我们教师平时对学生多一些关心和关注，特别是多关注"问题学生"，找寻带有共同特征的"学生问题"，以问题为导向，开展项目研修，切实提升青年教师的育德能力。

（一）项目化研修的内容设置要进一步整合与优化

1. 思想引领

加强师德师风建设，不断提升青年教师自身道德修养，做到依法执教、以德从教的思想引领。

2. 问题导向

在研修过程中，德育团队要关注突出问题、共性问题，这些问题既有学生学习生活中面临的问题，也有老师工作中产生的问题，我们要针对这些问题开展即时研讨，通过案例分析、论坛分享等形式，帮助青年教师答疑解惑，这就要求我们德育团队要走近青年教师，加强巡视，了解学生动态，及时发现、梳理问题。

（二）项目化研修的研修途径要进一步拓展与完善

1. 课堂引领，推进项目组间的交流与合作，通过同伴互助形式，拓展研修途径

课堂是实施德育学科的重镇。我们可通过课堂引领提升青年教师的育德能力。德育组和教学组可开展联合活动，通过对教学资源中丰富的德育资源进行解剖和分析，对学科内各年级的德育知识点进行梳理和分析，对课堂形式进行突破与创新，利用微课、场馆课程等形式，可以将实事、热点话题等带入课堂，同时将德育内容和德育成效纳入课堂的评价标准，促进评价的德育导向。

2. 实践引领，进一步开展丰富的德育活动

可以把传统单一的班会课形式内容多样化，如举办演讲会、知识问答、辩论赛、人文阅读鉴赏等活动，使课堂内容丰富并具有趣味性，还可以开设社会课堂，让老师带学生走出校门，走进烈士陵园、敬老院、纪念馆等参观体验，这样不仅使学生提高学习兴趣，更使青年教师在开展德育教育工作中有抓手，在实战中提升育

德能力。

3. 课题引领，问题即课题，行动即研究

我们将课题研究方向定位在解决突出实际问题上，如学校立项的课题"赋能青年教师家庭教育指导能力的实践研究"就是基于青年教师家庭教育指导能力弱、与家长沟通能力弱的现实设定的，通过课题研究，我们积极引导青年教师在实践中分析问题，解决问题，从而促进自身能力的提升。

4. 以赛代培

我们开展青年班主任的基本功大赛，通过比赛、观摩、说课、磨课、评课等环节，充分发挥骨干教师的力量和团队智慧的作用，促进青年教师走向成熟。

（三）注重项目化研修成效在实际教育中的反馈与应用

加强教育反思，注重案例收集，以十佳德育论文的评比为抓手，在提升德育论文质量的同时，更注重教师自身能力的提升以及在教育教学中的实际应用。

德育，是静待花开的过程。同样，能力的提升也是一种循序渐进、细水长流的过程，在此过程中，我们一定要做好过程性管理，不断提升自己的管理水平、拓展自身的视野、提高自己的能力，这样才能水涨船高，百尺竿头更进一步。

三、以"课堂"为起点，提高教师教学能力

教学质量是学校发展的生命线，培养一支师德高尚、业务精湛、素质优良的教师队伍，提升学生的综合素质和核心素养，大幅度提高学校的教学质量和办学品质，需要以课堂为起点，多途径为教师赋能。

（一）关注专业发展，铸就成长之路

当代著名教育家佐藤学在他的《静悄悄的革命》一书中多次提到：教师改变了，课堂才会改变；课堂改变了，学校才会改变。同样，教师发展了，课堂才会发展；课堂发展了，学校才会发展；学校发展了，教育才会发展。教师要不断学习，夯实专业成长基础；要不断反思，加快专业成长步伐；要深入教学，与学生们共同进步；要探索科研，激发专业成长动力。要重视教学规范，助力专业成长。建立并

落实教学常规是稳定和规范教学秩序、提高教学质量、全面提升教育质量的重要保证。如见习教师规范化培训、双师制师徒结对就是致力于教师的专业发展的方式，为见习教师赋能，帮助教师打下坚实基础，铸就成长之路。

（二）活动引领教学，提升专业素养

设计并开展主题教学活动，为教师创设展示、交流、反思赋能的平台，开展专业对话，是促进专业提升的有效路径。如，每学年的第一学期，开展骨干教师教学风采展示活动；第二学期，开展五四中青年教师教学评比活动；每个学期由两个教研组开展学科节教师课堂教学展示活动、课例研究活动等。通过粉笔字、钢笔字、演讲、课堂教学等活动展示教师的基本功、教学风采及特色，对于参加活动的教师是一次很好的锻炼，对于其他教师是一次很好的学习机会，大家聚集一堂边听课、边交流、边借鉴、边反思，促进了教师专业素养的不断提升。

（三）重视教学研究，教研助推教学

教师要善于发现问题、思考问题、解决问题，树立"问题就是课题，反思就是研究"的教育科学研究理念，按照"立足学情、讲究实效"的原则，倡导"小题大做"。教师要找到研究兴趣，培养科研能力，感受研究的魅力，体会收获的喜悦。教研组活动严格按照"四个一"的要求，备课组活动严格按照"四定"的要求，开展好每一次的活动，教研组应制定研修课题和研修计划，如信息技术助推学科教学的研究、大单元教学设计下的作业设计、"双减"背景下作业研究等。

教研组应鼓励教师积极参与课题研究，紧密结合自己的教育教学实际选择课题，坚持课题到课堂教学中去选、研究到课堂教学中去做、成果到课堂教学中去用。学校的项目化研修小组的活动既是为青年教师赋能，也是探索赋能的有效途径和方法。如后茶馆教学成果推广小组、新老初三交流活动，正是通过分享先进经验、借鉴优秀成果，筛选出适合教学需要的部分为我所用，推陈出新。

（四）合作凝聚智慧，凸显团队优势

众人拾柴火焰高，团队协作主意多。教师团队合作在促进教师信息共享、优化教师知识结构、提高教师反思能力、强化教师自我教育等方面具有重要的作用。良好的氛围，强大的实力，会带给教师鼎力的支撑，必然会让教师茁壮成长。

教师质量决定着学校的发展，要为教师赋能，促进教学质量提升。要引领教师以课堂教学为根本，以提高教学质量为宗旨，以学生的发展为中心，增强责任意识、质量意识和品牌意识。教研组要引导教师落实"双减"要求，减轻学生的学习负担，切实转变教育教学观念、注重教学过程、研究和反思课堂教学，以提升学生的核心素养为指向，不断赋能前行。

第三节　为项目生成顶层聚能

明确了为何要赋教师能、要赋教师哪些能的问题，本节就如何赋能做进一步探讨。

研究表明，集聚学校发展、学生成长等共同利益与目标，融合教师个人发展意愿，有利于提高研修的针对性与有效性；突破学段、学科壁垒，有机整合部门工作，尊重教师个性选择，提供研修时间、研修资源等保障，有利于提升教师专业发展的广度与深度；自上而下与自下而上持续互动，鼓励教师交流教育主张、发表专业成果，有利于激发教师专业发展的自主性和创造性；以指导教师的个性化专业发展为导向，结合过程性评价、增值性评价，有利于调动教师参与研修的积极性与主动性。

可见，秉持"以专业治理促专业发展"的理念，打破学校原有层级化的部门管理体制，架构超越行政科层的网状组织，改变信息流向、下沉决策权利，实现教师研修的转型是赋能教师的行动路径。

一、研修转型的行动路线

彭浦初中赋能教师个性化专业发展的项目化研修，孕育于学校青年科研沙龙的推进与迭代。青年科研沙龙是由校长室直接领导、科研室统筹组织的例会制科研活动，"沙龙"提倡将教育科研与教师个人的专业发展相结合，做到教育理论、教学方法以及教师专业素养三位一体的优化和提升。项目化研修则进一步突破学科研修的瓶颈，以灵活多变的项目为载体变革教师研修。

以助力教师发展的自主化、个性化、专业化为指向，彭浦初中在项目生成策略、项目研修网络、项目研究机制、项目保障体系的探索过程中循证实践。通过不断迭代项目类型，精准匹配教师需求，进而优化项目团队组建，提升研修品质，在实现教师成长的过程中，促进学生、学校全方位发展。

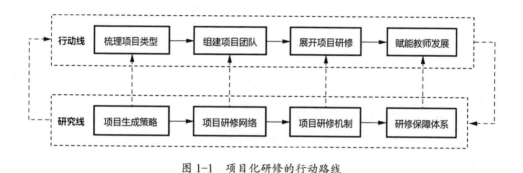

图 1-1　项目化研修的行动路线

二、顶层聚类的项目生成

在赋能教师发展的项目化研修中，项目类型与研究方向需要在政策要点、理论热点、教学难点、学校特点、成长焦点等方面，根据教师个性化的发展需求进行分类。

（一）通过调查和研讨让教师发掘自身的需求

明晰教师的阶段发展特征与个体内需，有利于准确把握研修角度。首先，我们仔细地去了解老师的需求。我们围绕"职业现状、自我效能、专业规划、发展需求、保障支持"等多项指标进行调研、访谈，全面梳理我校教师在专业发展中存在的瓶颈、困惑及需求。通过对教师"需求与困惑"的调研梳理（见表 1-1），明确教师个性化专业发展的项目类型与研究方向，整合了不同教龄教师的专业发展要求，为实现"异质"与"同质"分组并行的研修形态提供了依据。新老教师交互联动、优势互补、互学互鉴，提升了研修品质，加速了个性化的专业发展。

表1-1　教师个性化专业发展的需求与困惑访谈示例

教龄	受访者	教师个性化专业发展需求	项目类型
2年	Z老师	希望学习协调学生的家庭教育与学校教育的方法	德育研究
3年	Q老师	希望学习学生自我管理的相关理论与方法	
8年	G老师	希望能有人更系统地指导做课题的方法，比如数据分析的方法、评测学生能力的方法之类的	教育科研
11年	Y老师	希望学习如何通过教学案例实践构成论文的结构框架	
教龄	受访者	教师个性化专业发展困惑	研究方向
0—2年	P老师	如何在一个学生分化明显、层次差距较大的班级高效地上好一堂课？	教学研究—分层教学
	L老师	我的班级优秀率较低，处于中上的同学较多，这些同学的成绩很难进一步提高。什么样的教学方式或教学方法适合？	
	X老师	青少年心理问题日趋严重，面对有心理疾病的孩子，该如何进行情绪疏导？	德育研究—心理健康辅导
12年	F老师	对于一些彻底放弃学习、甚至用生命威胁家长、威胁学校的学生，作为老师的我们可以做些什么？	

（二）聚类适切于教师发展的目标形成顶层布局

顶层聚类的研修项目（见图1-2）整合了教育主管部门、学校和教师个人的发展目标和要求，回应了传统校本研修科层运作、任务导向等问题。通过对学校教师的调研分析，我们发现，随着教龄的增长，教师对专业发展的认识存在显著差异，这表现在：教龄更长的教师对班级工作的把握、对教学设计的认识、对课堂组织的协调等均更为成熟。在个性化专业发展需求上，0—5年教龄的教师的需求集中表现在教学准备、课堂控制上，年轻班主任的需求则聚焦在学生管理与班级建设上；6—10年教龄的教师的需求表现在学生学习的指导、教材教法的精进上；11—20年教龄的教师关注教科研能力的提升、探索教学行为背后的规律；20年以上教龄的教师注重教育理念的更新、教育信息技术的应用等。从调研中还发现，各阶段教师也存在共性需求，如学生心理健康问题的干预、学科学习兴趣的培养等。

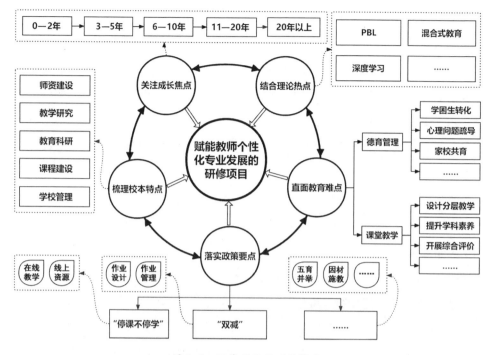

图 1-2 研修项目的顶层聚类

三、常规赋能型团队的打造思路

（一）班主任队伍

一支业务能力精、思想素质高的班主任队伍是学校教学质量的有力保证，更是学校开展各项德育教育活动的重要保障。优秀的赋能型班主任所带的班级，不仅学生学习成绩优秀而且班级纪律也很出色，给其他班级起到了很好的榜样引领作用。

我们学校班主任队伍相对比较年轻，平均年龄只有 30 岁，入职 5 年之内的 14 人，入职 5—8 年的 8 人，他们的特点是精力充沛，学习能力强，处于提升业务能力的黄金年龄段。因此发挥优秀班主任的引领作用，打造一支高水准的赋能型班主任队伍，提升我校班主任整体业务能力水平势在必行。而一名赋能型班主任在开展班级工作过程中要不断汇集、传播正能量，当好学生的引路人。

1. 要有爱国育人的理想信念

从小的方面来说，赋能型班主任要为每位学生赋能，让所有学生都能获取有效学习、健康成长的正能量，也就是培养他们正确的学习态度和辨别是非的能力。从大的方面来说，赋能型班主任要做中国特色社会主义共同理想和中国梦的积极传播者，让一代又一代年轻人成为实现民族梦想的正能量传播者。因此，赋能型班主任要树立赋能育人、报效祖国的理想信念。充分利用好校班会和社会实践等平台开展爱国主义教育。

2. 要有爱生如子的师德仁心

学生个体千差万别，需求也各不相同。班主任要有博爱之心，不但要为优秀学生赋予正能量，更要把仁爱之心赋予先天禀赋和后天赋能不足的学生，尤其是要向那些抗挫能力较差的学生赋能，时刻关注他们心理健康成长。

3. 要有汇集正能量的协调能力

班级是以学生为中心，汇集教师、家长及其他相关资源的赋能型组织。班主任是汇集、传播正能量的核心。要成为一位赋能型班主任，必须始终把为学生赋能作为中心任务，当好科任教师的"领头羊"，为科任教师赋能；要做家长的知心朋友，给家长赋能；还要坚决抵制来自各方面的负能量，积极发挥教师和家长的正能量，凝聚正能量，向学生、家长传播正能量。这点正是我们青年班主任比较欠缺的。做好班级科任老师之间的协调工作必须要有大局意识，尤其是减负增效大环境背景下，对各科作业的布置量要起到一个协调的作用。在和家长沟通方面更要站在学校的立场，在学生健康发展这个共同的目标下进行积极的沟通。

4. 要有赋能育人的专业智慧

做赋能型班主任，首先要自我赋能，其次要善于赋能予他人。我们一要从学习中修炼智慧，不断丰富理论知识；二要从实践中汲取智慧，在班级管理实践中不断积累经验；三要在反思中提升智慧，温故而知新，创新班级管理模式。赋能型班主任还要善于"因材赋能"，让每名学生都能从班集体中获得可持续发展的正能量。

总之，要成为一名优秀的赋能型班主任，不仅要通过自我提升实现持续发展，而且要积极汇聚正能量，赋能予学生、科任教师、家长，致力于创建赋能型班集体，使每名学生都自带正能量，健康成长。

（二）中队辅导员队伍

《关于加强新时代少先队辅导员队伍建设的意见》提出，要"聚焦少先队主责主业，切实增强少先队辅导员队伍的政治素质和履职能力，为增强少先队员光荣感提供可靠保障"。中队辅导员是少年儿童成长的引领者、实践的组织者、健康的服务者、权益的保护者和发展的营造者。加强中队辅导员队伍建设，赋能中队辅导员助其专业化成长，是全面贯彻落实习近平总书记系列重要讲话精神、深入贯彻落实《少先队改革方案》的重要途径和根本任务之一。

1. 厘清角色关系，找准角色定位

大部分中队辅导员由班主任担任，中队辅导员角色与班主任角色既有区别又相辅相成，班级工作是班主任本职工作，少先队工作是班主任兼职工作，合理转换教育方式，不顾此失彼，才能达到最优的教育目标和效果。少先队教育是自主教育、组织教育、实践活动，少先队要培养的是共产主义接班人，这就决定了少先队在学校育人的基础上必须更加突出政治属性和组织属性，培养和引导广大少年儿童热爱祖国、热爱人民、热爱中国共产党的朴素的政治情感。中队辅导员是队员的亲密伙伴和指导者，开展少先队活动课程，要帮助队员进行自主管理，引导队员们在有意思、有意义的活动中寻找真知、明白道理。

2. 拓宽学习渠道，深化专业素养

（1）中队辅导员需要掌握少先队工作的理论知识

第一，学习少先队组织理论知识。少先队理论知识可以通过阅读少先队专业书籍来获取，中队辅导员还要对国家颁布的相关时事政策进行了解。第二，学习相关教育学、心理学、管理学知识。中队辅导员是少年儿童的亲密朋友和帮助者，教育和关心少年儿童需要相关教育学、管理学和心理学知识作为指导。学习这些知识可以帮助中队辅导员与少年儿童接触时及时解决他们的问题，可以对少年儿童进行心理疏导，帮助他们健康成长。第三，中队辅导员需要学习通识知识。少年儿童充满了好奇心和求知欲，广博的通识知识有利于中队辅导员为少年儿童答疑解惑。中队辅导员可以阅读相关杂志、期刊拓宽自己的知识面，激发少年儿童的求知欲。

（2）少先队中队辅导员需要掌握少先队工作的实践知识

少先队通过组织各种活动对少先队员进行思想意识教育，因此实践知识的获取对中队辅导员至关重要。知识的获取不是单靠理论的灌输，还需要中队辅导员在活动中汲取，将新旧知识进行融合。第一，可以通过组织观摩优秀的少先队活动课使中队辅导员增加实践知识。中队辅导员通过观摩学习，可以对照自身活动经验，吸取长处，匡正日后的教学行为。第二，可以通过案例培训增长中队辅导员实践知识。培训者要关心、重视辅导员"内心的想法"和"真实的行动"，挖掘各种形象生动的事实案例，充实、丰富案例"库存"，从而不断积累、升华辅导员的教育实践经验。中队辅导员在案例学习交流的过程中，整合反思自己的实践经验，使实践性知识得到更好的增长。

3. 构建阶梯机制，提升育人能力

（1）骨干带领

少先队骨干辅导员应帮助职初期的中队辅导员在日常队务工作中逐步了解少年儿童组织与思想意识教育工作、教育管理等相关知识，掌握少先队基本知识，胜任少先队辅导员日常教育和管理工作。中队辅导员应认真做到"四个好"，明确岗位职责：① 制定好计划与方案。中队辅导员应能够清晰贯彻落实上级精神和学校中心工作，按照少先队工作要求和计划，明确中队工作目标和安排。② 策划好主题队会。中队辅导员应掌握主题队会基本环节，能够带领队员策划、组织主题队会，在队会活动中体现育人目标。③ 引领好组织建设。中队辅导员应能带领队员民主选举队干部，明确组织分工，组建小队集体，激发队员的组织归属感。④ 组织好实践活动。中队辅导员应善于倾听队员需求，组织策划、开展少先队实践体验活动，不断树立和增强少先队员光荣感。

（2）名师引领

对于成长期辅导员，应帮助其提高专业水平。在少先队专家、名师的专业引领下，让成长期辅导员在专题讲座、专业培训、案例分享等活动中，聚焦少先队的主责主业，突出少先队组织政治启蒙和价值观塑造的功能，创造性地指导队员自主开展各类活动。

中队辅导员应做的，一是在少先队文化环境的创新设计中，发挥阵地宣传的思想引导力。通过文化环境的设计规划，创新少先队文化建设方法，提高队角、队报等宣传阵地的育人实效，鼓励辅导员和队员们大胆地创新设计，让队员充分感受少先队文化。二是在少先队体验教育的案例分享中，辅导员要发挥主题活动的教育影响力。通过案例分享交流活动，提高中队辅导员活动组织、策划的专业能力，提升主题活动育人实效。三是在少先队仪式教育的活动展示中，辅导员要发挥组织活动的政治感染力。通过少先队仪式教育展示，提升中队辅导员政治意识和专业素养，在仪式活动中发挥少先队政治启蒙的功能，引导少年儿童"扣好人生的第一粒扣子"，帮助他们树立正确的世界观、人生观和价值观。四是在少先队民主教育的机制建设中，辅导员要发挥集体凝聚力。通过少先队"小主人活动"，激发少先队员的主人翁意识，提高队员们的自我管理和自我教育能力，形成团结友爱的集体氛围。

（3）项目驱领

对于成熟期辅导员，我们应帮助其丰富职业内涵，为成熟期辅导员搭设平台，转化工作经验和实践成果，发挥其辐射引领作用。我们鼓励成熟期辅导员结合少先队工作实践和少先队活动举措，开展相关研究，帮助他们在反思和实践中寻找科学方法，运用生动、具体、有效的现代教育手段，向少年儿童传播先进意识形态，发挥政治启蒙和价值观塑造作用，帮助少先队员增强光荣感和责任意识。

少年儿童的思想意识随着时代的变迁也在发生变化，老旧的工作理念与方法会使少先队工作陷入困境，难以引起少年儿童的学习兴趣。少先队中队辅导员需要把握少年儿童成长过程中的新特点，创新教育理念与工作方法，才能更快适应当下的工作需求。中队辅导员只有做到政治素养过硬、道德品质高尚、业务能力精良，少先队组织的凝聚力和战斗力才会更强。在深入调研——探索实践——推进实施过程中，我们深切感受到必须加强少先队中队辅导员队伍建设，才能更好地实现中队辅导员的专业化成长，推进少先队工作迅速提升，快速发展。

第二章　项目化研修的核心内容

近年来，国内外关于"教师项目化研修"的研究主要围绕项目化研修模式的构建、教师的专业发展和效能、项目领导者的作用、教育资源的合理使用等几个方面。在这些研究中，大多数研究者都呼吁通过"问题导向""参与性学习""社会技能建设"等方式来推动教师的成长和创新。相较传统的研修课程，如通过讲座、演示和辅导等方式向教师传授知识或技能，项目化研修更加注重在某一个领域的实践性和问题的导向性，学校有必要转变教师研修形式，将其从传统研修中"听众"的角色中解放出来，使其进入更加实际的情境之中，自己去思考问题并寻求解决方案。教师们通过参与实际的项目活动，运用他们已经掌握的技能和知识去解决"真问题"，最终实现专业发展和创新能力的提升。

学校开展项目化研修的方法和内容一般根据校情的不同而有所不同，如教师和学生各自的实际情况、教育教学问题等皆有不同。又如，对初中来说，开展教师项目化研修，可以聚焦学科或跨学科的课程设计，结合学科特点和教师专业发展阶段，选定适当的研修课程和主题，打破传统学科条分缕析的格局，促进学科之间的交流和合作。再如，针对青年教师开展的项目化研修，则需要更注重培养其创新能力和实践操作技巧。学校可以结合教学重要问题，并以课程设计、讲授方式、评估方式等作为重点，建立更加符合实际的教师实践性综合体验机制，同时注重对教师技能进行实时调整和跟踪反馈。

　　教师通过参与实际问题的解决，可以更好地了解学生需求、反思教学方法、提高授课效果。在跨学科的研究中，教师则需要运用多种学科知识，解决实际问题。这样的研修可以拓展教师的学科视野，促进教师多元发展。此外，在该过程中，不仅有项目领导者提供指导和反馈，也有其他教师成员协同工作、交互式学习，从而让教师们拥有更高效率、更具创造性和专业的方法来提升教育质量。因而，基于教师专业发展的项目化研修的核心内容在于回答"有哪些项目可以研修？研修团队怎样构成？"以及教师"该如何参与项目化研修"的问题。

第一节　项目化研修的网络图谱

　　百年大计，教育为本；教育大计，教师为本。教师是教育工作的中坚力量，没有高水平的师资队伍，就很难培养出高水平的创新人才，也很难产生高水平的创新成果。一个人遇到好老师是人生的幸运，一个学校拥有好老师是学校的光荣，一个民族源源不断涌现出一批又一批好老师则是民族的希望。如何做一名好老师？习近平总书记在考察清华大学时指出："教师要成为大先生，做学生为学、为事、为人的示范，促进学生成长为全面发展的人。"这从教师专业发展的根本，为项目化研修的道路指明了方向。

一、项目化研修之根基——做新时代的"大先生"

　　在社会发展多样化、价值追求多元化的今天，公众对教育越来越重视，对教师的期望和要求也与日俱增。如今的学生，是未来实现中华民族伟大复兴中国梦的主力军，而广大教师正是打造这支中华民族"梦之队"的筑梦人，教师所蕴含的价值，从古至今前所未有。

　　师者，传道授业解惑也。教师不能只做传授书本知识的教书匠，而要成为塑造学生品格、品行、品位的大先生。古今良师，无不在传播书本知识的同时塑造灵魂、塑造生命、塑造人。教育的本质，不仅仅是知识的传授或智慧的启蒙，更重要的是德行的涵养与品格的培育。所谓"德高为师，身正为范"，大先生首先应有高尚的道德情操。言因人而重。这里的"人"，指的是人品。人品不是真理，但反映真理；不是语言，但胜过语言。小德川流，大德敦化。教师只有具备这样的大德，才能实现一个心灵对另一个心灵的感化。

大先生要心中有爱。爱是教育的灵魂，没有爱就没有教育。教师只有具备仁爱之心，以情动人、育人、化人，才能走进学生心里，让学生"亲其师""信其道"，培养出更多有大爱大德大情怀的人。用爱点亮乡村女孩人生梦想的张桂梅，身患重病仍然坚守教育第一线，25 年如一日，帮助 2 000 多名贫困山区女孩求知求学、走出大山。她用仁爱之心绘就了人民教师的精神底色。

大先生要胸怀"国之大者"、有大格局。一个人的格局有多大，决定了他能走多远，教师更是如此。大先生之大，首在胸怀，教师要自觉以强烈的家国情怀观照教育职业，能将自己所从事的教育职业升华为国家民族复兴的事业，把培养堪当民族复兴大任的时代新人的任务铭记于心，并始终牢记自己的使命，兢兢业业、矢志不渝。要坚定信念，始终同党和人民站在一起，自觉做中国特色社会主义的坚定信仰者和忠实实践者。

大先生需要有大学识、大技艺。大先生不是一个符号，需要有过人的学识支撑。古语云，"学不可以已"，意思是说学习是终身的、无止境的。作为教师，给学生一杯水，自己要有一桶水，而且还要"长流水"。人们常说，腹有诗书气自华，这句话对于教师而言尤为适用。满腹诗书的教师一定是一个有品位的人，他（她）所教育的学生才会有品位。

教书育人，扎实的知识功底是基础。我们生活在一个信息化的时代，知识更迭很快，教师要成为大先生，知识更新要跟上时代的步伐，要研究真问题，着眼世界学术前沿和国家重大需求，致力于解决实际问题，善于学习新知识、新技术、新理论，这样才能在学识上得到学生的认同和尊崇。同时，教师还必须培养自己的工匠精神，紧扣时代脉搏，在教育教学方式上摆脱传统束缚，在自己的学科领域精耕细作，在教学手段方法的选择上精雕细琢。

国家繁荣、民族振兴、教育发展，需要千千万万个塑造学生品格、品行、品位的大先生。如今在中华民族复兴的路上，更需要我们新时代大先生们"自信、自醒、自觉"（张民选教授言），"思想自信、实践自觉"（于漪老师言）。能够塑造学生品格、品行、品位的教师，就是"大先生"。成为"大先生"应是教师一生的追求！

二、构建多重选择的模块化研修网络

基于现代学校治理视角的教师专业发展的要求，项目化研修要从学校现实与长远发展出发，整体规划、系统设计、有序部署。我们进一步聚焦研修项目类型与研究方向，结合教育部出台的《中学教师专业标准（试行）》《中学教育专业师范生教师职业能力标准（试行）》等教师职业能力标准，聚焦并细化项目类型，提炼了教师个性化专业发展的赋能指向（详见表 2-1），针对校本研修特点对应开发并实施了 18 个模块式项目，构建了项目化研修网络。

表 2-1 研修项目网络图谱

赋能指向		模块式项目	主体教师（教龄）
一级指向	二级指向		
师德修养	师德素养与职业理解	青年教师微党校项目	0—10 年
		高级教师微讲坛项目	0—5 年
	人文修养与健康生活	书漂阅读项目	全教龄段
		文体人生项目	
教学实践	教育知识与学科素养	教育知识研修项目	0—2 年
		本体知识研修项目	0—20 年
	课程设计与教学实施	课例研究项目	0—10 年
		科创探究项目	0—5 年

赋能指向		模块式项目	主体教师（教龄）
一级指向	二级指向		
教学实践	教学研究与反思发展	学科研究项目	5 年以上
		科研方法项目	
		科研论文项目	
综合育人	班级管理与教育活动	班级建设项目	0—5 年
		全员导师项目	全教龄段
	心理辅导与家校沟通	心理研习项目	0—10 年
		家校共育项目	5—10 年
教育管理		青年轮岗项目	2—10 年
		部门助理项目	0—2 年
		校际联动项目	10 年以上

以"校际联动项目"为例，2018 年我校成为上海市强校工程公办初中支援校，学校组建了一支专家团队与教师团队，全程支援实验校的课堂教学、教研活动、质量监控等工作；而实验校的见习教师每年都在我校进行培训，我校派出最优的师资投入到新教师培训工作，同时通过开放本校各类活动，形成"互动式"的联合研修、"专题式"的教学研究、"专项式"的业务培训。在引发实验校教师更多深耕于课堂教学的思考与研究的同时，也很好地激励我校支援团队教师专业的提升与突破。校际联动项目倡导向"环境"学习，积极联合兄弟学校、跨区域"走出去"、探索实践"教师流动"，以管理赋能的视角促进教师蓬勃发展。

教师发展目标是研修项目设计的根本，学校对照不同的目标类型，将通识性与本体性教师素养、课程教学与学习研修进行了整体规划和系统融合，结合原有校本研修特点，横跨各类研修方向，纵深不同教龄需求的项目网络，为教师提供了多重研修的选择，匹配了工学需求，也使个性化研修成为可能（见表 2-2）。

表 2-2　模块式项目内容示例

模块式项目	主　要　内　容
青年教师微党校项目	邀请专家和优秀党员来校开展讲座或宣讲先进事迹；组织青年教师外出学习参观优秀党建基地，促进青年教师朝着更高的目标努力奋斗
课例研究项目	聚焦课堂教学的真问题，与学校视导听课、公开课展示研讨相结合，匹配教师教学实践中各维度的发展需求，为提升学校各学科的课堂教学品质形成实证依据与有效策略
科创探究项目	聚焦学科延伸，与各级各类科创活动相结合。教师通过深度组织、带领学生参与竞赛活动，在学生综合实践素养、跨学科知识应用及创新能力的培养中关注学科外延、跨学科研究、个性化专业成长
科研论文项目	与教育教学征文评比相结合，匹配教师教育教学理论的学习需求。通过开展综合阅读、文献研究，参与文献综述、长三角征文等活动，帮助教师在各级各类平台发声
班级建设项目	重点关注新班主任能力的提升。与日常班级管理工作相结合，以各类德育活动为载体，针对常见班集体建设问题展开主题研究，帮助青年教师更好地发挥德研在教育教学中的影响等

三、模块式项目下的教师思悟

模块式项目有明确的研修主题、研修目标，支持每一位参与的教师按需而有序地发展。

奚老师是一位热爱课堂的青年教师，在入职第一年就加入了"课例研究项目组"。她紧密结合日常教学，在团队的协同下以自己的课程为载体，实践探索个人的教育理念。2021 年，经历两年的项目化研修，奚老师开启了区青年课题"教育戏剧对初中语文阅读教学积极意义的实践探究"的征程。2022 年 6 月，作为学校项目化研修代表教师，围绕项目研修成果在区科研沙龙上作了交流。

以下再从项目亲历者的视角，列举不同项目是如何助力教师成长。

（一）健康教育课程的实践引领

2022 年 1 月 12 日，市教委教研室课程开发课题组召开了健康教育课程开发启动会，王思思老师作为课程开发主持人，开启了一年的实践探索，这是一次充满挑战与启发的旅程，她用三个词语来总结："学习积累""探索苦闷""豁然开朗"。她这样解释道：

1. 学习积累

课程开发的第一步要确定主题，传染病是一个重要的公共卫生问题，一旦流行会影响人类健康和经济社会发展。大量政府文件都提到学校应建立一套有效的传染病防控体系，为学生提供相关学习内容，并提出巩固和研究新冠肺炎疫情防控成果和经验。基于此，我们将课程题目定为：《科学战疫，守护健康》传染病防控课程设计与实践研究。

课程开发是全新领域，对于不熟悉的领域和概念，我们首先查阅文献，认真研读，整理归纳。其次，我们参加了高质量讲座学习如何进行校本课程开发、健康教育课程相关素材的准备、学校健康教育需求评估与计划制订等，共计 8 次讲座学习。最后，我们了解了课程开发的相关概念和理论，归纳课程开发的模式、内容，完成了项目申报书和课程纲要的汇报等等。

2. 探索苦闷

理论学习和实践之间相差甚远，尽管我们做了大量的学习和准备工作，但在探索中也并不顺利。从课程题目的敲定、文字的修改，到研究综述内容的丰富，研究目标准确描述和研究内容的有效组织等，经过 9 个版本的修改，我们终于艰辛地完成了项目申请书的撰写。

这是课程开发过程中的第一个难题，后面的问题则更加复杂。课程纲要撰写时如何区分研究目标和课程目标、课程目标和教学目标；如何准确描述课程目标；在传染病相关内容如此丰富的情况下，需要选择哪些教学内容，如何组织它们，采用何种教学方式，设置什么学生活动，这门健康教育课程与生命科学中传染病相关内容有何不同，有何特色等等问题，都是需要思考的。

第二个难题是经典案例的设计，我们选择的是新冠肺炎，但是 2022 年的奥密克戎毒株和 2019 年的原始毒株有明显差异，用 2019 年的事例谈 2022 年的新冠肺炎不太妥当。而当我们在 2022 年 3—5 月确定录制案例和 2022 年 12 月正式录制这节课时，新冠肺炎的防控政策也在不断变化，这都增加了这节课设计的难度。

3. 豁然开朗

课程开发的过程就是对自己不断否定再重新建立的过程，我感到幸运的是有课题组各位老师帮忙和一起努力，汪校长在百忙之中仍然整体跟进了课程开发的进度、重要节点和该课程相关的课时安排和调整。我们撰写的相关文件，英老师都提出了合理的修改意见。课程内容的选择和编排，教学环节的设计，不管何时与刘老师商量，她总会给我中肯的建议。还有洪老师和黄老师补充和修改课程纲要。市教研室的狄老师在对我提出更高要求的同时也在不断帮我修改、理清思路、完善各个环节。

研究目标即如何能开发出一门课程，而课程目标是学习这门课需要达到的目标，要达到这个目标需要以每一节课教学目标的完成而得到实现。我们前期对学生进行了问卷调查，结果显示学生对传染病预防课程有浓厚兴趣，但存在对一些常见传染病知晓率偏低，传染病预防的行为素养不足等现象。这为课程目标的确定和课程内容的选择提供了重要依据，同时，课程内容的确定还参考《科学探索者》系列丛书中的《人体生理卫生》《人体生理学》《中小学国际健康教育 健康与幸福》以及国内有关传染病防控校本课程开发的硕博士论文等。最终我们将课程内容确立为四个模块，十节课，并拍摄两节课堂教学案例。

教师作为健康教育课程的开发者需要阅读大量文献和书籍，提高专业素养，增强沟通协调能力。对学生而言，他们需要通过多样学习方式系统认识传染病相关基础知识，提高传染病预防意识和行为素养，做到能够制作传染病预防宣传海报，积极尝试运用所学知识指导自己、同学、家人养成健康生活习惯和卫生行为习惯。当然，由于时间有限，整个课程还不够精和细，如课程评价体系不够完善等问题，我们会将之作为后续研究改进的方向。

（二）科技创新项目的跨科赋能

缪雅敏老师是我校的一名青年英语老师，教学之余她喜欢制作各种小模型，并通过开设拓展课把这种爱好发挥了出来，希望让学生们在了解模型制作的同时，发展他们的创新能力，从而让参与者今后能更好地融入社会。随着模块式项目的完善与丰富，科技创新项目组为她的专长提供了舞台。在参加活动的过程中，她发现科创活动不仅仅是模型制作，还有机器人制作、科技创新大赛、环保类活动等等，这着实为她打开了"第二课堂"的视野，也让她更加喜欢科创活动：

我想把那些真正热爱手工的学生们聚集在一起，把他们的才华展示出来，激发他们的创造力，让他们知道，学习课堂知识只是他们发展的一部分，还有更多的活动可以发挥他们的才华，让他们的学习之路更加丰富多彩。

1. 走进科技创新项目组，走进学生中间

在第一次科技创新组的活动中，科创组组长以"空气动力火箭"为例，向组员们介绍了科技活动方案的设计和实施办法。为了让火箭成功发射，组长还介绍了空气动力火箭的运动原理，这些关于制作技巧及注意事项的讲解，丰富了老师们的科创知识。本次活动后，我自己设计了一个科技活动的方案，并成功实施。活动结束后，学生们热情不减，自发性地挖掘本次活动的内容，沉浸于持续探索的乐趣之中。

在指导学生制作模型的过程中，我发现他们都变得更加自信。我认为，这是因为他们在科创活动中可以发挥自己的个性，并看到自己的成就。作为一位班主任，我尽量激发学生的兴趣，帮助他们发现自己的特长，让他们在制作模型的过程中体验到自信和喜悦。我们可以把模型制作作为一种课外活动，让学生在模型制作中发挥他们的个性，激发他们的创造力，在模型制作中培养他们的动手能力，从而提高他们的学习成绩。

为了更好地指导学生制作模型，我们给学生提供过一些技术指导，帮助他们更好地理解模型制作的基本原理，把握模型制作的流程，使他们在模型制作中更有信心。为了更好地促进学生的个性发展，我尝试给学生分组，由每组学生中的一名学生负责模型制作的主要任务，其他学生提供信息、材料等资源上的帮助，这样，每个学生在活动中会更有信心。此外，我们还定期组织模型制作比赛，让学生们在竞争中发挥自己的潜能，通过比赛，来激发学生的求知欲，提高他们的学习兴趣。

2. 从科创活动到项目化学习的进阶

随着科技创新组活动的展开，我们也在思考着前进的方向，一种新的学习方式映入眼帘，那就是项目化学习。项目化学习是一种基于实践的学习方式，它将学习与实践结合起来，让学生以解决实际问题为目标，融入自身的知识、技能和思维，主动学习，实践学习，获得更多的知识和能力。科技活动本身就是一个非常好的项目化学习的载体，只要把活动内容抽象成一个问题，就可以让学生以解决问题的方式进行学习，培养学生的自主性和创新性，让学生在兴趣的驱动下，自主地去了解新知，解决真实的问题，从而真正实现从被动学习到主动学习的转变。项目化学习不仅可以激发学生的学习动力，还可以让学生在实践中学习，把知识和技能运用到实践中，让学生更加深入理解知识，并且能够熟练运用，从而提高学习效果。

兴趣是最好的老师，它可以给孩子们带来无限的动力，促进他们的学习成长。每个孩子都有自己独特的优点，只要我们能够发现并发挥他们的优势，他们就会变得自信起来，学习也就会变得更加轻松自如。此外，兴趣能够激发孩子们的智慧，让他们更加深入地去体验和理解学习内容，也让他们在探索过程中获得更多的乐趣。给孩子一次机会，也许他们会给我们带来不一样的明天，我们应该给予他们最大的支持和帮助，让他们可以更好地发挥自己的潜力。

我将继续沿着前进的路线，以模型制作为媒介，开发项目化学习的相关课程，让学生们在制作模型的过程中，自主地学习新的知识，以达到教学并举的目的。

第二节 项目化研修的岗位职能

作为研修的主体，除了高关联、高适应的研修项目，教师在研修过程中所担当的职责也对其专业发展有着至关重要的影响。如何发挥传统研修中教师职能的优势、凸显项目化研修的特点，如何校本化设定研修岗位、实现多元赋能，是项目化研修中不容忽视的问题。

一、项目化研修和传统研修中教师职责的关联

在传统研修中，交流互动、小组讨论、评估反思等形式都可在项目化研修中得到继承。但后者还在角色担当、学习方式等方面有着更为丰富的表现。

（一）角色担当方面

传统研修重点在于教师的知识更新和技能培养，使用知识传递、专家授课等传

统教学模式。而在项目化研修过程中，教师参与项目化研修所扮演的"角色"是多样化的，通常包括"学习者""教育设计者""行动研究者"等。在学习者的身份下，教师与其他同行一起接受培训，通过解决实际问题加深对课程知识的理解。在教育设计者的身份下，教师可以根据自己领域的专业知识和实践经验，借助团队智慧，设计研修方案和评估体系。在行动研究者的身份下，教师需要对自己的教学实践进行思考和总结，通过反思加深理解并进一步提高个人实践能力。

（二）学习方式方面

传统研修注重课堂教学，强调知识传授和单向的教育研修；而项目化学习强调"学以致用"的原则，将问题置于现实环境中去思考并解决，真正完成知识应用的过程。项目组负责教师还应考虑，协调各组成员之间的合作关系，保证实践过程的顺利进行，同时负责方案的评审和成果的展示。

（三）学习内容方面

在传统研修中，通常是由讲师按照计划安排固定的课程内容；而在项目化研修中，则教师可以基于自己的需要和实际情况选择更具针对性、个性化的研修内涵，非常注重学习内容的实用性和针对性。此外，教师还要积极地在网络平台上提供咨询、进行交流，分享最新研究成果和经验，积极推动项目化研修的开展。

（四）研修态度方面

研究还表明，教师参与项目化研修时通常会表现出积极的态度和情感。部分教师认为项目化研修是一个有趣、新颖且富有挑战性的学习方式，其中蕴藏着很多实用性和创造性的教育设计思想。由于项目化研修注重教师个体发展和自主探究，教师也更愿意成为实践的主体。另外，教师也非常乐意将个人的学习成果和经验分享给其他教师，拓展彼此的交流圈和合作范畴，共同推进教育改革和创新。

二、项目化研修的四重决策岗位与研修特点

教师专业发展的核心是要强调教师个体在自身专业发展中的主体地位，重视教师内在能动性对其专业发展的作用。相较传统层级式研修，项目化研修以模块式项

目为载体，每一个项目均由一个项目组运作。每个项目组包括一名负责人、一名组长、一名领衔人和若干名组员。

项目化研修突出研修过程的自主性、参与性、流动性，能够充分满足不同教龄、不同学科、不同发展需求的教师专业发展。

所谓自主性，是强调教师在研修中所拥有的主体地位。首先，项目组的组建遵循双向自主选择的原则，从研修起点回应了传统研修中"自上而下"的问题，每位教师可根据负责人发布的研修简介，结合个人的阶段发展需求，自主选择、自由搭配希望参与的项目。其次，负责人综合考虑"项目的研究目标、教师的个性化选择、研修方式与资源配置"等客观因素，决定项目组的最终人员构成。

所谓参与性，是指项目研修场域中每一位教师各司其职又紧密连接（见图 2-1）。

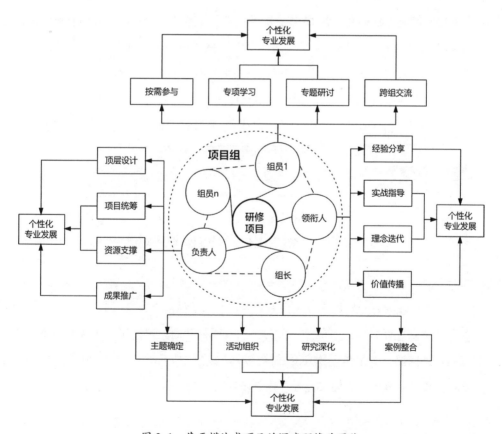

图 2-1　基于模块式项目的深度研修共同体

项目负责人的任务是顶层设计、项目统筹，并寻求资源支撑和推广成果。组长负责每期活动主题的确定、活动组织，也努力推动研究深化和案例整合。领衔人发挥着经验分享、实战指导、理念迭代和价值传播的关键作用。

所谓流动性，是指项目组的扁平化管理理念提倡教师组内轮值、组外流动。一般以学年为单位，每位教师都可以深度参加一个项目，跨组参与两到三个项目，每位组员教师轮流担任组长，主持项目工作，实现组织能力与统筹能力的提升。每位教师也可以根据不同时期的专业发展需求流动到其他各组的研究中去，如见习教师注重教育教学基本功的学习，进入新手教师期后就更关注课堂组织与教学设计等，同样也能带着班级管理的疑惑参加班级建设项目的研修。可自由组合的模块式项目，形成了每位教师独有的项目化研修体系，通过碰撞思维、交换观点、汲取经验，实现个性化的专业发展。

例如，郁老师是一名有着 10 年教龄的教师，她希望在学科命题方面有所突破，在 2018 学年她选择了学科项目组，2019 年与团队成员合作立项了区一般课题"初中数学核心素养与数学教师命题素养的关联性研究"；2020 年，她欣然接受了"班级建设项目"的邀请，作为研修领衔人给年轻班主任支招，同年将积累的经验在区班主任中心组上做了交流；2021 年，参与多个项目组的郁老师担当了"书漂阅读项目"组组长一职，在阅读与写作中与同组成员一起前行。

第三节　项目化研修的协同赋能

教师个性化的专业发展不仅关注专业知识、专业技能的发展，教师专业素养整体提升的研修过程，也是发展的一部分。项目成员共商共议，制定阶段研修主题，明确团队共同愿景，聚焦个体发展目标，形成基于模块式项目的教师研修共同体，能够解决传统研修中重整体实施轻个体关注的问题。

一、研修领衔人：连接专业学习共同体

研修领衔人突破了传统研修中的"导师"定位，为项目化研修锦上添花。一方面，他们可以结合个人专长为研修主体提供学科教学、德育工作等实战指导；另一方面，项目本身也对领衔人的专业素养提出要求，在指导过程中不断促进他们的学术精进。领衔人打开了项目组的研修封闭圈，更重要的在于他们能带着项目组的思考与研究回归组外教师群体，再将更多优秀资源引进组中，不断盘活项目研修，推进师资队伍的整体前进。一般，在青年教师为主的项目组里，负责人会推举学科专业较为精深的中老年骨干教师（团队）担当研修领衔人。

理化生项目组是学校 2018 年成立的学科项目团队，面对"小学科"人数少共同教研更少的现状，来自三个学科的 5 位青年教师自由成组，围绕跨学科实践中的问题开展项目化研修；2019 年研修共同体壮大，邀请了区学科带头人陈老师等为研修领衔人；2020 年项目组抓住学科共性，申报"指向初中生科学探究能力培养的个性化实验作业的跨学科实践研究"并立项为区一般课题；2021 年，研修团队成为区第二期中青年发展团队项目组，以跨学科案例研究为主线进行为期两年的研修。以往，陈老师仅从教研组层面对学校化学教学工作进行指导，形单影只的青年教师们也基本只能就个人教学开展实践。深度学习共同体的构建，在共同愿景的引领下，青年教师形成了专业的伙伴关系，开拓了研修的视野，各类市区域平台也为老师们提供了极为丰富的研修资源。陈老师表示，有组织、有计划地进行学习、交流、反思，加速了青年教师业务能力的提升，基于项目的研修也令自己在学科研究上有了全新的认识，在团队学习中获得了更多的归属感、认同感和价值感，对学校乃至区域教育教学质量的提升亦有着重要的意义。

阅读项目组的领衔人杜老师曾以"减肥"为例，形象地描摹了一名项目领衔人的同行之路：

"减肥"这件事相信大家都不陌生，为了"减肥"大家一般会做什么呢？我们的第一反应可能就是"少吃"，再深入一点可能是"多动"。今天如果我们把"减肥"作为一个项目来做，那么，我们又会如何去落实？

首先，我们需要明确为什么要"减肥"？换句话说，减肥对我的价值是什么，解决了我什么问题？

比如因体检查出脂肪肝，为了保证自己的身体健康，所以需要减肥。那么，就我们书漂项目组而言，"书漂"对我们的价值是什么，能解决我们什么问题呢？或许是促进我们自己的认知迭代，又或许是在"双减"背景下促进学生学习方式的改变。但我想无论是什么，这个问题一定离不开教育教学第一线的"痛点"，这个价值一定是为了更好地解决教育教学中出现的"矛盾"。也就是说，在进行这个项目之前，领衔人必须和整个项目组成员一起深入一线，判断需求的真伪与价值的大小。

其次，我们需要定义范围，简单来说，就是我该做什么？不做什么？若以为了防止脂肪肝加剧为目标而"减肥"，那么就应该从日常控制高脂饮食摄入的频率和量入手，而不应该选择去吃"减肥药"。你看，吃"减肥药"这个部分就是不该做什么，因为它虽然能让你减肥，但却违背了保证身体健康的这个目标。因此"不做什么"是很重要的底线。

就"书漂"项目来看，这个项目"不做什么"的底线在哪里？想必第一要务就是要避免在选择书目上的求"多"、求"全"，没有取舍，面面俱到的做法其实就是不对标。"做法"始终要和"目标"对齐，因此我们需要聚焦一个"共性问题"，再让组员在合理时间内"深耕精读"与这个问题密切相关的一本书或一类书，比如我们此次项目组就是聚焦阅读指向"深度学习"的理论文章或实践案例。只有聚焦，才能抓住"主要"矛盾，研究"最佳"做法。

最后，我们需要创建达成目标的路径。还是拿之前所举的"减肥"为例，到底需要减掉多少斤？时间节点又是什么？也就是说，在这实现目标的前行路上，是否有具体合理且可见的"里程碑"，如总目标是减去 10 斤，那么可先设定在 9 月至 10 月的 30 天内减掉 3 斤即达标。我们的项目组需要对"深度学习"这一理论做研究，它聚焦的是如何提升教师的素养。与课例研究等实操性强、反馈及时的项目相比，在实施推进的成效性上，我们团队成员收获的发展和进步会呈现"显性"不足，"隐性"有余的局面，因此，更需要领衔人协同团队，达成共识，以终为始，拆解路径，明确项目探索期、进攻期、发展期阶段的若干"临界点"，这样更容易设定项目团队的"可见预期"。与此同时，还需与项目负责人一起关注并分析完成阶段目标所需的"关键能力"，为组员提供相应的支持与保障，最终和组员一起插上阶段胜利的"小红旗"。唯有如此，方能化"隐"为"显"，积"少"成"多"。

项目管理的最后一环是评估，其实我们刚才所说的拆解路径，明确阶段"临界点"就是一种阶段性评估。

回顾以上粗浅的三点思考，用三句话来小结：① 事前想清楚（抓住"痛点"）；② 事中干到位（守住"底线"）；③ 事后有沉淀（争取"赢面"）。我想这三点或许是一名项目"领衔人"需要做的。

二、构建跨学科教师学习共同体

新型教师学习共同体的概念是近几年国内外教育学家和学者共同探索的热门课题之一。随着教育教学改革的不断发展，信息技术的不断提升，当今时代对教师教学能力的要求越来越高，教师仅仅靠自身的努力，已远远不能满足促进学生发展、教师专业成长的需要。于是各种教师学习共同体应运而生，这种教师之间的合作学习方式，给教师的专业发展提供了交流、合作、分享的平台，不仅使教师个人专业素养得到提升，更有效促进了整个共同体的群体性进步，使共同体所在的学校和学生都得到了发展，共同体的构建对教师、学校和学生的发展具有积极的意义。

（一）构建教师学习共同体

目前教师学习共同体形式各异，有些是同一学科不同学校之间的教师联合学习教研，是为避免因一个学校某个学科教师人数少、教研氛围差、学习机会少的问题而设立。有些则是不同学科基于某个共同的目标而联合，例如北京印刷学院附属小学以"优化学科课堂教学策略"作为共同的研究目标，将该校语文、数学、体育、科学四门学科的教师联合起来组成教师学习共同体，运用跨学科课例研究策略为教师搭建共享平台，通过专业研修、课例研讨、分享交流等方法，使共同体的教师在合作共学中获得专业成长。

在我们学校，物理、化学、生命科学、计算机四门学科就存在着教师人数少、教研和交流机会少的问题，他们中有的是刚入职两三年的年轻教师，有些是教龄五到十年的成熟型教师，由于日常教学工作繁忙，加上缺少共同教研、交流、学习的机会，大家都觉得自己的专业发展受到了限制，成熟型教师更是遇到了瓶颈，有一定的教学经验，但教研的经验不足，不知道自己该如何进一步成长为研究型、专家型的教师。其实初中理化生学科的知识并不是孤立的、互不关联的。相反，学科内的知识大多紧密相连，甚至形成空间网络。很多实验涉及多门学科的知识内容，要解决这些实验问题所需要的能力也是多方面的，所以实验问题本身就是一个综合问题。成立跨学科教师学习共同体，既可以提升学生的科学探究能力，又可以提高共同体教师的专业素养。于是我们成立了学校内部的跨学科课题研究小组，以"指向初中生科学探究能力培养的个性化实验作业的跨学科实践研究"为共同目标，围绕实验这个中心，将物理、化学、生命科学、计算机四门学科有机地融合在一起，共同对个性化实验作业进行研究，使各学科之间互相渗透、互相补充、互相促进，以提高学生科学探究能力、促进教师专业素养提升。

（二）共同体课题研究的目标

课题组通过物理、化学、生命科学、计算机四门学科共同以个性化实验作业为基本形式进行研究，期望实现以下目标：

1. 全面激发学生对于科学类学科的学习兴趣；

2. 让学生掌握一般科学探究过程：提出问题、猜想与假设、制定计划、进行实验、采集数据、数据处理、得出结论、评价与反思、表达与交流；

3. 有意识、多元全面培养初中阶段学生的创新能力，综合提升科学探究能力；

4. 为共同体教师提供专业切磋、交流、协作的平台，实现共同成长的目标。

（三）共同体成员的发展策略

如何在共同学习的过程中推动不同阶段教师获得适切的成长呢？这就需要发挥

共同体成员各自的优势，课题组成员涵盖了物理、化学、生命科学、计算机四门学科的一线老师。领衔人是具有 20 年以上教龄的高级教师，虽早已步入职业成熟期，但仍缺乏教科研的经验。课题领衔人将以本次课题为契机，通过学校搭设的平台、邀请专家指导、科研室培训等方式，突破职业瓶颈，在课题研究中发展自身的反思能力、教研能力、理论提炼的能力，向专家型教师发展。

课题组成员大多是青年教师，具有很强的可塑性和学习能力。其中一名计算机老师和生命科学老师为入职 0—2 年的职初教师，工作经验不足，但两位教师都有着研究生学历，学习能力包括查阅文献、资料检索的能力，尤其是计算机应用的能力都很强，于是两名教师在课题组负责资料的检索，教生命科学的王老师还负责了文献综述工作。职初教师虽然属于不同学科，但在共同体的学习中可以相互借鉴很多教学经验，不断积累教育教学的经验。

其余 5 名成员都属于入职 5—10 年的青年教师，包括 2 名化学、2 名物理和 1 名计算机老师。他们已经是一级教师，相对成熟，在各自的学科领域都有较为丰富的教学经验，可以独当一面。但正是因为业务日趋熟练，他们往往安于现状，缺乏进一步提升的动力。在此次课题研究过程中，领衔人安排这几名教师负责设计各自学科的个性化实验作业并实施。课题组定期汇报实践情况，分享总结，并进行优化，探索更多跨学科案例的设计。

课题组成员在共同学习的过程中一起学习现代化教学手段，增强自主学习的意识，提高业务能力。课题组发现学科之间的联系，实现信息资源共享，知识和经验分享，使教师专业能力得到共同提高。

（四）共同体课题研究案例展示

物理、化学、生命科学虽然都是科学学科，但是教学内容和形式还是相差较远，如何打破学科壁垒，如何突破年级的限制，将个性化实验作业进行有机整合，让学生把一般科学探究过程落实到每门学科，是需要我们解决的关键问题。

例如，我们利用学科节的机会，让学生尝试完成跨学科综合实验作业《生活中的水》，教师提供问题情境和实验任务单，学生分组领取任务，设计实验方案，搜集检索资料，动手实验，采集数据，撰写实验报告，小组合作，分析实验结果，最后再进行汇报。具体任务如下（表 2-3）：

表 2-3 2021 初三化学学科节跨学科实验活动《生活中的水》任务清单

主 题	任 务	成 果	设 计 意 图
水的来源	上海市的水文化、探寻上海取水来源	PPT 小组汇报	从化学联系社会，让学生探寻上海取水的来源，探寻自来水厂生产水的全部流程，理清取水、送水、净水等过程中"水"的运转轨迹和工作原理，有效拉近学科节活动与生活的距离，激发学生的活动热情。
	自来水厂如何生产自来水？	PPT 小组汇报	
水的净化	我们怎么喝到洁净的水？	手工自制净水器（产品）	让学生自己学会构建模型，进行产品（简易净水器）的制作与产出。
	硬水和软水的区分及鉴别方法	探究实验报告	通过查阅资料，信息整合，学会科学探究的基本方法和流程，并学会撰写探究实验报告。
	饮用水微生物检测	PPT 小组汇报	跨学科知识整合研究，如何利用生物和化学的知识来解决饮用水中微生物检测的问题。
	如何选择家用净水器？（选择合适的参数）	PPT 小组汇报	联系生活，学会筛选资料；参考合适的参数，了解家用净水器的技术更迭，学会辩证看待各类净水器的优缺点，并锻炼自己的表达能力。
水的使用	水是生命之源：依据健康用水的原则，给出不同人群的饮用水的意见报告	① 健康用水适应人群报告 ② PPT 小组汇报	联系生活，学会辩证看待"水"的饮用，并根据不同人群的特点，推荐饮用水的品种和用量。
	水是夺取生命的恶魔？ ① 家庭如何安全用水？ ② 如何预防险情：洪水、海啸。	PPT 小组汇报	水既是生命之源也是会带来灾难的恶魔，学会辩证看待问题，掌握生活中安全用水的方法，尤其还要掌握关于水的灾难来临时如何进行逃生等知识，树立安全出行、珍爱生命的意识。
	独特的、美丽的城市井盖	摄影作品或收集的照片	明白随处可见的井盖也可以变身成为艺术品。
水的污水处理	生活污水去了哪里呢？	制定生活污水排放标准细则	培养学生查阅资料的能力，并学会书写项目方案

续 表

主题	任 务	成 果	设 计 意 图
水的污水处理	实验室的污水怎么处理呢？	设计实验室污水处理方案	化学作为以实验为基础的自然科学，实验室是主阵地，课题由生活污水的处理延伸到化学实验室的污水处理及实验室安全问题，培养学生书写项目方案的能力。
水环境	描绘你眼中的"水"	绘画、诗歌、电子小报等	用艺术的形式来辩证描绘心中的水，明白表达想法，形式可以多种多样。

活动方案评价：

总分值100分：活动方案设计50分，必须有实验报告，报告设计占30分，作品完成度20分；现场汇报分值50分，小组合作探究过程30分，作品展示和汇报20分。

表 2-4 活动涉及的学科要素分析

科学	化学	硬水和软水的区分：硬水软化
		化学物质对水的影响 净水过程中与化学相关联的化学物质及化学原理：如明矾等可用作混凝剂，活性炭可做吸附剂，氯气、二氧化氯等可消毒杀菌等 化学物质在污水处理中的运用及工作原理等
		实验室的污水处理涉及的化学物质、化学反应等
	物理	能量的转化（比如电能转化为机械能；机械能转化为动能和势能等）
	生命科学	微生物的生命活动给污水处理带来的影响（包括积极的和消极的）
		探究洗衣粉中氮、磷的含量以及氮、磷等元素带来的水体富营养化——赤潮等，选择更加绿色环保的洗衣粉
计算机		PPT、电子小报等多媒体技术的运用
		利用百度、电子图书馆、各大学术网站等搜索需要的文献
艺术	历史人文	上海市的水文化，上海市的水源变革史
	美术绘画	美丽的井盖绘画、绘制电子小报
其他		健康用水、安全用水，了解自然灾害的危害，掌握求生常识
		辩证地看待环境保护和经济发展

表 2-5 成果评价表

学科节"生活中的水"评价表					
组长： 汇报人：					
组员：					

评价维度	评价内容	程度				
		非常好	很好	较好	好	待加强
作品呈现	主题明确					
	创新性意识					
	作品完成度					
	知识的掌握和应用					
	跨学科整合性					
创作过程	编制问题解决方案的能力					
	利用计算机及其他媒介的能力					
	操作技能与动手能力					
	团体意识与协作能力					
	组员参与度					
	突发情况处理能力					
汇报展示	主题明确					
	时间分配合理					
	逻辑清晰、表达准确					
	内容翔实、详略得当					
	面部放松、肢体舒展					

该案例已在我校初二和初三年级的学生中实施，并取得了一些成果。该案例将提高初中生科学探究能力的两个关键概念"跨学科"和"个性化作业"通过实验进行了有机融合。把物理、化学、生命科学、计算机四门学科连接起来，不再单一进行研究，而是整合起来使各学科之间互相渗透、互相补充，提高了学生的科学探究能力、促进了学生核心素养的发展。

"一人难挑千斤担，众人能移万座山。"教师学习共同体的构建有助于教师在共同的目标下，形成专业的伙伴关系，有组织有计划地学习、交流、反思和提升业务能力，在团队学习中获得归属感、认同感和价值感，这对区域教育教学质量的提升亦有着重要的意义。

三、协同赋能下的教师成长

吴老师曾在个人成长规划的小结中说过这样一句话激励自己：这一阶段的成长结束了，在此过程中收获的奖项好像都是三等奖，希望自己下一阶段能够慢慢收获一些二等奖，甚至是一等奖。一直重复原来的方式只能原地打转，想要更进一步，首先要直面自己的缺陷，然后想办法去解决问题。2021学年第一学期，他加入了阅读项目组，基于项目组的研修，成长在慢慢发生，愿望也在逐步实现……

作为一个年轻教师，最大的优势就是具备积极性，对于学校组织的各类活动，他都非常乐意参加，而最大的问题就是经验不足，尤其不擅长收集教学过程中的片段。这也导致他虽然花了很多时间参与各类活动，但由于经验和相关知识的缺乏，最终的结果并不理想。所以，在意识到这样的问题后，他觉得自己应该将脚步放慢，抽出时间去做一些先提高自己的事情，也恰好有这样一个契机，他加入了阅读项目组，有了静心思考的机会。

阅读项目组中的老师既有教学经验丰富的，又有擅长案例、论文写作的，其中还有一群有新想法的年轻教师，组成非常合理，在这样一个项目组中，年轻教师能够收获很多类别的书目、文章推荐，在每一次的项目组活动中，都能收获新的想法。这样一个"厚积"的过程，也让吴老师之后有了"薄发"的机会。以下是他的个人感悟：

（一）理论为"根"，助力科研

《现代教学》杂志在2021年下半年发布了主题为"深度学习的实践与研究"的年度征文活动，学校也将这篇征文启事发在了青年科研沙龙，由于对"深度学习"

并不熟悉，我也没有想要去写这样一篇文章。也恰是这个时候，项目组举行了一系列活动，首先是就这一主题查阅相关文献，负责人将自己查阅的一些优秀文献分享到项目群中，供我们组员阅读。在进行一段时间的阅读后，项目组进行了关于"深度学习"的心得体会交流讨论，也正是在这一系列的项目活动中，我对"深度学习"有了系统的了解，我意识到，原来在平时的教学过程中，自己已经践行了"深度学习"的理念。这次的活动让我意识到，其实我的身边有优质的案例或经验可以撰写成文，只是自己只重视经验的生成，忽视了理论的基础。阅读项目组的一系列活动让我有更多的机会接触一些教育教学的理念，项目组教师的激烈讨论，也让我对相关的理论有了自己的见解，并且能够结合自己的教学活动，不断地去深入思考，将自己教学过程中的所想所感，以更加科学的方式记录下来。在关于"深度学习"的项目组活动后，我基于自己参与的课题，结合自己的教育实践，撰写了《深度学习视角下利用图形计算器进行函数教学的实践研究——以"二次函数顶点式"为例》一文，参加了《现代教学》2021年度优秀征文的评选，荣获二等奖。在经历了一系列的三等奖之后，在加入阅读项目组短短几个月的时间里，我终于在论文撰写方面收获了自己的第一个二等奖，阅读项目组成功弥补了我在理论方面的缺陷。

（二）他山之石，可以攻玉

2022年3月份，上海疫情严重，教学活动不得不转移到线上，刚转线上上课的那段时间，其实我自己也是比较迷茫的，一方面是由于自己带的是初三毕业班，另一方面也是因为在第一次线上教学时，自己并没有摸索出有效的线上教学经验。为了帮助组内教师迅速适应线上教学，当时项目负责人在项目组群内转发了很多关于线上教学的推文，让我们知道了很多优秀的教师是如何进行线上教学的。但别人的经验最适用的对象往往是他们自己，如何去找到最适合自己的线上教学方式呢？项目负责人告诉我，对于别人的经验，不一定要原封不动地照搬，只要能够从他们的经验中找到一点能够帮助自己的部分就行。而这些经验，从书里、论文里去找比较困难，可以多从微信公众号、知乎之类的线上平台去找。的确，虽然我们组是阅读项目组，但对于阅读的定义，不能只局限在文章、书籍中。在明确自己的线上需求后，我开始在网上寻找经验。确实，在很多线上推文中都有老师分享自己的线上教学经验，很多经验让我耳目一新，通过对这些经验的整理归纳，我解决了数学线上教学过程中的板书问题、初三难点图形运动问题、线上师生互动问题、学生学情分析问题，有了一套非常熟练的线上教学经验，也恰巧上海市电化教育馆这个时候在全市范围内征集优秀线上教学经验，项目组长与科研室主任英老师鼓励我像别人那样将线上教学的经验分享出来，在经过反复的修改完善之后，我的线上教学经验之作"云端教学，钉在实处"成功投稿，制作的视频也在上海微校平台、上海电化教育馆公众号平台进行展示，最后非常荣幸地获得了在线教学技巧比赛的一等奖。这是本人教师生涯的第一个一等奖，离不开项目组的帮助。

（三）折节读书，融通运用

如果说获得的奖项是显性的成绩，那项目组带给我的更多的是隐性的专业发展。首先是我乐意去读书了。在项目组组织的一些活动中，我慢慢地去学习如何阅读，一种是根据自己的需求去读一些解决自己问题的文章；另一种则是根据自己的兴趣去读书。其次，加入阅读项目组也让我对教学过程的逻辑性、科学性、创造性有了新的想法，比如在授课的过程中，我不会再仅仅以学生的作业反馈为参考依据，更多地会去考虑到学生课堂的参与度，教材建议的合适程度，教学活动的科学性。我想，这也是我们阅读项目组一次次基于各类教育理论、热点的交流讨论活动，潜移默化地影响着我们青年教师，让我们更加严谨、科学、认真。也正是有了这样的思考，我在教学的过程中会去重新审视自己、发现问题、研究问题，并将研究的问题进行课题申报，成功申请了区规划课题。

青年教师的成长，就是一所学校的未来和希望。学校的发展离不开学校的青年教师队伍建设工作，学校通过多样的组织培训、教学研究、经验分享，促进教师队伍专业发展，形成了浓厚的教学研究氛围，就如阅读项目组让我这类处于"青"时期和"熟"时期的青年教师在理论中学习实践，又从实践中去积累经验、提升能力，引领着我们的专业成长。

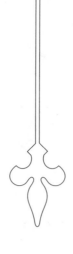

第二辑　笃行篇

第三章　项目化研修的基本过程

目前，我校项目化研修实施注重过程的三段式研修机制，主要分为"项目准备、项目研修、项目交流"三个阶段，每个项目组均通过系列课题纵向推进、循环实证、迭代深化，运用协同编辑、云盘共享、平台交互等信息技术，为持续、高效而有深度地赋能每一位教师提供了支撑（见图 3-1）。

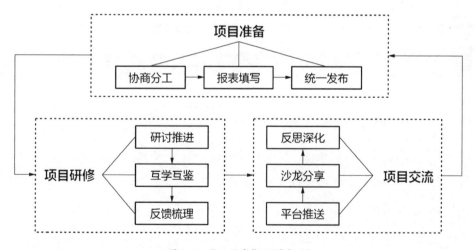

图 3-1　"三段式"研修机制

在项目的准备阶段，校科研室在研修群内发布活动贴士，各组根据项目目标讨论次月研修重心，填写"项目组织月报表"，落实研修安排。学校以金山文档等协同模式整合各组的研修信息并进行发布。外组教师根据研修的主题、内容自主参与。

在项目的研修阶段，项目组成员进行展示研讨，将阶段成果进行亮点呈现，将个体的思考进行集体交流。参加的外组教师使用"项目活动观察表"（见表3-1），对项目研修活动进行观察评价，在自我学习的同时，也为优化项目提供了建议。

表 3-1　项目活动观察表

项目组		项目名称	
活动时间	___年___月___日	活动地点	
主持人		交流教师	
活动主题			
活动亮点 40%	□组织形式　□研讨主题　□研讨氛围　□研讨资料 □任务分工　□成果展示　□其他　　　□无		
	请对上述勾选项举例说明		
活动收获 60%	□本体知识　□教学技能　□教育理论　□科研方法 □实践经验　□问题解决　□其他　　　□无		
	请对上述勾选项举例说明		
	对本组（人）研究的启发		
综合评价___%	针对本次观察中的不足提供建议		
观察者		观察时段	___：___——___：___

每学期末，学校会组织各项目组进行展示交流。一方面，各组会以"项目成果推送表"的形式在钉钉平台进行宣传，并通过校园网进行在线互动；另一方面，优秀成果还会上传公共云盘，并在科研沙龙、区学术季等更高平台推介交流。此外，学校校刊《紫风铃》也会刊发项目研修的精彩成果，传播优秀教师的教育智慧，启发更为全面而深入的思考。

三段式研修机制经历了"科研沙龙研修、学科项目研修、多维度项目研修、线上线下融合研修"等多种研修模式的迭代。本章将从青年科研沙龙的成立回溯项目化研修的实践起点。

第一节　从科研沙龙到学科项目

在"适应学生个性化"的教育浪潮中，学校管理策略的调整与精进可以毫不夸张地看作为"发现每一位学生的个性化特征、尊重每一位学生的个性化差异、设计每一位学生的个性化路径、提供每一位学生的个性化舞台、跟踪每一位学生的个性化成长"等一切聚焦于学生个体成才的目标而开展的一场"如何给学校管理升级"的研究。

学校管理千头万绪，任何一个环节都有可能成为影响学生个性化发展的重要因素：教育思想理念、课程改革实施、课堂教学实践、德育活动开发、教育教学评价、特色项目推进……我校结合实情，在"五四一"统筹研究思路下（"五"指的是"五位一体"，即教师培训、教育科研、教学研究、学校管理和校本课程开发为一体；"四"是指"四个融合"，即制度建设、队伍建设、校本研修、文化建设四项制度建设融合起来；"一"是指"一个建立"，即通过价值取向、工作方式、思想观念、行为模式的变化，逐步建立健康向上的教师文化和学校文化），立足"制度保障""教师文化""教育教学活动"以及"综合评价"四个维度对学校管理策略的优化展开研究。

所谓教师文化，是指教师作为特定社会职业群体所具有的价值观念和行为方式。在教育管理实践中我们逐步形成了这样一种认识：教师文化建设是教师专业化发展不可或缺的组成部分，它为教师工作提供了意义、支持与身份认同，它时刻影响着教师的个性化素质。而教师的个性化素质主要体现在"精准适切的学生个别分析、积极主动的课堂氛围创设、丰富适切的学习资源提供、关注差异的学习过程评价"等诸多方面。因而我们可以认为，在"学生个性化"发展对"教师文化"建设提出更明确的要求的同时，"教师文化"也在影响着学生的个性发展与成长，是促进学生个性成长的助推力量。

我校的教师文化建设目前分为以下五个方面：① 教师主动的"自我管理"文化

促进学生自主管理；② 教师互动的"信息共享"文化促进学生学习效率提升；③ 教师全员性的"自主参与"文化丰富学生学科活动；④ 教师常态化的"研修反思"文化提升学生学习能力；⑤ 教师广域性的"读书交流"文化推动学生阅读习惯的养成。

其中以"让研究成为教师的习惯、让专业成为教师的内需"为核心理念的"研修反思"文化一直是教师文化建设的重点。"研修反思"提倡以课题研究为引领，锻造和提升教师的教育教学能力，师生在彼此的关注、影响中，认识自己、发展自己、成就自己。"青年科研沙龙"便是这一文化理念下形成的一条关注青年教师研修之路的重要举措。

一、"青年科研沙龙"的基本理念

2014 年 9 月 2 日，在校长室的领导下，学校科研室举行了第一次青年科研沙龙，确立了每月一次的例会制度。沙龙成员以 35 岁以下的青年教师为主，学校期待借助此平台激发青年教师的专业发展内需与动力，提倡将教育科研与自己个人的发展规划相结合，做到教育理论、教学方法以及教师专业素养三位一体的提升。

科研沙龙活动着眼于教师们在教育教学过程中遇到的问题，提出"问题即课题"的研究主张，通过研究来解决实际问题，以"内外兼修"的方式迅速提高青年教师的教育教学能力。沙龙内容一般集中于：青年教师的课题的申报与推进；研究的过程性体会与收获；教师在教育活动过程中想到的、感悟到的话题；以及校长荐文的阅读感想等。每次研讨，程校长都会结合自己近期的学习体会给出针对性的建议与指导。

一位青年教师在一学期的沙龙活动后感言道："作为一名刚踏上工作岗位的青年教师，我们总会更关注课堂教学，思考如何把一堂课上得更好，思考如何提高学生的学业成绩，而对于教学研究，我们总是望而却步。青年教师教科研沙龙活动让我的思想有了很大的转变，我明白了科研对一名教师的重要性，也对自己并不熟悉的课题研究有了进一步的理解。同时，我也清醒地认识到自己在科研方面的不足，感受到自己与其他老师之间的差距。我会继续努力，尽快提升自己的科研水平，使自己的课题更加具有价值。"

每一场沙龙活动，既是一次课题进展的交流、思维火花的碰撞，更是一次思想的更新。在学校教育管理上，是突破以行政手段为主推动教育发展的方式，转变为思想引领和专业引领；在教师专业成长上，是突破强调掌握学科知识和教学技能，更加注重教育境界和专业能力的提升。科研沙龙努力构建一种启迪、反思、进取以及分享的学术氛围，从问题出发，建立每位教师身边的小课题、小改革、小创新、小经验，形成"聚沙成塔"的局面。

二、从"个体"走向"团队"的模式转型

不过随着沙龙活动的深入，埋藏在青年教师心中的各类关于教科研的困惑也逐渐浮出水面，以几位数学青年教师为例，他们所教的学科相同，却发现彼此的研究是既熟悉又陌生。

符老师：在沙龙活动中大家定期地分享自己的课题进度和疑惑，但由于学科较分散且时间紧张，导致很多时候大家只是提出了课题遭遇的瓶颈，并没有办法更好地畅所欲言互相解惑。即使是同学科的老师，由于没有切实参与其他老师的课题研究，所以不太了解该课题，即使想帮忙，也很可能无从下手……

唐老师：我曾经收集过自己执教班的练习册，但发现研究也就局限在了自己的班中，不能加以延伸和应用。如果能够在一个数学组内，是不是就能把我手中的资料传递出去，或者我能得到别人实践得来的经验？再比如，老师在课堂上会发现各种学生问题，如果能提前获悉上一个年级学生发生过的问题，大家相互先通个气，上新课或许就能更加得心应手了。

吴老师：刚进入工作岗位的我其实是比较茫然的，并不十分清楚如何在工作中进行课题的研究。其实以前读研的时候，基本上都是和课题组的同门一起进行研究，所以我想，在中学里能否也有这样的课题组，一方面前辈会在课题研究的过程中给后辈指导，另一方面也希望能有一个地方能发挥自己所长！

正是基于这样的认识与思考，我们发现：要为全体学生服务，为每个人的成长

打造"绿色环境"、助力"绿色提升",在有限的时间与空间内引导学生发挥他们最大的潜能,我们教师就必须全员参与、合作研究。

2018年9月25日,经过一个假期的筹备,沙龙成员按学科的相同或相关性组建了具有共同研究主题与目标的"项目组"。有别于学科"教研组",项目组以团队课题为引领,在项目组长的统筹安排下,成员分内容、分阶段、分目标地在自己的日常工作中开展相应的研究,常规性的教学工作也都将以合作项目为导向,更有目的有期待地朝前迈进。

转型后的青年科研沙龙把更多的时间留给了每个项目组的阶段交流,内容或是以项目组长为代表的项目主旨汇报,或是组员间的经验碰撞。在校科研室的管理下、沙龙活动的驱动下,各学科项目组,都会结合具体既定的主题,积极开展研究活动。在项目组长的主持下,成员教师对研究进程抒发观点、交流困惑、分享资源,大家的交流状态也从"他的研究与我无关"逐渐转向"他们的研究是否值得我们借鉴"的研究新氛围。同样以数学项目组成员的感受为例,可见"项目组"在加速青年教师个体专业成长的同时,也加深了他们对研修团队的认同感与归属感。

龚老师:独自研究一个课题时的视野仅能放在自己能想到的重点上,科研小组转化为团队形式后,在小组开会讨论课题研究内容、方法的时候,大家都会结合自身所长提出不同的着眼点,既开拓了研究角度也丰富了研究方法,大家分享的想法和做法,对每一位成员都有促进学习的作用。

郁老师:我们数学学科的很多内容是螺旋上升,彼此相辅相成的。一篇课题里面的内容,可能贯穿了几个年级,对于知识的把握难免会有遗忘与疏漏。但是有了团队的协作,在大家的献计献策、群策群力下科研这件事变得轻松了许多,在集体的鼓励与支持下,科研这件事也变得有趣了。

从单打独斗到团队研修,我们发现项目组的实践意义可能集中体现在以下8个方面:① 研究的视野更开阔;② 研究的资源更充裕;③ 研究的范围更全面;④ 研究的内容更主流;⑤ 研究的方法更完善;⑥ 研究的氛围更适宜;⑦ 研究的目标更深入;⑧ 研究的层次更丰富。

青年科研沙龙下的项目组组建无疑是学校管理工作中的一次革新，各组开展的研究也都是对学校总课题作了强有力的支撑。在沙龙活动从点到面作出改变、从个人研修到团队共进的跨越过程中，当下青年科研沙龙活动的4个共性特征也明晰了：① 课题源头都是基于问题出发的思考；② 课题研究都是思考后的积极行动；③ 课题成员都会在参与团队的研修过程中进步成长；④ 教师身份在研究中是学习者、研究者、引领者。

三、学科项目组的研修实践

学校青年科研沙龙共成立了"语文、数学信息、英语、体育、理化生"五个学科项目组。这一"基于学科背景的团队教科研活动"，在近两年的学习与研究中，也对促进学生个性化发展作出了回应，提出了6个"为"的研究准则：① 为促进学生系统发展而研究；② 为提升学生学科素养而研究；③ 为认识学生个性问题而研究；④ 为激发学生学习热情而研究；⑤ 为满足学生学习差异而研究；⑥ 为丰富学生成长体验而研究。下面以英语、数学、体育三个项目组为例进行说明。

（一）为提升学科素养而研究——立足课堂，多渠道提升英语学科素养

《课程标准》指出"发展英语学科核心素养，落实立德树人根本任务"。英语项目组根据英语核心素养体系的四个维度，开展了"基于核心素养背景下的英语课堂教学的改进研究"，其中六年级的组员负责"语言能力"，七年级负责"学习能力"，"思维品质"和"文化品格"则由八年级负责。老师们以牛津教材和阅读补充教材Active Reading 作为载体，以课堂实践为抓手，观察学生、研究课堂，最终引导其个性化发展，成为有能力、有思想、有个性、有全球视野的学生。

像八、九年级这样的高年级学段，教师在阅读教学中应更关注学生思维品质的提升。以 8B　U5　Reading: Blind man and eyes in fire drama 为例，本课除了引导学生了解故事情节发展外，还希望通过有效的问题设计与解决实现学生阅读技能、学习能力及思维能力的提升，最终实现培养学生人与动物和谐相处及尊重生命、帮助他人的意识。实践证明只要通过科学的问题引导，我们的学生就能在能力范围内得到最大程度的思维品质提升。

高同学：感觉这节英语阅读课很像一节语文课，老师问了许多问题，有问指代性的，主人公性格的以及问我们怎么看待 Rules 等，大家探讨得很热烈。原来英语课也能这么上，感觉很新奇很有趣！

季同学：在这节课中，我感觉自己很充实，因为一直在动脑筋。老师的问题一个接一个，有难的也有简单的。虽然我只能回答一些比较简单的问题，但我很开心有了发言的机会，而且难的问题我也从小组讨论中接触到了很多其他同学的 idea！

戚同学：在这节课之前我都没想到自己也能说一句很长的、完整的句子了，以前回答的时候都只能蹦出一个个单词；而且今天课上我学到了 anxious 这个单词，很开心！

又比如，七年级积极运用课堂活动、课后作业来化"被动学习"为"主动学习"，做出了"基于牛津英语低年级单元大作业的设计"，有效地激发和培养了学生学习英语的兴趣，发展了学生自主学习的能力，也发扬了他们的合作精神。在新一轮的研究过程中，组员缪老师还给学生提供不同的选项，乃至让学生一同合作、参与单元大作业的设计，就学生英语"语言能力"的提升可谓形成了积极的影响。

表 3-2　七年级第二学期单元大作业

周次	教　学　内　容	单元考试安排	单元大作业（＊选做）
1	Unit 1　Writing a travel guide	U1 Test	Travel guide
3	Unit 2　Going to see a film	U2 Test	Introduction of films
4	Unit 3　A visit to Garden City	U3 Test	Poster of Garden City
6	Unit 4　Let's go shopping	U4 Test	Design clothes
7	Unit 5　What can we learn from others	U5 Test	Short plays
10	Unit 6　Hard work for a better life	U6 Test	Fables
12	Unit 7+ Unit 8　A more enjoyable school life	U7 + U8 Test	Plan for enjoyable school
14	Unit 9　Water Festival	U9 Test	Fables
15	Unit 10　Water Festival	U10 Test	Poster

图 3-2　七年级学生的英语单元大作业示例

（二）为认识个性问题而研究——追溯历史，多视角解读数学理解问题

发现、认识并妥善处理好学生的个性化问题，应毋庸置疑地摆放在个性化研究的首要位置，这是追求对学生开展个性化教学、促进学生个性化发展的道路上的重要基石。

基于对《HPM：数学史与数学教育》的研读，根据历史相似性理论，数学项目团队将研究目光集中在"初中数学学习中的几个历史相似问题"上，团队成员希望发现、检验历史相似问题的同时，通过问卷、访谈等研究方法进一步挖掘共性之外的个性问题，并以此为据结合数学史料与数学教学的四种融合方式，设计有助于激发数学学习兴趣、有助于拓宽学生思维、发展多元文化进路、有助于确定学习障碍、克服学习障碍的数学课堂。

通过关于"符号代数"的学情测试，我们检验了"学生对符号代数的认知发展过程与符号代数的历史发展过程具有相似性"的事实。了解了这样的历史相似性，我们便没有理由去责怪学生在代数符号的理解与运用上所犯的错误，我们还应该相信，学生所遇到的这类学习障碍是需要时间来克服的，是不能在短时间内完成跨越的。我们同时还意识到能够借鉴历史上数学家克服困难的经验，预设性地为学生在学习过程中消除认知障碍，降低理解难度。

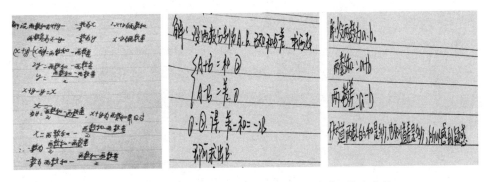

图 3-3　数学理解上的历史相似性"验证现场"：缩略代数

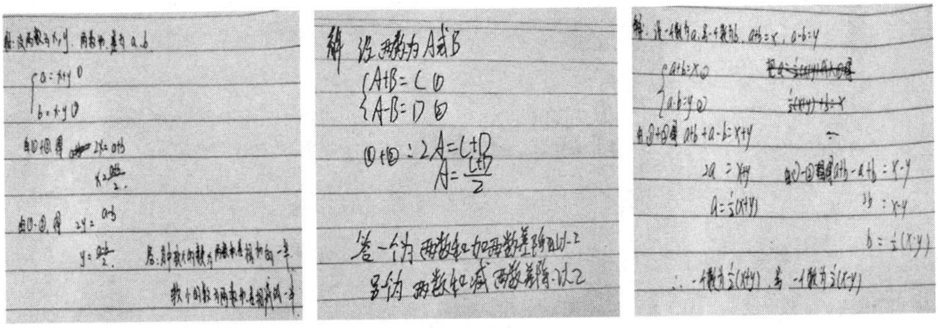

图 3-4　数学理解上的历史相似性"验证现场"：符号代数

这是一节关于"可化为一元一次方程的分式方程"的新授课，学生在分式方程基本概念与基本解法学习之后进入到独立的练习环节。老师请到两位同学上台板演，其中这样一道题目：$\frac{2}{x+1}+\frac{3}{x-1}=\frac{6}{x^2-1}$ 的解法引起了台下同学的小声议论，原来小刘同学没有按老师之前的示范"去分母法"来解这道题，而这是一节公开课，不少同学都表现出了紧张，或许他们是为执教老师接下去的"圆场"捏一把汗。"小刘同学的做法非常聪明！"老师面露微笑，不急不缓地说道，"这是一种不用去分母、也不会产生增根就把方程解出来的'了不起的做法'。"就在同学表示万分诧异的时候，老师看了小刘一眼接着补充道："其实早在1899年美国数学家在《代数基础》中给出了这种分式方程'不产生增根'的解法，小刘的想法与当时的数学家达到了一样的高度，当然是件非常了不起的事！"说罢，在老师的带领下，全班响起掌声一片，小刘的脸刷地红了……

学生在数学学习过程中"犯"下的错误，在数学项目组看来恰是可贵的研究资源、教学资源，尤其是在追溯相似的个体问题上，他们的价值不亚于我们"喜闻乐见"的正确结论。事实上，加强此类数学史的研究与学习，在很大程度上是可以帮助教师更好地把握教学重点、难点，从而选择更恰当、有效、机智的教学方法或策略的。上例中教师出色的课堂反应正是源于项目组的日常研究，源于对教学内容历史知识、历史相似性的认识。

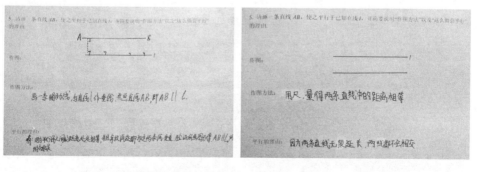

图3-5　数学理解上的历史相似性"发掘现场"：平行线的认识

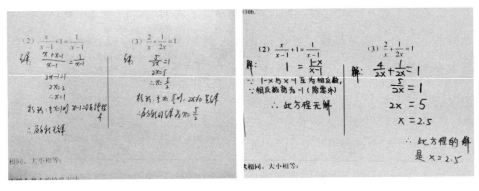

图 3-6　数学理解上的历史相似性"发掘现场"：分式方程的解法

（三）为激发学习热情而研究—运用技术，多手段提高体育学习效率

随着上海市体育中考新改革和初中体育多样化改革的逐步铺开，对体育教师教学能力的要求提到了空前的高度，这就需要体育教师通过教研和自我学习来提升教学能力。体育项目组的教师发挥专项各不相同的优势，开展了"初中体育与健身校本教程的开发与实验研究"。

此项研究有较为扎实的研究基础，或认为是新一轮的实证研究：项目组长宋老师曾参加过"初中体育与健身视频系列教材开发及教学实验研究"大课题研究；2013 年他参与了区"篮球"视频项目的拍摄；2016 年起他参与了"初中体育与健身视频系列教材（双杠）开发及教学实验研究"。此外，此项目还得到了学科教研员黄大鹏老师的全程指导。

随着研究成果的积累，项目组视频运用得愈发成熟。

2018 年末，我们尝试在部分班级运用视频教学。其中有一节跨越式跳高课，操场上立着 4 副跳高架和配套体操垫，旁边放着 4 个 iPad。学生们不禁疑惑："老师，你拿 iPad 是给我们拍视频吗？"我回答道："视频拍摄只是其中一个方面，我们今天还将用 iPad 进行技能学习。首先，先打开第一个视频文件……"学生很惊讶，说道："老师，原来今天是看视频学动作啊！"只见他们在老师的指导下，时而练习，时而聚集在一起激烈讨论，时而拿着 iPad 拍摄，又时而和教学视频进行对比，相较以往枯燥被动的学习模式有了很大的变化。上课的时间过半，我走到一名身体素质欠佳的学生身边，询问道："今天的学习你很投入，是觉得这个方法新奇吗？"学生回答："平时我们顶多用 iPad 拍视频观看自己动作，今天课上通过准备好的视频一步步学习，让我有了自主权，再通过一次次的尝试不断进步，比起老师一步步地教，这种模式让我更有成就感！"

课后，我询问一名学生课后的收获，学生竟然回答我说："老师，你以后能不能都用 iPad 教学？观看视频学习比以前学习时效率更高，有时候看老师的动作好几遍都记不住，现在可以反复看视频，还能直接通过拍摄的视频进行对比，体育学习也不枯燥了！我想再多看点视频学习一点新的技术动作！"他的回答让我意识到，学习方式的改变成功扭转了他对体育课的学习态度。

通过项目组的合作研究，教师开始整合个体的教学经验与已有的研究成果，每位项目组成员在关注自己课堂教学成效的同时，也学会将目光投向更远，逐渐意识到关注学生个体阶段发展目标的重要性。团队研究是"众人拾柴"，当不同学段的同仁与我们对同一个问题产生共鸣，那研究就有了广度；将同一个问题在不同阶段的做法联系起来，以学生在这种关联下的能达成的个性化程度为研究佐证，那研究就有了深度。

正如语文项目组杨老师参加活动的感受：小组共同研究的好处在于能够集思广益，拥有着 1+1+1+1 > 4 的效果。曾经自我研究时苦思冥想无法解决，如今在共同讨论中问题很快就有了解决方法，研究的思路也能拓宽不少；另外，尽管各自的方向与目标有所差异，但其中的想法依旧能够达到触类旁通的效果。

科研沙龙活动的形式翻新推动了教师专业化成长，激发了教师自主发展的积极性，也推进了学校教师文化建设，而成熟的教师文化又促进了学生个性化的教育，随着课程和活动的深入开展，通过量化制度内容，一种积极向上、充满生命力的研究氛围已经形成，与此同时全校师生的思想变化、策略变化、途径变化、成效变化也正在迈入一个良性循环。

第二节　从单科研究到多维提升

在教师研修的过程中，教师除了提高学科教学的能力，还需要考虑到专业发展的多个维度。学校需要对教师的课堂管理、教学评估、教育心理学等不同方面的素养，以及对其教育写作、跨学科研究、创新思维等各种软技能的提升加以关注。因此，进一步丰富研修项目的内容与形式，更加精准地针对教师在教育教学中遇到的问题，动态地提供个性化的解决方案和培训内容，将多种能力的提升贯穿其中，以满足不同教师的需求和喜好，激发教师的主体意识和创新能力，从而提高教师的实际教学水平和专业素质，便显得尤为重要。此外，将研修主题与实际教育教学工作相结合、与学校日常管理相结合，在有效减少工学矛盾的同时，也保证了研修项目的有效性和可持续性。

一、阅读赋能专业，学习助推发展

如果说课堂是教师的根，那么教学理念则是教师的魂。成长道路千万条，专业阅读第一条。成长是不断发展和完善的过程，阅读则是教师专业成长最自由、最直接、最简便、最经济、最有效的方法之一。正如苏霍姆林斯基所说："教师获得教育素养的主要途径，就是读书，读书，再读书。"

（一）阅读促进教师自我提升

阅读是教师成长的阶梯。现在是信息化社会，教师的成长需要不间断的读书学习和知识积累，才能做到厚积薄发，深入浅出，才能在教学、科研方面取得成绩，一步步从青涩走向成熟，成为骨干，成为名师。

继学科项目组后，学校整合原有"读书漂流"活动，成立"书漂"阅读项目组，在组长的带领下，以集体的组织促进成员自我全面提升。

1.活动有规划。项目组规定，每月例会活动时，小组成员应主动交流近期阅读的好文，撰写感悟。小组成员阅读到好文可以随时发在群里进行分享，在获得即时信息的同时也督促自己不断读书增长见识。

2.活动有任务。每逢学校寒暑假，小组成员全部积极主动参与假期阅读修炼项目，开学提交随笔、小论文。

3.活动有目标。小组成员每学期至少参加一项论文评比或征文活动。教师们通过不断的教育教学实践、阅读、反思、再实践，教学理念一步步走向成熟。

（二）阅读赋能教师专业发展

阅读是教师专业成长的需要。为避免造成教师专业上的"贫血"，大量高品位的阅读是教师成长最关键的、最根本的要素。持续不断地阅读可以使教师的知识结构不断趋于完善，可以使教育写作更加开阔与丰富，可以使课堂实践不断提高效率，可以使教育反思不断走向纵深。因此，教师首先应该是个读书人。

"书漂"阅读小组活动重点之一是对自己专业的深度阅读。深度学习、理解自己的专业，才能保证教学的质量。老师们通过阅读专业理论、管理理论，不断更新教育教学理念，收获本专业知识的同时，还获得跨学科的专业信息。如就"双新"背景下的教育教学改革目标，深入细致学习新理念，研读新课标，深度研究各学科的核心理念，着重学习了在大单元教学设计、双减背景下如何进行作业设计，以及如何在教学评一体化上进行广泛阅读与深度学习。

（三）多元化氛围赋能教师成长

1. 教师的自我赋能

教师离不开阅读来提高自我教育教学水平，促进自我专业成长，有效地解决实际工作中遇到的诸多问题。不同层次、不同需求的教师都能够在阅读中自我赋能。职初教师读一些案例、方法类的书籍，可以很快上路；骨干教师读一些经典理论书籍，让理论与教学实践相结合，提升自己；经验型教师沉下心来，多读文史哲类的书籍，可以增添生命底色。此外，教师们在开设课题、撰写论文，学习新理念、研读新教材、新课标等方面更离不开阅读的支持、严密的思维能力和严谨的工作作风。

2. 教师的合作赋能

如何进行专业阅读是教师的一个突出问题，课题申报、课例研究、撰写课例、形成论文等，都是老师们最头疼的问题。"书漂"活动组从来不是让老师们孤立读书，自我摸索，在"黑暗中"前行，而是在老师申报课题选题、进行任务分配、研究与实践全过程中，都有来自学校专家团队的专业指导，帮助教师在困惑中成长。在学校赋能青年教师成长的大环境下，我们一直都有来自核心骨干荽承智老师的深入解读与指导，引领大家进行科学的阅读，形成理论，拓宽阅读的深度与广度；还有领衔带头人杜文佳老师的亲笔指点，指导青年教师精耕细读，进行文笔优化；还有团队活动时组长的不断鼓励与跟进；还有团队同伴之间的互助，彼此分享的前沿好文与素材。

3. 教师的辐射赋能

"书漂"阅读项目组侧重的是教师的专业阅读，而学校的"读书大漂流"更体现了"书香校园"的必要性，有利于教师的终身发展。每学期全校有近 50 名 40 岁以下的青年教师参加书漂活动，他们博览群书，积极参加征文活动，分享彼此感悟；教师在自我成长的同时，在骨干榜样教师力量的辐射下，带动身边不同年龄层次的教师共同成长。如在 2022 年上半年疫情封控时，青年教师毫无保留地把自身信息技术优势运用于教育教学中，带动全体教师信息技术大幅提升，确保了学校线上教学顺利进行。

阅读，让每一位教师健心、健学、健智，一年多来阅读赋能青年教师一路成长。他们在课题申报、学术季交流、论文评比、教学比武、班级管理、人生感悟的成长中，不断收获自我价值。阅读，让老师在专业知识上不断精进，在专业精神上追求完美，在专业品格上凝练纯粹，还让他们有了不急不躁、从容淡定的宁静和超然。这份精心教书、精心育人的品质与素养，必定会影响学生的成长，真正实现教书育人的核心目标。

二、修炼科研力量，助力师生成长

教育教学的科研工作既严谨务实，又因对象是"人"而充满不确定性。老师们的选题都源于一线工作的真问题，研究的终极目标都是解决问题、克服困境，期许付出的一切努力最终回馈在学生的成长上。

科研沙龙为倾心于教育教学研究的老师们提供了"捕捉、思考、探索、分享"教育教学真问题的平台。作为沙龙的一员，青年教师们积极参与课题研讨，成果颇丰——一方面是探索过程中的思考、研究的成果反馈到教师自身的教育教学工作中，增益课堂；另一方面我们也跳出"成长困惑"本身，认识到有一套科学的方法可以提供指导、推动规范化研究。因此，沙龙不仅形成了教与研的良性循环，也催生出更多思考，在依靠经验、积累案例的同时，教师还要追求可论证、可重复验证和普适可推广的教科研成果。

而"育人教书"的奥秘并不容易被窥探和获取，为更好地钻研教科研工作，以"参与流动志愿、学习专业智慧、提升成果质量"为特色的科研小队在老师们的教科研热情和需求中应运而成。

（一）组建与成长

Zhi 小队以服务全体教师、提升自我的教育科学研究品质为指向，把学习科研方法作为日常工作的一部分，提升团队科研能力，联动各征文、课题、项目的研究工作，壮大科研力量，助力教育教学，增益课堂成效，助力学生成长。

1. 参与流动志愿

小队以 2+n 的模式组队成团，包容多元化育人理念，追求多样性发展路径，保持教研两结合的创造力；通力合作服务团队项目，术业专攻延伸个人课题。

所谓 2+n 的组队模式（如图 3-7 所示）是指由两位具备科研基础能力的固定成员、多位流动成员共同组成，每位成员致力于一项科研过程中的工作，比如"如何更好地进行文献综述""如何更规范地开展调查研究"等，成为具备某项科研能力的"专家型"教师，多位"单项专家"集合在一起就成为学校科研的智囊团。其中，固定成员的任务是发现需求、掌握进度、串联各项工作；流动的意义是每位教师都有机会在团队中学习，成熟之后服务于其他小组并"带教"新的队员走向成熟。

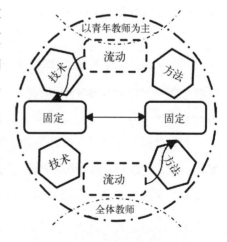

图 3-7　Zhi 小队 2+n 组队模式

2. 学习专业智慧

Zhi 小队还是学习科研的小分队。小队的每一位队员虽然都是一线教师，但大家对学校的科研情况并没有整体的认知。团队成立初期，我们启动了课题调研、需求分析、任务明晰三项工作，统计团队课题和个人课题，建议适用的研究方法，汇总进度安排、时间节点，协同明确研究内容、目标，考量已有研究基础，分析技术需求，明确学习模块，以有效支撑或推进课题研究。

前期调研数据分析结合课题立项书、征文规范等文本解读，我们抓住了"文献综述"这一不同课题的共同基础模块，也以此作为团队"做中学"的首个研修内容。另外，调查法也是老师们科研中应用较多且最熟悉的方法，它既包含基于问卷调查的量的研究，又包含访谈调查的质的研究，如何科学使用调查法也是值得研修的内容。

基于 2+n 的团队模式，两个固定成员各领一个方向，各带一位流动成员，在教师的岗位以学习者的身份开始了研修之旅：基于数据开展实证研究，在迭代中进行行动研究，逐步尝试质的研究。我们正确而严肃地使用技术，学习 UCINET 生成知识图谱，通过社会网络分析，全面客观地进行研究综述；学习 SPSS 检验信度和效度，通过相关性分析、因子分析，精准有效地总结因素之间的关系及影响。

我们获得了专业智慧，同时科研能力得到认可——我们参与了市级课题"学校治理视角下赋能青年教师的项目化培训实践研究——以发达城区优质公办初中为例"的开题准备和前期调研工作。为了更加适切地开展课题，首先进行全面的情报综述是非常必要的。课题伊始，我们抓住了"学校治理""赋能""项目化培训"等关键词，从词语溯源、词义辨析、具体项目分类、发展历程划分等角度，尽可能地进行了较为全面的文献综述，解决了"是什么""为什么"的问题，明确了课题大致研究方向与发展发现。在此基础上，我们设计并发放青年教师成长需求调查问卷，根据数据分析结果，抓住了关注度较高的"学困生""课堂教学"相关的两大话题，进一步设计了 6 个访谈问题，完成了一轮多组正式访谈。教师本身就处于学校教育教学现象之中，但研究对象经验不同，思维方式也存在差异。我们从谈话记录表出发，建立起多样的"情景化的""主体间的"意义解释，探索现象背后的思维方式和逻辑路径。

3. 提高成果质量

发现问题、解决问题、反思总结的过程就是一个课题的研究过程。所以不存在完全脱离研究的教育教学工作。而科研的严谨性就在于它有一定的范式和要求，所以，小队会帮助老师将相关主题的自身经验、教育反思、随笔杂记系统化，甚至通过访谈、观察记录的方式，将他们实际做的事情文本化。伴随成文产出的往往还有老师的逻辑梳理、策略的迭代优化，这样可以激发新的想法，引起更深层次的反思。

一般，教育教学征文和课题对文本也有相应的规范，以便于阅读和分享。"文本编辑"也成为教师必备技能之一，并且比日常的办公技能要求更高，比如格式修改、目录生成、图形绘制、题注设置等。我们依托具体案例，将操作过程中的截图搭配文字说明，创编"帮助"文本，以此作为教师提升信息技术赋能科研能力的工具。过于复杂的设置和操作则会做成系列视频教程，由易到难呈现内容，供大家自由参考使用。

（二）协同与助力

Zhi 小队在校青年科研沙龙、项目化培训中孵化，逐步成长为校科研室的"多面手"，我们在每一次选题、开题、研题、结题、征文要求解读、撰稿格式规范的过程中寻找"反哺"的机会，志在协同研究过程、助力教育教学（如图 3-8 所示）。比如，我们团队中的赵老师就曾在我校青年语文教师开题初期给予了概念界定、文献推荐的帮助。

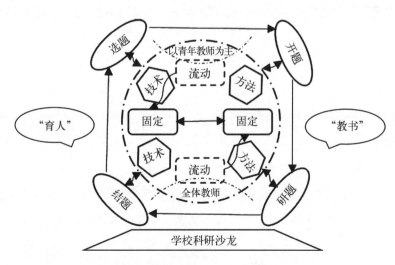

图 3-8　Zhi 小队协同教科研过程

学期伊始，一次会议间隙赵老师偶然了解到奚老师对于语文课本剧的教学运用非常感兴趣，想要以此为方向深入研究，但是苦于没有相关专业知识储备，不知该从何下手。

这种情况其实非常常见。作为一线教师，我们的研究问题往往是从实践中来，凭借着教学中积攒的实践经验摸清大致方向，但是实际操作起来却又总感觉缺少"扶手"，陷入迷局。这个时期非常关键，如果没有外力介入，那么教师的科研小火苗很有可能就此熄灭。在这个时刻，Zhi 小队的价值便凸显了出来。

回家后，赵老师立刻打开"中国知网"搜索相关关键词，开始阅读一篇篇文献。经过一晚上的细致搜寻，她发现针对奚老师所描述的状况，或许可以使用"教育戏剧"这个名词作为突破口进行专业研究。第二天，赵老师将论文与相关书籍推荐给奚老师，并进行了简单交流。奚老师听后非常高兴，不久之后，我们在立项青年课题的名单上看到了课题"教育戏剧对初中语文阅读教学积极意义的实践探究——以叙事性文体教学为例"。

开题仅仅是一个开始，在研究的过程中，新的小问题会不断出现，所有的问题都需要一步一个脚印踏实地去解决。此时，Zhi 小队更像是一种催化剂，帮助各个课题小组解决实际问题、推动研究进展。

在奚老师的课题推进过程中，我们时不时会接到她的困惑，同样也会收到其他课题小组的"求救信号"。针对这些问题，我们不定期举行茶话会，在轻松愉快的氛围中以聊天的方式举行"微讲座"，切实解决实际问题，以解各位课题成员的燃眉之急。

Zhi 小队参与到市级课题研究之中，需要调研"教师的成长需求"。解老师和小队另一位成员苏老师讨论使用问卷星发放问卷和收集数据，确定好工具之后，大家开始思考问卷内容，并着手查阅文献。

经过几天的阅读和学习，小队成员再次展开讨论：解老师主要查阅了硕博论文，因为问卷一般都是附在后面的，期刊文章几乎不会呈现出问卷的具体问题，她浏览了近100篇的附录之后发现这些问题可以分成不同维度，于是建议先确定教师成长的几个维度，再进一步设计问题。苏老师却是直接共享了"问题文档"，他是先做加法，把"教师成长""成长需求"的问题都写进来，然后又做了减法，将相似的、边缘化的问题再拿掉，最后完成了这个文档。莫老师建议："那我们就来看看这些问题能不能对应到现有的这几个维度。"大家把问题填充进以维度为划分基础的框架后，发现这份问卷已经基本成形。

但经过进一步的讨论，小队成员意识到还存在一些问题，比如：这些维度之间并不都是并列的关系，而且其中有些维度还可以展开，有些问题放进哪个维度都不太合适，有些题目设置的选项集过于封闭，而题型的开放性选择不当可能影响作答者的真实作答。另外，还要加一两个反向问题，便于后面作废无效数据。

在这一轮一轮的学习、讨论、修改、发现新"知识盲区"、再探索的过程中，大家慢慢掌握了设计问卷、使用 SPSS 分析数据、进一步设计访谈问题的方法。当苏老师在例会中分享其中仅仅一部分数据、图表、结论的时候，那一刻他在大家眼里是发光的。接着就有课题组发来邀请，希望苏老师到自己的组里做指导，他们也需要调查数据推进研究。

后来，科研室的记录表以协同文档的形式，"登记"了各课题组大小活动，它成了我们深入协同科研过程、双向助力师生成长的窗口。比起怀揣困惑、遇到瓶颈时去网上求解，教师们更愿意向他们身边的"同道中人"发起"聊天邀请"，这大概是因为 Zhi 小队的"小点子"科学而通透、可操作又不失严谨。同时，小队也在"支一招"的过程中衍生了一些显性成绩：2019 年"指向个性化学习的初中数学作业调研"获调查研究方法成果一等奖，2020 年"教师命题素养综述"获情报综述征文二等奖等。

（三）反思与展望

近年来，线上线下教学的资源整合、教学反思、因材施教、核心素养落实课堂、深度学习等，产生了太多值得关注的课题。"双减"政策、"全员导师制"又激发出新的思考，教师们只有学而不厌，才能诲人不倦。疾驰的时代中，Zhi 小队不可原地踏步，必须不断反思、进取。

1. 集页成册，及时更新

目前 Zhi 小队的分享处于"口头聊天"为主、"汇报讲座"为辅的状态，"学习笔记""行动记录""科研随想"等散落在我们的教学日常工作簿中，教科研工作就像注解一样隐没于教育教学这篇长文的字里行间，随着"脚注"的增多，行间距就不够用了。所以，我们要把这些"科研碎片"整理成教学中科研工作的正文，积少成多，集页成册，老师们在需要时可以当作"帮助手册"来翻阅参考，同时也便于传承。

2. 校本化，更适切

教科研成果鲜见立竿见影之收益，期待的结果总要假以时日才能呈现。慢慢地追踪、观察、记录，因人而异、因地制宜地调整、改变，找出情境中的真问题，抓住适切的角度，校本化教科研过程才能通过科研克服德育困境、走出教学瓶颈。

3. 多方法，广路径

量的研究与质性研究相结合，有关师生、教育的主题，在研究中，更要注重研究方法的多样性。教师要注意，视角更"真实"，提升"类型特征"和"工作情境"的分析力；方法更"科学"，注重基于证据的分析和内在逻辑的构建。教师要研学不同领域、范畴的研究方法，敢于迁移、借鉴、创新，拓宽教科研有效路径。

三、聚焦素养目标，构建跨科研修

随着新《课程标准》落地，提升学生核心素养已经成为基础教育的重要目标。核心素养是综合性素养，是涵盖知识、能力、思维方式、情感态度和价值观等多个维度的关键能力。因此，教师需要在不断强化学科教学能力的同时，关注跨学科领域的融合与渗透，深入了解其他学科和领域的知识和理念，发掘不同学科之间的联系和互补关系。

教师应突破传统单科研修的思路，在跨学科研修中，探索多元化的教学模式和方法，采用跨学科的课程设计和教学方案，在加强本学科整合和知识结构建立的基础上，将不同学科间相互联系的点进行梳理，引导学生进行跨学科综合性学习，以提高学生理解和解决复杂问题的能力。下面以理化生项目组的跨科研修为例进行说明：

为了综合物理、化学、生物、生命科学等学科的知识，以"主题活动"的形式向学生授课，在学科项目组的基础上，学校成立理化生跨学科项目组。理化生项目组，汇集了各学科的优秀师资：有区学科带头人、校骨干教师，还有充满教学激情的青年教师。团队中，教师们经常在一起探讨、研究，发挥自己的特长，彼此学习，共同成长。

2020 年 10 月，项目组以探究和解决实际问题为指向，申报区级课题"指向初中生科学探究能力培养的个性化实验作业的跨学科实践研究"，通过设计"跨学科主题式项目活动"，使得不同学科知识互相融合，以促进学生各方面能力的发展，帮助学生培养自己的创新和解决问题的能力。项目组老师在课程设计和教学实践中充分整合各个学科之间的知识，提供一个有机的整体框架，更好地辅助学生进行探究与创新。在学校的支持下，2021 年 9 月起，项目研修团队参加了由华东师范大学举办的跨学科主题实训营，受到了跨学科领域专家的指导，将跨学科项目做细、做深。

目前我校已经完成的跨学科研究项目有"生活中的水""我帮稻农选好种""古诗中的物理""视觉与眼睛结构"等。在研究过程中，学生通过不断地探究实践、讨论及修改方案，综合素养及创新能力得到了很大的提高。他们能够学习到课内学不到的知识和能力，接触课内接触不到的新鲜事物，从而眼界变得更为宽广。接下来，以"我们身边的水"的跨学科主题式项目化活动为例，阐述核心素养导向下的跨学科主题式项目化活动育人实践。

（一）设计并实施基于真实问题解决的跨学科主题式项目化活动

1. 确定主题

基于学生的认知水平、核心素养的培养目标，联系生活、教材内容，是跨学科项目化活动顺利开展和达成育人目标的重要保障。"我们身边的水"跨学科项目化活动的主题就是在学生已经全面学习了牛津版《科学》六年级第六单元《水与人类》的基础上而确定的。

2. 搭设框架

"我们身边的水"研究利用"水"这一主线，串联起多学科知识，培养学生综合解决问题的能力。这一项目信息量大、跨学科且实践性强，需要学生进行深入学习和系统探究，对学生的知识基础和实验操作要求较高，因此项目分设了不同维度的任务：探寻上海取水来源变迁；身边河流的水质调查报告；自来水厂生产自来水、自制净水器、家用净水器的市场调查报告；不同人群饮用水的意见报告；家庭用水情况调查问卷及意见报告；描绘我眼中的"水"。项目同时对每个任务都设计了活动框架，分解难度，方便学生上手进行小组合作活动，便于持续性推进项目化活动。如表 3-3 即为自制净水器任务的项目化活动框架。

表 3-3　自制净水器任务的项目化活动框架

学科节"生活中的水"——自制净水器（初三 8 班） 组　长：刘腾　　组员：易帆、俞嘉 汇报人：刘腾　　PPT 及实验报告制作：易帆、俞嘉		
要解决的 问题	参考初中化学第三单元的相关内容，试着自制简易净水器	
设计方案	水中的杂质： ① 难溶性杂质 ② 可溶性杂质 ③ 色素、异味 ④ 微生物（细菌）等　　涉及的知识： ① 难溶性固体可以过滤除去 ② 可溶性杂质需要利用化学方法 ③ 色素、异味可以用活性炭 ④ 微生物（细菌）需要用氯气等杀死	草图
活动过程	搜索需要的知识	利用课本、百度百科、B 站等工具搜索需要的知识
	构建模型	模仿别人的方法构建自己的净水器模型 ① 使用卵石过滤掉水中较大的颗粒 ② 使用细沙去除水中较小的颗粒物 ③ 利用活性炭吸附水中的色素和异味
	寻找材料	① 利用可乐瓶做容器 ② 蓬松棉使用了妈妈的化妆棉 ③ 活性炭是学校里随处可见的（因为学校新装修） ④ 细沙就拿了实验室沙桶里的（但感觉太细了点，将就吧！） ⑤ 纱布没有，就用了无纺布的一次性洗脸巾代替
	制作模型	为了将净水器中的材料一层一层的分隔开，我们每装一种材料就用无纺布的洗脸巾进行隔断，卵石没有找到，本来想去小区里捡一些，实地考察后放弃了，因为小区的河边、路边大多只有水泥块、碎砖块、泥巴块，没有我们想要的大小合适的鹅卵石，下次可以改进！（实验室的块状大理石或许可以借来用用）　　做好的模型

续　表

活动过程	碰到的问题及改进方法	刚开始制作的净水器，使用时细沙会漏进下面的活性炭层，混合在一起，而且由于细沙太细，过滤出来的水因为混有细沙反而更加浑浊…… 后来我们做了以下两处改进： ①将无纺布多加两张，使隔层更加厚实 ②将细沙先用过滤网过滤一次，去除其中过于细小的颗粒
我们的收获	1.进一步深入学习了净化水的知识，学会科学探究的一般思路和方法 2.学会了团队合作，发挥组员的不同优势，共同完成任务 3.尝试将理论应用于实践，并能在实践中学会反思和改进	

3. 小组展示汇报，设计多元的活动评价方案

通过学生自评与互评，让他们自己分析成功和失败的原因，对自己的实验过程有更加客观的认识。教师最后对实验过程进行总结，实现每个学生个性化的学习收获和体会。学生也能以此为根据书写探究型实验报告。当学生积极完成跨学科项目化活动时，动手能力、独立观察、分析能力、小组合作能力、解决复杂问题的能力都有所提高，不知不觉间提升了自己的科学探究与实践能力。

（二）挖掘跨学科主题式项目化活动的育人功能

1. 通过网络查询等技术手段获取和加工信息的自主学习能力

"我们身边的水"这一主题中"探寻上海取水来源变迁"的任务就需要学生查阅大量的资料了解上海的取水来源变迁，了解现有的四大水库，筛选加工出核心内容形成报告并进行汇报。

2. 制作与使用相关模型和作品的能力

"自制净水器"任务需要学生在学习自来水净水处理工艺的基础上，利用生活中易得的材料，制作简易净水器。学生根据与老师关于材料选择的讨论，着手设计问题解决方案和模型设计方案。微型简易净水器可以以概念图或者示意图的形式呈现，如图3-9。学生依据问题解决方案，就可以着手利用材料构建模型和动手制作，如图3-10。在简易净水器制作完成后，学生检验作品的可行性及有效性，发现净水效果不理想，于是小组继续讨论，思考尝试解决方案，再次修改验证。学生像工程师一样对产品进行构建、测试和完善，在动手的过程中真正完成了工程

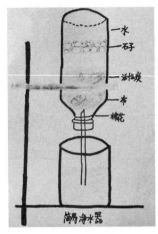

图 3-9　自制净水器设计草图　　　　　图 3-10　自制净水器及视频演示

设计和制作，工程设计思维得到培养，解决生活中实际问题的意识和能力也得到加强。

3. 参与社会调查实践，提出解决实际问题初步方案的能力

"身边河流的水质调查报告"任务需要学生前往实地进行调查实践，学生前往了彭浦新村周边的河流东茭泾—彭越浦进行河流水质检测。学生首先进行了河道周围居民的调查，之后学生利用长竹竿和饮料瓶，在确保安全的前提下，取到了少量的水质样本。肉眼观测下，水质比较清澈，水流上无浮萍、垃圾等杂物，也没有发现异味。在饮料瓶中加入少量明矾，放置一段时间后，发现了少量的沉淀。局限于线上教学，教师没办法给学生提供专业的检测设备浊度计等设备，更无从提起指导。学生也不气馁，对河道管理员进行实地访谈，了解了整治河流包括 7 个主要步骤，分别是：截污、抽水、清淤、种植沉水植物、回水、投放生物、打捞水面漂浮物。这些实践有效锻炼了学生提出解决实际问题初步方案的能力，并增强了学生的环保意识，树立了生态文明的理念。

4. 与他人分工协作、沟通交流、合作解决问题的能力

"家用净水器的市场调查报告"任务需要学生充分进行讨论，包括选择什么参数（价格、品牌、净水类型等）进行调查。学生在问题的驱动下，通过合作学习的形式对问题展开讨论和探究。小组头脑风暴是最常使用的方式，在这个过程中，学

生的思维火花发生碰撞，有效地激发了学生的潜力和创新能力，同时小组通过分工合作制定解决问题的方案。学生要借助多种工具和媒介获取知识或信息。比如：通过互联网的形式，查询影响净水机工作的原理；查阅净水机的说明书、相关资料及商家的广告；进行社区访谈调查等。小组合作解决问题的形式，可以有效地培养学生分析问题的能力、解决问题的能力、团结协作的意识、表达沟通的能力和组织协调能力等。

第三节　从线下研修到线上探索

随着新冠的暴发，教育领域也面临了前所未有的挑战。从停课不停学到全面居家学习，教师们始终在努力适应这个充满变化和不确定性的形势。然而，除了课堂没有停止，教师的研修活动也从未停止。他们借助各种在线资源、数字技术，在线上持续探索研究，开拓出了一系列适应新形势的研修模式与路径。事实上，在传统模式下，教师们可能无法充分利用那些来自其他地区或国家的教学资源。而现在，通过线上研修，他们打开视野，接触到更广泛、更多样化的教育资源，吸取世界各地的优秀经验和先进技术。

从线下到线上，不仅是研修环境发生了改变，它还代表了一种新时代下知识获取和成长的新模式。在线研修提高了教育教学的效率和品质，也带来了更广泛的知识和文化交流，使得人才的培养不再受限于时间、空间和地理位置等因素。我们应该保持开放和包容的态度，并积极探索、创新和应用线上研修模式，让它成为教师发展和行业进步的有力推动力量。

一、信息技术融合下的"教与研"

5 场教学工作会议、17 次科研沙龙活动、18 场教研活动、21 个主题发言、35

篇经验分享、28 处工作提点……2020 年肆虐的新冠并未停下我校教师教与研的脚步，从线下到云端的转换反而点燃了教师们对未来教育的激情，我校在这股热潮中开启了"云上"研修的新征程，融合信息技术的"教与研"为师生的发展平添了一抹亮色。

（一）品优资课堂，学习名师风范

"空中课堂"聚集了全市的名师资源，这对教师而言是一次示范更是一番引领。

1. 提出"四个一"的在线教育建议

我校通过教学处、科研室等多头并举，建议每位教师从"四个一"的角度进一步审视、完善自己的在线教学，具体为：① 记录"空中课堂"中最有印象的一节课，侧重启发和感悟；② 撰写一篇"在线教育"的经历，侧重做法和体会；③ 完成一份市级在线教育课的记录，侧重过程和点评；④ 修改一份在线教育的教案，侧重互动和提炼。

"四个一"的要求是一种任务驱动，它让教师们明确我们学什么、如何学，我们做什么、如何做，它让教师们在学、思、悟、改的过程中进一步反思课堂教学的设计与效果，优化课堂教学的策略与方法，这对教师提升专业水平起到了积极的作用。

2. 推出"在线教育思与行"的专题交流

在云课堂开启的一个多月中，我校通过学校微信公众平台整理并发布了十期教师团队、个人在"云端"工作的经验与心得，其中包括教研组的指导、备课组的思考、班主任的实践、学科教师的行动。老师们从信息技术、在线教学、作业评价等多个角度，通过教研组、科研沙龙项目组等多个平台，互通方法、提炼举措、反复实践，最终形成了可借鉴、可操作、可转化的文本材料，丰富了在线教育的工作思路与做法。

（二）创风采舞台，呈现全面育人

教师研修的最终指向是助推学生全面而有个性的成长，信息技术赋能教育的过程也需要教师队伍先思先行。

1. 倡导在线教学与德育活动的有机整合

在线教育管理的设计中，我校德育团队群策群力、因势利导，把专题教育与教学活动进行重整，主题班会、心理讲座、学科探究、艺体活动等纷至沓来。

学校通过"致敬系列""探究系列""运动系列""劳动系列"等丰富多彩的活动，致敬最美逆行者、加强身心锻炼、学习生活技能。我们认为疫情是面镜子，疫情也是本教材，让学生在"系列"活动中表达心声、展示形象、贡献力量；让学生在"系列"活动中了解公共卫生、培养科学精神、强化责任意识、实践生活教育、关注身心健康，这是学校育人的价值与导向。

2. 开展"分享特色作业（笔记），促进学生个性发展"活动

此外，线上教学也推动了老师们对评价方式的思考，我校以备课组为单位，开展了"分享特色作业（笔记），促进个性发展"的系列活动。对不少教师而言，这些活动既是一次全新的体验，更是对自我的挑战。

我们认为，德育活动与教学工作的空中融合，促进了学生学习能动性、自主性及责任心的养成，也促进了教师研修内容的广度与深度。

（三）融汇信息技术，聚焦课堂研究

在线教育过程中，一部分教师先试先行、积累经验。

1. 建立"云研修共同体"

在平台培训中，我们通过模拟互动群打造学习共同体，老中青教师都积极参与，切磋取经共同提升，不少老师记录下了自己的实践心得。

2. 化学备课组的"实战"经验

以我校化学备课组为例，早在线上教学开始前两周，老师们便对各款"网红"工具组群进行测评，他们利用这些工具充实校公共资源库，此外，他们还每周精心设计三节专题微课，运用钉钉平台提前录播，让学生按需回看。为进一步提高教学效率，化学组制作了习题讲解微视频，通过学习笔记保障听讲效益。鉴于钉盘容量不够，化学团队还利用学科微信公众号、云盘等平台组建了丰富的化学实验视频库，厚积薄发，以解在线实验的难题。线下的教学评估表明，丰富的教学方式与资源运用促进了学生的自主学习。

3. 多样的研修平台与丰富的研修资源

线上研修的平台是多样的，除了钉钉的教学直播、视频会议，我们还通过电话会议、文档协同开展即时的研讨与分享。在研修内容的选择上，学校围绕教师需

求，挖掘网络资源，推送前沿资讯。搭设平台、立足研修、分享启迪、反思积淀，是我校在线上研修的管理策略。

信息化、智能化是教育规律主导、技术赋能的过程，也是学校寻求发展的突破口，它是未来教育的趋势。技术赋能，使教师研训的渠道更为灵活，使引领合作的体系更为突出；技术赋能，还使教师知识更新、自我反思、行动研究、经验分享的协作共享机制更为完善。教育信息化理想的模型应该是线上线下的资源整合与优势互补，这给学校的管理带来了新的导向与思考：如何将线上教育资源运用于常态化的教学？如何更好地培养学生自主学习的能力？如何使技术为教师赋能，使教师更受到学生的欢迎？这是智能时代赋予我们每位教育工作者的命题，值得探究、实践。在面向未来的教育征程中，我们将"主动适应，智慧作为！"

二、在线教学中的"行与思"

2022年3月12日，为了阻击新冠疫情的进一步传播与扩散，全市启动了线上教学。有了2020年的探索与尝试，加之"空中课堂"的补充资源，第二次线上教学，老师们不再显得手足无措。但真正要使线上教学更符合学生实际需求，我们也面临着诸多新要求、新挑战。为此，我校从自身实际出发，采取了一系列具体举措，使线上教学较好地呈现出同频共振、同向聚合的叠加效应。

（一）凝聚共识，调整线上教学的管理策略

当我们再次启动线上教学时，所面临的问题较之两年前有了变化与不同。现有的问题是：其一，有教学资源，但如何选择、整合？两年多来，各学科资源不断充实，但多样的资源也难免使教师无所适从，特别是如何基于校情、学情，对这些资源进行选择、整合，这是个不小的问题。其二，有一定技术，但如何熟练、升级？经过上一轮的线上教学经历，教师们都掌握了一些基本的线上教学技能，但面对新课改的要求，如何使教师信息技术运用能力同步更新并升级，对教师而言，也是不小的挑战。其三，有线上平台，但如何优化、拓展？现有的学科平台能为教师的教学提供一定的参考，市级"空中课堂"平台也有了新的更新与完善，但优化、拓展平台的使用，需要教研、备课团队的集体智慧。其四，有实践经验，但如何调整、适应？此次线上教学，我们通过教师整合、选用"空中课堂"资源进行授课，这和以往的教学方式相比有了一定的变化，因此，如何适应、调整自己的教学内容、节奏，需要事先有精心周密的设计。其五，有评价方式，但如何变得有效、高效？对学生的学业评价、对教师的教学进行评价，我们有一定的反馈机制，但如何发挥评价的诊断、激励作用，评价方式尚需要作调整与补充。

面对这些问题与现状，我们聚焦线上教学，凝集群体智慧，首先在思想观念上形成共识，以"凝心"为前提达成"聚力"，即心往一处想、劲往一处使，通过适切、实用、科学的管理举措，达到减负担、提质量、增效益的目标要求。我校的线上教学管理策略具体体现在以下五个方面：

1. 统一排定学习课表

我校没有采用"空中课堂"课表，由学校教学与课程中心统一排课，教师用课堂直播和在线课堂形式进行联班上课。各备课组统一进度与资源，由本校老师独立授课 40 分钟。

2. 提出具体教学要求

在启动在线教学培训时，我校提出"六做到"的要求：即：① 遵守课表，做到按表上课，不擅自调课；② 准备充分，做到及时进群，课堂教学不拖堂；③ 精心设计，做到质量取胜，反思跟进；④ 线上指导，做到作业全批全改，加强个别学生帮辅；⑤ 加强教研，做到教研常态化进行，有效解决问题；⑥ 参与培训，做到区、校培训有效果，有质量。实践中，我校较好地体现了同频共教、同频共学、同频共研、同频共评的线上教学的思路和策略。

3. 启动线上巡课制度

我校原本就有每周的学科视导制度，这次线上教学中，我们请学科视导团成员、行政干部深入年级、班级，采取巡课方式，每天和学生一起观课、听课，及时推介巡课中发现的好做法、好点子，也及时发现教学中存在的问题并提出改进建议。此外，我们还在学校教师全员群内进行线上教学每天一小结、每周一总结，交流切磋，动态调节。

4. 推出主题分享活动

我校推出"云上的日子·精钻细研 提质增效""云上的日子——赞赏激励 引导陪伴"主题分享，内容包括线上教学的教研活动、备课研讨、实践案例、经验交流、德育研讨、育人故事等形式，我们在教师全员群内定期推送学习资料，助力教师的线上教学。我们发布了如"在线教学的 7 条有效策略""导师在线行动小妙招""线上学习期间导师如何觉察学生的不良情绪""整本书阅读：概念、目标与途径""希沃白板直播分享"等文章、视频，供教师学习借鉴。

5. 探索育人途径方式

我们坚持"五育并举"，探索育人途径，将线下的"新闻引力播、主题校班会、心理微讲座、家长阳光沙龙、学生才艺展示、劳动教育、美育鉴赏、读书活动、我与导师面对面"等活动搬到线上，借助校园公众号，及时宣传有效的经验与做法，丰富育人新平台与新形式。

（二）双向共振，强化线上教学师生互动

通过管理策略的调整，线上教学稳步有序地开展起来，但如何"架构有温度的线上教学、在线上教学期间更好发挥导师的作用，使师生在线上教学期间有更多的互动……"，我们仍在不断思考与行动。我们感到线上教学亟待解决的问题是师生之间的即时、即境、即情互动与交流，因为只有师生双向共振，互动互联，才能达到较理想的教学效果。在实践中，我们梳理了促进师生互动的线上教学典型案例与做法：

1. 规范教学，有章可循

线上教学与线下教学存在不少区别，如何有效启动、优化线上教学，是需要一定"章法"的。

我校见习教师小沈，头一回经历线上教学。考虑到网络学习的特殊性及预备年级孩子的身心特性，沈老师在启动线上教学前特地制作了"以学生为中心"的线上教学"每课三问"：① 教学没有彩排，面对学生，你准备好了吗？② 本课有多少设计能让学生提高学习专注度？③ 课后数据是否统计好，你是否了解学生的学习效果？"每课三问"不仅能规范自身，保证教学质量，还能规范学生课堂行为，确保学习的效果。

初三复习专题多、任务重，转为线上教学第一要务就是能使孩子们放下疑虑，安心学习，初三毕业班的小杜老师就为孩子们准备了线上学习"五步走"流程图（见图 3-11）。每位学生的课桌上都贴上了这样一份清晰的流程图，线上学习让孩子安心，家长放心。

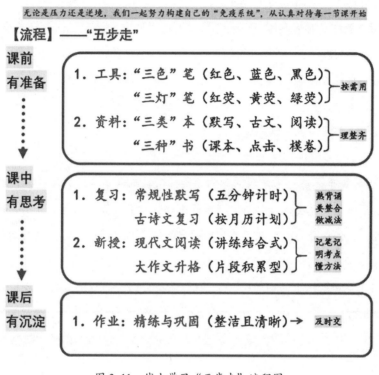

图 3-11　线上学习"五步走"流程图

2. 问题导向，强化互动

基于问题解决的思维模式，有助于线上教学有效、有序地推进。前一段时间，我们着重就三个问题引导大家寻求解决之道：一是如何了解全体学生对知识点的掌握情况；二是居家教学如何将板书呈现给学生；三是如何关注到每个学生的线上教学情况。在实践中，大家积极探索、集思广益。如小吴老师就提出了以下解决策略：对于知识点的掌握，教师通过钉钉在线课堂的"答题卡"功能，实时对学生的学习情况作一个数据分析，从而了解学生线上学习的效果，把握教学的重难点；对于居家教学时的板书呈现，运用 iPad 的钉钉软件进行屏幕的共享，通过将课件在

WPS 上呈现，利用钉钉在 iPad 上进行实时的直播，板书能够在平板上非常方便地呈现，并且 iPad 的分屏功能能够将学生的互动同时分享在屏幕上，教师能够及时关注到互动消息，进行答疑解惑，提高课堂效率；对于学生线上学习情况的掌控，通过关注课堂中学生互动的频数，分析从不互动的学生，对于这一类学生，借助连麦功能进行互动，从而做到全员参与。

3. 情感关注，彰显热度

隔着屏幕的教学，难免会显得有些冰冷，如何"焐热"屏幕，达到师生情感交融，是需要教育智慧的。

学校化学备课组的老师们说：

"线上的日子，虽然不能和同学们见面，但我们和学生进行了更多的线上互动和辅导，很多学生也会通过钉钉、微信等平台，对老师提出问题，我们总是一一解答。另外，我们也会拉一些学习有困难的学生组成临时的小集体，进行额外的线上辅导，还会将自己负责的导师制学员组成一个小群，增加线上的交流，互帮互助，关心他们学习和生活上的困难……""孩子希望能遇到怎样的老师，我们就努力成为那样的老师！"

这是他们真实心声的流露。

4. 教育反思，目中有人

线上教学使师生不能面对面，如何激发学生学习的主动性、积极性，使学生愿意跟着老师一起学、一起研，这就需要我们改变现有沟通方式、评价形式。

我校杜文佳老师在《我的"云"日记》一文中生动记录了线下"金口难开"的小沈同学，在线上教学中的转变：

可能是隔着屏幕的交流让一向不太善于面对面表达的他有了一份自我保护的屏障，又或许是我直接钉钉电话一对一指导他修改作文，和曾经"沉默是金"的沈小皓同学交流得越来越多了。这一周给我打过电话交流的孩子中，他排前三！

线上课开始的时候，我对像沈小皓一样的孩子有多"愁"，如今我对像沈小皓一样的孩子就有多期待。我想我终于知道，"沉默"的背后并不是拒绝，"无言"的背后也并非不思考，也许我们都需要先找到能通向彼此心灵的那一座桥，才能"看见"站立在两端的你我。

《桃花源记》有云："武陵人捕鱼为业。缘溪行，忘路之远近，忽逢桃花林……"，太守遣人寻，却迷，不复得路。南阳刘子骥，高尚士也，闻之，亦寻之未果，寻病终。是因为"桃花源"不存在吗？想必非也。恐怕只因"缘溪行"为渔人之法，谁都无法用这唯一的路径，走入属于我们自己的"桃花源"吧！

谢谢云端那一头的每一个孩子！很庆幸，我在云端找到了一条通往"桃花源"的路……

（三）合力共进，优化线上教学激励机制

教学是一门艺术，线上教学更是一种融专业性、技术性、创造性于一体的智慧化脑力劳动，需要教师的事业心、责任心、自觉性的协同作用，以及教师群体合力的加持。我校老师在线上教学中，始终坚持团结协作，运用集体智慧攻坚克难，提升学生在线学习的效率和效益。其间，遵循管理科学的相关理论，结合教师们的实践探索，我们不断优化与线上教学密切相关的评价激励方式。

1. 挖掘典型，正面宣传

学校推出"云上的日子——精钻细研，提质增效"（侧重线上教学研究）、"云上的日子——赞赏激励，引导陪伴"（侧重线上育人故事）的专题案例分享，通过这样两个专题，重点宣传在线教学期间教师们的感悟与收获，重点推出教师的巧思与妙想，重点交流线上教学的金点子、育人的好方法，至今已有30余名教师参与征集活动。

校视导团成员及时反馈线上巡课情况，我们总结亮点、梳理经验，每周在全体教师群内作出评价与肯定，让教师们取长补短，感悟提升。

我校在线上教学两周时，还面向全体学生进行了问卷调查，问卷内容涉及"线上学习情况、每天作业量、作业批改情况、对任课老师的评价"等，我们将问卷调查结果及时反馈至教师，通过数据，教师对教学效果及学生的感受有了直观的了解，教师一方面从数据中找到有效肯定点，同时也找到后续改进的方向。

2. 骨干引领，赞赏激励

在案例收集、线上故事征集中，我们采取"骨干先行、引领示范"的策略，骨干教师们做到"实践在前、反思跟进、经验提炼、先行交流"这样的任务驱动法，使骨干教师们更自律、更自觉。在他们的引领下，各教研组、备课组、年级组学思研氛围相当浓厚，对于一线教师们的实践与行动，学校在各级层面予以肯定、予以赞赏。良好的团队文化也更好助推了青年教师们的成长。

3. 赋能教师，自主发展

在此次线上教学期间，基于我校市级课题"学校治理视角下赋能青年教师的项目化研修实践研究"的行动研究，我们在"搭设平台、榜样引领、任务驱动、评价激励"等行之有效的举措下，给予青年教师团队更大的舞台、更好的指导、更广的资源、更多的激励。青年教师团队在线上教学实践中，获得了更快的成长。

在赋能教师的平台与载体中，我们强化举措、强化引领、强化氛围、强化进步；突显尊重、突显赋能、突显激励、突显改变；我们认为，赋能、尊重就是对教师专业最大的促进与提升。

4. 关心支持，做好保障

尊重教师，一方面体现在学校有意识帮助教师系统性成长，提高教师的业务水平和能力上；另一方面也体现在学校对教师生活的关心，对在线教学工作的支持与保障上。

如对处于封控中的教师，学校第一时间送上慰问与关心，打消他们的后顾之忧。对线上教学有困难的老师，学校组织专题培训与团队辅助，使他们更有底气、信心。对于设备缺乏的教师，学校出借笔记本电脑及 iPad，以供教师教学之需。有教师希望运用教室希沃设备进行授课，学校在做好疫情防控的前提下，安排行政干部值班值守，保障教师运用到设备设施，解除教师们的顾虑与担心。

关注教师、关心教师、积极正向的激励评价，使教师们获得更多成长的意愿与动力。在线上，我们目睹教师群体的尽责敬业、执着钻研；我们听闻来自家长学生的褒扬肯定、积极评价；我们也感受到学生们的健康成长、阳光自信。线上教学是"互联网＋教学"的一次实践探索，它已然不是新生事物，在智慧校园的推进中，必将会有更多人工智能、5G 技术、大数据技术应用并服务于教学场景中，因此如何在线上教学升级版中实现数字化转型赋能，针对学情，调整方略，基于实践，循证反思，使在线教学的效率与影响得以提升与优化，使教师的专业境界得以凝练与升华，还需我们在实践中积极应对、创新作为。

三、线上德育重实效，家校携手促成长

《中华人民共和国家庭教育促进法》自 2022 年 1 月 1 日起施行，这是我国首次就家庭教育进行专门立法，引起了广泛关注。居家学习给家长和孩子都带来一定的身心影响，那么我们该如何助力青年教师、家长们从容面对疫情期间的家庭教育问题，有效发挥家庭教育的积极作用呢？

德育项目组依托上海市家庭教育指导研究课题"赋能青年教师家庭教育指导能力的实践研究"，让教师直接参与和了解家庭教育相关研究，帮助教师建立科学严谨的态度，更好地提升教师育德能力，将品牌活动"家长午后阳光沙龙"转到线上，指导家长做好教育路上的同行者和保护盾。

（一）自主学习，内化实施

为了精准把握家庭教育指导理念，项目组成员积极参与"上海家庭教育宣传周"系列活动，认真学习《家庭教育促进法》《上海市家庭教育指导大纲（修订）》《上海市中小学幼儿园家长学校建设标准》等法律文件，了解什么是家庭教育、其根本任务是什么、应当符合哪些要求，从而明确家庭责任、营造良好教育环境、学习家庭教育的六大内容和九大方法，通过关注"上海家长学校"微信公众号，观摩上海家长学校在线课堂和《智慧父母成长课堂》，积累家庭教育相关理论基础，将之运用于平时的教育教学实践。

（二）案例分享，互学共研

项目组成员将平时教育教学中遇到的问题撰写成案例，与组内其他成员进行分享交流，通过角色互换、情景模拟等方式，共同分析问题产生的原因，挖掘切实有效的方法。在家庭教育指导工作中，教师要时常换位思考，才能更有效地和家长建

立良好的协作关系。老师们从案例经验的积累中收获成长、提升自我，在活动推进过程中进行更多的家校交流，运用团队的智慧破解一个个教育难题，让德育工作更具时代性、启发性和实效性。

（三）专题讲座，精准提升

"停课不停学"的模式虽然给家长和孩子提供了更多相处时间，同时给家庭教育和亲子关系带来了诸多挑战。项目组老师在与家长沟通过程中，经常听到家长大吐苦水，"陪读我真的太难了""再不开学我要崩溃了"，有的家长因为学生自律性差，担心学习成效而产生焦虑；有的家长因亲子关系紧张，孩子居家期间不服从管束而产生焦虑……为了缓解居家学习给家庭亲子关系带来的紧张，项目组通过钉钉直播平台开展了一系列活动，加强对家长的家庭教育指导，帮助家长转变陈旧的教育理念，学习科学的管理方法，增进亲子间的和谐关系。

例如，以"居家共建温暖的亲子关系"为主题的家长午后阳光沙龙，教师和家长们共同探讨与初中阶段孩子相处时遇到的各种困惑和方法，提供疫情期间亲子沟通的小技巧。开展以"师生共守护，家校齐携手"为主题的班主任论坛，聚焦青年教师最关注的师生沟通、家校沟通等问题，结合全员导师制，切实提升教师的育德能力，加强班主任队伍建设。通过以"自主守护，呵护'心'健康"为主题的家长午后阳光沙龙，结合心理月活动及家庭教育宣传周主题，与各年级家长代表和项目组成员共同探讨如何以乐观平和的心态更好地守护亲子关系等等。

在每月一次的家长午后阳光沙龙中，项目领衔人洪颖馨老师结合自己多年的教学经验与教育智慧，用一个个典型的教育案例积极为家长们出谋划策，针对性地给予指导与帮助，得到了与会家长们的高度评价。会议期间不断有家长将总结出来的精华和要点发于群内供其他家长参考，分享给大家一起学习。在互动问答环节，家长们积极向老师"取经"，在相互的交流中获得了许多具有参照性、可操作性的家庭教育方法，与会的项目组青年教师也从中获益良多。

提升家庭教育水平是新时代全环境立德树人的教育使命，德育项目组结合不同层次的需求，积极连接各方优秀讲师资源，扩大服务覆盖面，鼓励家长们分享家庭教育妙招，在学校公众号、家长课堂等平台推广，进一步强化家长的主体责任，营造重视家庭教育的浓厚氛围，引领家长终身学习，陪伴孩子健康成长，通过青年教师为家长提供科学的家庭教育理念和方法，把家庭教育工作做好做实，提升教师育德能力的同时，共育家庭教育美好未来。

四、基于在线教学课例研究的项目化研修

课例研究项目组是学校围绕"赋能青年教师"这一宗旨，继学科项目组后创建的又一项目化研修的团队。项目组共有 9 位老师，所教授的学科涉及语、数、英。在校教学处与科研室的引领下，开展一系列课例研究活动，以达到"解决学生学习困惑，增强教师教学技能，赋能青年教师"的目标。下面以该组为例，进一步介绍项目化研修团队的线上运作。

2022 年的寒假，项目组制订了新学期的活动方案，但突如其来的疫情打乱了老师们的研修计划。课例研究项目组面临着新的挑战：如何在线上开展研究？制订怎样的研修主题与在线教学更为贴合？如何在线上进行备课、听课、评课？

（一）对策与方法

1. 修改活动方案

为了能更顺利地进行线上项目组活动，项目组利用钉钉会议开展了一次头脑风暴。大家在集思广益下对原先的活动方案进行了修改：① 改变以往整个项目组直接进入课堂进行听课、评课、磨课的传统课例研究方式，每个老师先上两周网课，利用这段时间熟悉网络平台使用方法；初步形成网课教学模式；并观察发现网课期间学生的主要问题，以便项目组活动时探讨解决。② 网课实行两周后，对学生进行"居家网课学习情况"的问卷调查，发现问题，并以此为切入点，进行课例研究。

2. 确定研修主题

老师们普遍发现，在经历了第一周的网课兴奋期后，从第二周起，部分学生有所懈怠，课堂专注度、参与度明显降低，作业提交情况也不容乐观。老师们的感受与学生问卷调查结果不谋而合。

我们通过问卷星对初二年级全体学生进行了《居家网课学习情况》的调查。264 名学生中，有 50% 的人认为"居家学习生活毫无乐趣"；75% 的人认为"居家

学习环境、学习氛围导致学习动力不足"。由此可见，网课期间，学生的学习兴趣比线下教学时更需要被激发。项目组决定将"如何激发学生网课学习兴趣"作为在线教学期间的研修主题。

（二）研修的实施

由于每个老师网课的教学时间基本固定，不像线下教学有需要时可以适当换课，确保每位成员共同参与备课、听课、评课。为了排除时间、空间的局限性，更灵活地开展课例研究，我们将原有基于课例的混合研修按学科拆分为三个小队，并根据学科特征进一步聚焦主题：语文队——"如何通过戏剧化教学方式提升学生网课学习兴趣"；数学队——"如何通过一题多解、一题多变、多解归一的例题设计提高解题自信、激发学生网课学习兴趣"；英语队——"在英语阅读教学中如何利用问题链激发学生网课学习兴趣"。各小队围绕着各自的研修主题，开展了多次课例研究活动。如：徐老师在"8B　U6　Travel France is calling（reading）"一课中，通过分段式问题链与文章整体分析性问题链的巧妙铺设，使学生对法国的人文景观与艺术文化有了更好的理解，培养了语言能力和文化意识。周老师在专题课"平面直角坐标系中的等腰三角形存在性问题"中，采用一题多变，一题多解，多解归一，通过 GeoGebra 软件结合分屏投屏功能，展现题目由简到难、图像由易到繁的逐步变化过程，突破在线几何教学的难点，引导学生学会从复杂图形中寻找基本图形，从变化条件中寻找不变本质，提高学生解题自信心。另外，作业中的"说题小达人"环节要求学生录制说题视频，于下节课中分享，不仅检测了课堂学习效果，也培养了学生"用数学的语言表达世界"的核心素养。

具体的线上研修，我们采用了"分—合—再分—再合"的模式。分：按学科对项目组成员分小队，先从学科角度确立研究主题，设计教学过程。合：项目组全员倾听授课老师说课，把握教学目标、教学重难点，了解教学环节设计意图，制订重点听课角度。再分：项目组成员根据自身情况分散听课，可以进入在线课堂听现场，也可以观看视频回放，听课形式灵活便捷。再合：全体组员参与评课，给出宝贵建议。

1. 备课（分）

授课老师先根据所教班级情况及小队设定的研究主题设计教学流程，并记录备课过程中遇到的问题及思考。在小队开展线上集体备课时，围绕这些问题一起探讨，共同谋划化解之法。借助同队同学科这一优势，队内先行解决学科教学相关问题，突出学科个性。值得一提的是，由于本项目组成员多为教龄在 5 年以内的青年教师，因此项目组特地邀请了富有经验的老师作为顾问，提供建设性意见，促进青年教师更好成长。

2. 说课（合）

"隔行如隔山"，为了让来自不同学科的项目组成员能更好地沉浸于课堂，授课老师利用项目组例会先进行说课，汇报本节课的教学目标、教学重难点；再说明每个教学环节的设计意图；接着阐明本小队网课期间的研究主题；最后强调哪些课堂活动是围绕小队研究主题设计的。同时，项目组成员向所有成员提供教案及本课时教材资源，以便不同学科的教师能提前预习教材、深入了解设计方案，最大限度地消除跨学科听课带来的隔阂。

有了上述先期准备，听课时，所有成员可以有的放矢，通过观察学生的语言行为反馈，评价教师的教学设计是否达到了预期效果，并提出修改建议。

如语文队的研究主题是"如何通过戏剧化教学方式提升学生网课学习兴趣"，为此奚老师特意设计了角色扮演环节：请学生两两一组现场演绎宫使与卖炭翁的对话，体会人物形象。项目组老师需要重点观察这一环节学生的表现，从而评价环节设计是否有效。

3. 听课（再分）

授课老师进行在线授课，项目组老师参与听课。值得一提的是，由于网课的限制，学校不强求所有教师同步参与在线课堂，大家可以利用课余时间观看教学回放，并填写课堂观察量表及时记录听课感受及改进意见。这种"分开"听课的方式，充分利用了录屏回看功能，打破了听课时间的局限性。同时，由于听课老师人数减少了，学生及授课教师的紧张情绪得以缓解，课堂表现更为自然，最大程度地呈现了真实线上课堂。

4. 评课（再合）

听课后，项目组全体成员集体在线磨课、评课，根据课堂观察量表，提出自己的宝贵意见。有的老师甚至截取课堂录像中的某一片段，一帧一帧进行切片式评课，整个评课过程更具针对性。全体成员来自不同学科，评课切入点不再局限于教师学科教法是否得当，而是更多地将关注目光聚焦学生，观察课堂中学生的学习兴趣是否被激发，核心素养是否得到提升，评价角度更多元。

以奚老师执教的"卖炭翁"一课为例，项目组成员提出建议：

符老师：课堂对话形式单一，基本都是师生间的一问一答，而且，从回答覆盖面来看，回答问题的总是那么几个（好）学生，程度中下的学生没有发言的机会，能否增加设计生生对话、小组讨论环节，提高学生参与度。

唐老师：奚老师预设整节课的亮点是学生的角色扮演环节，但从课堂氛围看，学生积极性不高，他们对于宫使和卖炭翁的对话还不熟悉，不能准确把握角色的感情基调。这一环节过于拖沓，导致最后课堂小结很仓促，建议在预习环节就增加角色扮演的预演要求，从而加快课堂节奏。

陈老师：作业布置部分能否增加与戏剧相关的内容？这样更能体现戏剧教学对于激发学习兴趣的作用，也能培养学生审美鉴赏与语言构造的能力。

朱老师：建议上课平台换成互动性更好的 ClassIn，对于正确回答问题的孩子，可以模拟颁发奖杯，学生更容易投入课堂。

结合建议，奚老师作了修改（见表 3-4）：

表 3-4　课堂设计

课堂环节	改进前	改　进　后
课前预习	熟读课文	1. 熟读课文 2. 自选搭档为宫使和卖炭翁设计 3 个来回的台词，配音后上传钉钉
提问方式	师生问答	1. 师生问答 2. 一个学生提问，并指定另一个学生回答
角色扮演	随机邀请两位同学上台表演	1. 教师根据钉钉通道上传的配音作品，邀请优秀小组表演 2. 利用 ClassIn 分组讨论功能，随机对学生分组，各组临场发挥表演
作业布置	思考文章主要运用的写作手法，并写出相关依据	1. 思考文章主要运用的写作手法，并写出相关依据 2. 编写课本剧：根据原文，续写卖炭翁或宫使的后续故事，字数不限

随后，奚老师改用 ClassIn 再次上课，老师们感觉到了显著的正向变化：① 在学生间互相提问环节，学生回答问题的兴趣明显提高，借助 ClassIn 的虚拟举手技术，同学们高高挥舞的小手几乎占满了半个屏幕。教师对于学生的评价也不再局限于口头表扬，而是通过虚拟颁奖进行鼓励。② 由于课前预习增加了配音板块，相当于提前进行了角色扮演的彩排，孩子们在正式表演时不仅流畅度满分，语音语调也非常贴合人物心境，环节紧凑，不再影响教学进程。此外，课堂上的随机组合配音环节，也极大地调动了学生的积极性，分组彩排时大家各显神通，加入了许多创意，课堂效果极佳，真正做到了通过戏剧化的教学方式激发学生网课学习兴趣。③ 从作业反馈看，新加入的课本剧编写得到了学生的积极响应，几乎所有的学生都用心完成了作业，甚至有学生用漫画的方式展示了人物对话，不仅发挥了天马行空的想象力，更将自己的兴趣爱好与语文作业进行了融合。（如图 3-12）

两次课后的学生问卷数据对比也印证了这些。正式上课时，学生对于角色扮演环节的兴趣度高达 73.2%，提升了 26%；对于教学重点"卖炭翁的人物形象"的把

图 3-12 学生作业

握，正确率也提高了近 10 个百分点。

（三）取得的成效

1. 形成在线课例研究新模式

通过网课的研修，课例研究项目组初步形成了特有的在线课例研究模式："分—合—再分—再合"模式。这种模式在"分"时发挥了同一学科教师的专业性优势，更深度地挖掘了学科本体知识；在"合"时利用了跨学科教师知识面的广度，促使课堂评价的角度更广更多元，对于跨学科课例研究起到了扬长避短的作用。

2. 促进教学科研水平再提高

网课期间的课例研究，促使项目组成员跳出舒适圈，积极投身于在线课堂的研究中。为了从学生真正面临的问题出发开展研究，教师需要主动留意学生网课期间的表现，在课堂实践中探索有效的破解之法，青年教师的教学能力显著提高。

语、数、英各小队在网课期间制订了自己的研究主题。在这些研究主题的启发下，许多教师申请课题立项，增强了项目组成员的科研能力，紧扣项目组成立的初衷"赋能青年教师"。

3. 增进项目组团队凝聚力

通过多次项目组活动，成员们不仅分享了自己的网课经验，还互相学习在线教学技术，共同进步、共同提高，活动增进了成员间的友谊，加强了团队凝聚力。

4. 改进课例研究评价工具

网课期间项目组还对课堂观察量表进行了精简优化，给了观课老师更多的评价空间。（表 3-5 为改进后的课堂观察量表）

5. 培养学生学科核心素养

学生也从项目组的研修活动中受益良多，通过网课期间的多次课例研究，我们发现，在整个项目团队的通力合作下，授课老师不仅在教学方法、信息技术运用上有了长足进步，还会有意识地设计能够激发学生网课学习兴趣的教学环节，这令整个课堂氛围变得活泼灵动，充分调动了学生的学习热情。此外，在作业布置环节，教师们会有意识地布置趣味性作业，甚至有些需要学生团队合作完成，这对于学生的知识构建、合作探究、学科核心素养的培养都有着长远意义。

表3-5 课例项目组的课堂观察量表

课堂观察量表

评价者____ 学科:____ 授课类型:____ 时间:____ 班级:____

课题:____ 总分____（满分50分）

执教:____

流程	主要内容		评价
	教师活动	学生反馈（回答情况、兴趣度）	
引入（读前） 引入方法： □直接引入 □情景引入 □温故引入 □问题引入 □其他____			优 良 需改进 打分（1~10分）
新课（读中） 活动形式： □小组讨论 □多媒体展示 □角色扮演 □竞赛 □朗读 □练习题 □其他____			优 良 需改进 打分（1~10分）
练习（读中） 活动形式： □小组讨论 □多媒体展示 □角色扮演 □竞赛 □朗读 □练习题 □其他____	教师活动	学生反馈（回答情况、兴趣度）	优 良 需改进 打分（1~10分）
小结（读后） 小结形式： □学生归纳 □教师归纳 □思维导图 □知识点检测 □其他____			优 良 需改进 打分（1~10分）
拓展（作业） 拓展形式： □练习题 □作业 □动手操作 □小组讨论 □其他____			优 良 需改进 打分（1~10分）
灵感速记			

（四）实践反思

1. 网络技术再挖掘

事实上，各教学平台都提供了很多支撑网课顺利开展的辅助性功能，但教师们并没有充分开发，大家需要利用空余时间多多挖掘学习，让信息技术更好地服务于教学，达到事半功倍的效果。

2. 课堂评价再优化

本项目组的课堂评价还依赖于纸质的课堂观察量表，这虽然便于教师们写听课记录，但无法为数据分析提供原始依据，其实可以利用各种小程序直接对课堂进行打分，甚至可以对学生的实时表现进行多维度的记录，最后利用图表清晰地反馈学生学的情况及教师教的情况，既直观又客观，教师能够一目了然发现教学中的问题，作出针对性改进。

3. 教学策略再归纳

网课阶段的课例研究活动主要围绕提高学生网课学习兴趣展开，虽然各学科有了各自的研究主题，但并非所有学科都形成了完整的教学策略，下一步需要各小队根据现有研究结果，总结归纳网课期间的教学策略并拟定成文。

网课，不仅是挑战也是机遇。它为课例研究提供了新的方向，也为教师授课带来了更深刻的思考，更为学生学习提供了新的途径。课例研究项目组会把握好每一次机遇，依托科研，优化课堂，赋能青年教师。

第四章　项目化研修的评价保障

　　完善的评价体系和保障机制是教师研修中必不可少的部分。科学的评价体系能针对研修参与者的学习情况进行有效反馈，从而提高研修效果；还能通过赞赏激励等保障机制，鼓舞教师的研修热情，为职业生涯储备更多的知识经验。在评价和保障的支持下，教师还能在研修过程中发现并交流具有优势和前沿特色的教育科研成果，通过在更大范围内实践研究，推动教育教学的深度创新与变革。

　　学校开展项目化的教师研修，可以借鉴现有的评价和保障机制的经验，同时需要依据实际情况灵活选择相应方案进行改进，并注重制度建设和寻找先进方法，认清工作职责，营造正面氛围，进而促进教师专业专长提升和全面发展。一般教师研修的评价机制包括：① 基于学习者视角的评价体系：利用现代测量、信息技术等手段，采取问卷调查、观察记录等方法，对学员的课程设计、教学反思、能力提升情况进行评价。② 基于反馈机制的评价体系：通过前期培训阶段设定明确的目标、参加培训后反馈意见、后期实施人员跟踪谈话、有针对性地推送资源，以及通过相关认证或发放证书等方式，综合对培训效果进行评估。③ 基于过程管理的评价体系：将研修活动理念和具体工作互相联系起来，运用质量控制方法和体系，对研修活动进行全面掌控管理，确保研修活动符合标准化、规范化等要求。

教师研修保障机制包括：① 文件法规保障：研修活动的培训内容、方式、标准、目标、效果等需符合教育发展方向、质量标准，如 2018 年国家教育部制定的《教师继续教育规划纲要》等法规。② 资源保障：学校根据实际需求提供合适的培训体系、课程和教学资料、技术支持等，以及对全体教师提出相关建议与改进建议。③ 经费保障：将强制性宏观政策和灵活性微观调控结合起来，采取政府投入和社会资金投入相结合、中央统筹和地方保障相结合的经费保障机制。④ 管理保障：实行领导重视、人才评价、劳动报酬、团队协作等多重管理制度，有效地保证研修工作的正常进行。

项目化研修强调自主性、长周期，且需针对不同领域、不同情境下教师研修的目标和效果各不相同的现实。① 项目化研修的评价思路需根据事先设定的、合适的、个性化的计划和目标来考虑评价指标，并结合学员或参与人员的真实需求来完善评价体系。这样能够更好地展现研修效果，更全面细致地描绘出教师研修内涵和特征。② 在保障机制方面，研修重视开展内容的针对性、灵活性、及时性等方面的机制研究，努力为教师提供最优质和最全面的研修服务：在制度建设的基础上，通过教育资源的合理配置，增强研修质量，并持续推进高质量的研修活动，如提供优质案例、学术文献，引入学术团体、聘请专家指导等服务；同时，通过多种渠道进行宣传和推广，以鼓励教师参与到项目中来，等等。

第一节　项目化研修的制度保障

在项目化研修的日常运作中，校长是研修工作的总设计师，校科研室对接完成各项目组的组织工作，其他各部门负责人积极协调教研组与班主任团队参与活动。学校先后制定了《项目化研修管理办法》《项目化研修奖励办法》等规章制度，延续了科研沙龙的"六为"准则，并进一步对项目化研修提出"六有"的行动要求（见表 4-1），确保项目化研修有章可循、有序推进。

表 4-1　项目化研修的"六有"要求

1. 有计划	每学期初，全组员共同商讨拟定一份研修学习计划，具体制定本学期的研究方向、每月的研究安排、研究思路、研究内容等。
2. 有主题	根据项目组计划，在时间节点开展有主题的项目组活动，聚焦一个或几个问题集中研讨，每次研讨主题之间要有一定的衔接与关联。
3. 有观点	在项目研修的过程中，每位组员根据自己接受的任务发表个人观点，彼此交流，产生思维火花，记录收获。
4. 有实践	每位组员老师能有意识地将研修心得、经验举措、研究成果"为我所用"，进一步加强理论与实践的结合，突出项目化研修"做中研"的特点。
5. 有反思	反思是研讨的重要环节，也作为组员学期末的"作业"进行验收，每位组员结合自身在项目组中研讨学习的体验、收获、困惑等，形成文本材料并在科研沙龙的集中研讨中，依次进行发言。
6. 有期待	既是依据既定工作计划对工作成果的期待，也是对每位项目组成员的成长期待。

一、面向见习教师的规范化培训

上海市从 2012 年起就对全市基础教育系统实施见习教师规范化培训制度，并在 2016 年对全市见习教师见习期规范化培训的内容进行修改，做出新的规定。然而，现有的见习教师身份并不统一，有师范专业毕业的见习教师，也有人数不少的非师范专业毕业的见习教师。他们在入职之前的经历不同，致使他们的培训内容的需求也不尽相同。面对不同类型的教师，目前的市区级的见习教师规范化培训内容并没有对他们进行区分，而是实施统一化的培训。因此，根据实际的培训内容与见习教师的需求灵活地选择合适的模式，是使见习教师培训行之有效的切入点之一。

（一）赋能指向

随着项目化研修的推进，学校成立见习教师规范化培训项目组，希望以符合见习教师特征的活动来解决当前所面临的困境与不足，探索如何进一步提高见习教师的培养成效，在培训内容上精益求精，尽可能帮助每一位见习教师根据个人的实际需求，快速获得教育教学上的实用技能和知识，并在此基础上，使见习教师可以有效应对"过渡性冲击"，快速融入学校文化。

1. 研修目标

（1）提升见习教师基本的教学技能与素养，达到教师的相应标准与规范；

（2）个性化积累相关教育教学经验，并初步具备总结成文的科研能力；

（3）通过项目化活动，有效缓解见习教师的压力，尽快建立见习教师的安全感和自信心。

2. 研修内容

（1）"八个一"考核内容：

表 4-2 "八个一"考核内容

① 上一节课	② 进行一次演讲
③ 写一手粉笔字	④ 完成一份教案设计
⑤ 写一份班级文化建设报告	⑥ 写一份主题班会教案
⑦ 写一篇案例分析	⑧ 写一份今后三年个人专业发展规划

（2）见习教师规范化培训讲座——课堂教学、班主任工作、课题研究等主题；

（3）案例式研修——跨学科主题式项目化学习框架搭建；

（4）参与学校其他活动（青年科研沙龙、班主任论坛等）；

（5）日常师徒带教活动。

（二）研修路径

我们聘请优秀的骨干教师作为项目组领衔人及指导教师，第一学期主要开展见习教师规范化的系列培训讲座、案例式研修、师徒日常带教以及见习教师展示课等活动。见习教师在优秀教师团队的言传身教、点拨指导下，快速"上手"，大大缩短了成为一名"合格教师"的周期；第二学期主要开展"八个一"和课堂教学的考核活动，辅以骨干教师培训讲座，鼓励见习教师充分展示自己的各项能力，提升自身的教师基本技能与素养，在"新苗奖"中能取得优异的成绩。

1. 校本化培训讲座，解决见习教师入职痛点

规培组在一年中整合学校优秀教育资源，从最新教育理念、教师自身发展、师德规范、课堂教学、德育工作、课题研究等方面，开展"以赞赏教育的视角营造'安全课堂'""注重教育写作，走进专业生活""以师德为抓手，做新时代'四有'好教师""班主任工作规范与管理策略探索""家校携手 助力成长""打下坚实基础 铸就成长之路""教育科研课题的设计"等切合教育教学实际的校本化培训讲座。这些校本化的培训讲座，有助于新教师尽快适应复杂多样的教育教学实践，加速新教师的专业成长。

每一次讲座之后，见习教师们都会记录他们的所思所感，并将这些理论与自己的教育教学工作相结合，更好地融会贯通，形成自身的见习期案例，加速自身成长。

2. 师徒带教，满足见习教师个性化需求

每一位见习教师在见习期中，无论是自身的教学工作还是班主任工作，都会遇到很多特殊的问题，师徒带教制度就能很好地解决见习教师日常的各种问题。

（1）为师榜样、提供心理需求

为师榜样，即要求带教师父对见习教师严格要求，并以自己严谨的治学态度言传身教，使他们一开始就能培养良好的职业道德和敬业精神。带教师父是见习教师进入学校的引路人，是徒弟做人做学问和为人处世的榜样。

提供心理需求，见习教师工作上、生活上时常出现这样或那样的困难，带教师父最贴近他们，了解他们，不断地给予关心和照顾，为他们反映情况，解决问题。且师徒良好的关系，也有助于调动见习教师学习的自主性。带教师父成为见习教师心灵上的依托，精神上的依靠。

（2）教学示范、理论引导、经验传授

教学示范，即相互观摩、听评课，这是师父指导徒弟的主要方式。带教师父在备课、上课等教学环节上做示范、做教学榜样。比如父上公开课，或是师父与徒弟进行同课异构。教学示范和相互研讨，不仅能够带动徒弟教学能力的提升，也能够引导师父不断审视和重构自己的教学观，实现自我教学素养的再提升。

理论引导，即师父带教重在以"理"服人，要建立在言之有"理"的基础上，要让徒弟"知其然，更知其所以然"。师父为新教师介绍本学科的发展方向和前沿

知识，推荐和要求他们阅读有关资料和经典著作，使其扩大知识面，鼓励他们刻苦钻研业务，不断地提高理论水平，在学术上有所造诣。

经验传授，即师父把个人积累的经验、有效做法传授给新教师，如班主任"兵法"、学生管理"三十六计"等。这种经验传授能够有效发挥带教师父的个性和价值，提升新教师专业适应的能力。当见习教师遇到教育教学中的困惑时，带教师父无私地将自己多年积累的经验、有效的做法传授给见习教师。

每一学期结束，无论是见习教师还是带教师父，都会撰写学期小结，并在见习教师规范化培训总结会进行分享，很多感人的师徒故事也因此被记录流传。

见习教师规范化培训中形成了"需求导向—整体设计—个性实施—师徒共进"的师徒带教新模式。这一模式中，需求导向是基础，意味着师徒带教要着眼于见习教师的四个维度成长需要；个性实施是保障，意味着师徒根据实际情况灵活选择运用具体的带教方法；师徒共进是目标，意味着带教过程并非师父的单向度输出过程，而是师徒双方围绕专业发展问题的多维度互动和共同成长过程。

3. 案例式研修，调动见习教师主观能动性

规培组也初步设计了案例式研修的方案，尝试"新型讲授"案例式研修，可以视为对传统"师徒带教"的进阶改良。指导教师在"经验传授"基础上，设计变式情景案例，例如，指导教师、区学科带头人陈老师以化学组"生活中的水"主题式项目化学习为案例，导入"跨学科主题式项目化学习框架搭设"的主题培训。陈老师与见习教师共同提炼案例中的关键信息，寻求行动路径以及理论支撑；指导见习教师实践，从而内化吸收，获得新的经验。具体步骤如下：呈现问题的情景—案例分析，交流研讨—指导教师剖析案例，提供问题路径及其背后的理论支撑—提供变式情景，小组研讨—布置作业，实践运用。

见习教师们与指导教师进行讨论，也设计了跨学科项目化学习活动的初稿框架，后续还需要通过指导教师的修改和小组间讨论，继续完善，投入实践应用。

案例式培训强调充分发挥培训者的主导作用。一方面，充分发挥带教导师的实践智慧，将教育实践中的成熟经验传授给新手教师，使其少走弯路；另一方面，也充分发挥见习教师主观能动性，通过情景体验、迁移运用，实践指导教师给予的经验，并根据自己教育教学水平和特定教育环境，调整经验，建构自己的行动策略。

（三）研修成果

近几年来，我校见习教师通过一年的见习规范化培训，取得了丰硕的成果：多位见习教师获得静安区见习教师基本功大赛（新苗奖）中学一、二、三等奖，多名指导教师获区优秀带教教师；十余位教师在见习期、职初期申请并立项成功区青年课题；四人入选静安区精英教师培养项目；二十余位教师荣获"爱满天下"全国教师教育论文大赛的各类奖项；多名见习教师撰写的案例被当作优秀案例整理成册，不少论文在《现代教学》《静安教育探索》发表。

二、面向青年教师的专业发展手册

项目化研修的指向即包括教育教学问题的研究，也包括对教师专业发展的期待。因此，以教师个体的发展意志、发展取向为前提开展研修，是促进研修效益的关键。从这个角度看，为每一位教师的发展拟定个性化的成长道路便显得十分重要。配合动态调研，通过机制赋能和路径规划，让教师不断提升自我认识，敢于自我突破，这样成长有保障，发展有底气，便能加速个人成长。

学校自 2014 年起在 35 岁以下的教师群体中使用《教师专业发展成长手册》，以 3 至 4 年为一周期记录教师的个人发展历程。《手册》包括"教师个人专业发展规划"（见表 4-3）、"年度业务发展综合情况""学校业务指导委员会评价与建议"三个板块。其中第一板块除基本信息之外，还详细从职称目标、师德目标等总体目标、学习目标以及教育教学发展目标等维度进行精准定位。个人成长规划是教师主体价值的体现，是对教师未来发展道路的设计，是教师专业成长的方向指引。专业规划的起点是自我认知。教师只有厘清了自己的优势、弱势、阶段目标和发展路径，把当下的自己和未来的自己用行动连接起来，清楚地知道自己是谁，要去哪里，如何去那里，才能有目标地实现进步。第二板块则是从教学展示、个性研究、科研论文、交流感悟、培训成果等成长情况进行细致地整合与评价。第三个板块是学校管理者和教师平等对话，形成合作互动的关系，教务指导专委会还会以文字等形式进一步对教师进行引导与启发。

表4-3 教师个人专业发展规划示例

1.总体发展目标	
职称目标	a.二级教师　b.一级教师　c.高级教师　d.正高级教师
师德目标	a.年级先进　b.校级先进　c.区级先进　d.市级先进
教学能力目标	a.校骨干教师　b.区青年骨干教师　c.区骨干教师　d.区学科带头人
班主任目标	a.年级优秀　b.校级优秀　c.区级优秀　d.市级优秀
学历目标（可不填）	
2.专业理论学习目标（可以多选）	
自学理论书籍	a.教育理论　b.学科知识　c.教师修养　d.其他
教师专业培训	a.职务培训　b.专业培训　c.校本培训　d.其他
3.教育教学发展目标（可以多选）	
公开教学	a.组内　b.校级　c.区级　d.市级及以上
教学比武	a.获组内奖　b.获校级奖　c.获区级奖　d.获市级以上奖
指导学生竞赛	a.获校级奖　b.获区级奖　c.获市级奖　d.获市级以上奖
指导培养教师	a.见习教师　b.初级教师　c.中级教师
学生满意度	a.60%以上　b.70%以上　c.80%以上　d.90%以上
信息技术、教学资源	a.教学后记　b.教学随笔　c.校本课程　d.教学资源库
教科研论文、案例	a.获校级奖　b.获区级奖　c.获市级奖　d.获市级以上奖
教科研课题申报	a.校级课题　b.区级青年课题　c.区级课题　d.市级课题
教科研成果获奖	a.获校级奖　b.获区级奖　c.获市级奖　d.获市级以上奖
教科研成果交流	a.校内　b.区内　c.市级及以上
教科研成果发表	a.校刊　b.区级刊物　c.教育公众平台　d.市级及以上刊物
4.阶段目标和措施	
以学年为单位，未来发展目标为标准设定可检验的指标，这些指标必须是外显的、可检验的。如：获得××证书，开设××节公开课，获得××称号，职称评定，自学理论书籍，课题研究，论文撰写，教学成绩等。	
我面临的困难和挑战：	
我希望学校给予的帮助：	

个人成长规划项目至今已是第三轮了，我校青年教师在个人成长规划的引领下，专业成长飞速。有32人评上中级，8人评上高级（其中有2位是刚刚达到申报年限的青年教师），有2人评为区学科带头人，获评比例均高于区平均水平。还有多位青年教师在部门、级组中担任了重要职位。

三、基于师德师风建设的常态化赋能

"师德"是教师和一切教育工作者最基本的道德规范和行为准则，它包括与教育活动相关的道德观念、情操和品质，它具体又可以分解为教师的道德认识、道德情感、道德意志、道德行为等。师德是教师的专业道德和精神，它与专业知识、专业技能构成了教师的专业素养；"师风"，是教师职业的风尚与风气，它主要体现在社会、职场、集体活动、与学生互动中的为人师表。师德师风建设和养成，是教师专业发展的首要任务。

我们按照师德养成的基本规律和内在逻辑，坚持在促进教师整体发展的目标下把促进师德养成作为首要任务体现出来，引导和启发教师不断提升职业道德修养，并践行于工作和生活之中，在以校为本的实践中，我们形成以下举措，为项目化研修推波助澜。

（一）规范"制度建设"

制度具有行为导向、监控激励、组织控制、关系协调等功能，是学校完善"常规制度"和"专项制度"的体系。学校先后制定《彭浦初级中学加强师德师风建设的实施意见》《彭浦初级中学师德责任承诺书》《彭浦初级中学教师职业道德规范准则》《彭浦初级中学关于表彰师德先进集体与个人的决定》《彭浦初级中学违反职业道德行为的处理办法》等文件，在学校的制度建设与完善过程中，我们鼓励教师一起参与讨论与修正，因为学校的价值取向和教研文化，一旦得到大家的认同，就可以改变学校的人文环境、人际关系、教改氛围和教学质量。

（二）给予"人文关怀"

学校开展形式丰富、多样化的活动，如利用研修时间，推出"学有榜样"系列活动。每年有 30 余位教师登上教师讲坛，分享彼此的教育理念、教育经验，我们通过这一研修平台，积极倡导"学为人师、行为示范"的理念，进一步营造"学习、分享、合作、激励"的"教、学、研"氛围。在加强人文关怀方面，我们还注重日常的校园环境和校园文化的创设，建立良好的人际关系。

学校多角度地关注教师的职业生活。我们发挥中年教师们在教育教学活动中的中流砥柱作用，由他们担当教研组长、备课组长、学科把关教师、学科活动策划者；发挥老年教师拥有丰富的经验的价值，让他们指导和带领青年教师；青年教师思维活跃、好学上进，学校就多给他们锻炼的舞台。总之，让学校中的每一位教师都能展示自己的才能与价值，这体现了学校对教师的本质关怀。

（三）确立"任务驱动"

在师德师风建设中，任务驱动是一种重要的途径。我校每年与教师签订师德建设目标责任书，并在此基础上，对市、区、校骨干教师、学科带头人提出更高的目标与要求，通过骨干教师教学风采展示、高级教师微讲座、项目团队研修领衔制、师徒结对等形式，引导不同年龄层次、不同发展阶段的教师在师德师风要求的践行中，各有目标、任务与举措。近年来，我校还开设主题式的校本培训：① 通过"课改论坛""课例展示""课堂实录""公开教研"等形式，探讨学科育德，加强教学研究；② 倡导"问题即课题"的策略，形成市、区、校、组及个人五级层面的课题联动，以科研带动教研；③ 通过与骨干教师签订"任务书"、"骨干结对"等举措，推进骨干教师任务驱动；④ 细化文明班组建设细则，通过一系列宣传、表彰等活动，增强师资梯队的凝聚力与行动力。

（四）推进"专业成长"

师德师风建设中应深度关注教师的专业生活。学校运用骨干教师引领策略，成立"学校课堂教学听课视导团"，其工作职责为：① 为教师的课堂教学听诊号脉，出谋划策；② 采用每学年专业比武形式，让优秀教师脱颖而出；③ 通过外请讲座、外出听课、骨干教师示范课等形式，引导教师开拓专业视野；④ 通过校本教材的编写、学科知识点的梳理、课堂教学事件、教学案例的撰写，帮助教师提升专业技能。

（五）共享"阅读提升"

教师的职业生涯与书是终身相伴的，因此阅读应该是教师终身的生活方式和生活习惯。我校一直倡导"读好书、明心智"的"书香校园"建设活动。具体措施如下：① 图书馆定期向师生进行"好书推荐"活动；② 学校在行政会议上进行"思与行""基于问题的案例交流""管理随想"等活动，旨在引导干部养成勤读书、善反思的专业品质；③ 教研组长、年级组长会议设置"班主任论坛""阅读与思考"环节，引导更多骨干教师扩大阅读面，开启工作新思路；④ 每年寒暑假学校都开展假期读书活动，并在教工大会上推出"分享与共鸣"专栏，让教师交流自己的读书心得与体会；⑤ 学校把教师的精彩读书心得及时汇编进校刊杂志，营造浓浓书香氛围。阅读活动的推进是促进教师"自我发展"的重要方式。广泛的阅读、理性的思考加上反思与总结，帮助教师在实践中逐渐将自己的隐性知识转为显性的能力。

（六）创建"反思平台"

反思行动是促进师德建设的重要抓手，从认识的角度而言，"反思"是一种"元认知"。如我校在开展师德教育中，就设计架构不同的反思平台：教师论坛、课堂展示、科研沙龙、班主任工作坊，在这样的平台上，教师们合作分享、反思进取，这一过程也是不断规范教师从教准则的过程。郑板桥有诗云："四十年来画竹枝，日间挥写夜间思。冗繁削尽留清瘦，画到生时是熟时。"画竹的境界递进过程，折射出教师专业发展过程。每个教学者的工作都需要反思，反思使我们不断规范自己的师德修为、修正自己的教学行为、提升自己的专业境界。于漪老师说："老师的课不只是简单地教在黑板上，而是要上到学生心中，课堂教学要滴灌学生生命之魂。"这就要求教师充分挖掘学科的育人价值，以自己的人格魅力、学术魅力影响学生的身心发展，真正做到师风可学，学风可师。

第二节　项目化研修的资源支撑

项目化研修立足于项目研究、扎根于课堂教学，学校从理论到实践为教师研修提供了全方位的资源保障。

首先，学校聘请上海师范大学、上海市教科院、区教育学院等单位的教育教学专家为各项目组提供科学指导，提升研修成效；聘请区科研员、区学科带头人与部分教师结对带教，助力个性发展。其次，学校为教师提供了大量"走出去"的机会，如：中英数学教师交流项目、赴外籍人员子女学校伙伴研修项目、"国培计划"示范性教师工作坊高端研修项目等。再次，学校与《现代教学》等期刊签约为理事单位，为各项目组、教师订购教育报纸杂志，及时获取科研新动态；学校购买"芝士网""虚拟实验室""吾喜电子阅览室"等数字化平台，以及讯飞录音、微课宝、平板电脑等，为教师研究提供硬件支撑。此外，在课程标准之下，学校鼓励教师根据个人专长，对课程资源进行科学、合理的整合，设计开发校本课程；还倡导教师基于研修项目成果，个性化地开展教育教学工作，编制符合学情的导学案与校本练习，学校提供相应的经费支持。

以下就部分项目组老师在不同平台下的交流做一分享：

【后"茶馆"式教学成果应用会主题发言】

一缕茶香，给我温暖与力量

符静嫣

一、当年曾胜赏，再续"前茶缘"

早在 10 年前我就参与过后"茶馆"的培训。那时的我惊叹于后"茶馆"的先进理念，但因自身缺乏教学经验，虽心向往之，却不敢付诸实践。

2021 年，后"茶馆"进入彭初校园，再闻茶香，我感到惊喜万分。在后"茶馆"推广小组的带领下，老师们共读后"茶馆"专著；同听后"茶馆"报告；我更是有幸亲赴静教院附校，感受了一番"茶"文化。

二、平素多泛讲，谁解"议茶香"

在全方位"茶"香的熏陶下，我的课堂也在悄然发生变化。过去我一节课有二三十页PPT，恨不能把自认为的所有好题都纳入其中。为了讲完冗长的PPT，我不得不加快语速，独自一人完成几乎所有例题的讲解，全程极少与学生互动。这样看似完成了教学任务，但学生没有发言机会，缺乏独立思考，成了记笔记的机器。

幸好，我遇到了后"茶馆"。它让我意识到要将"议"的权利还给学生，这也是后"茶馆"的核心。议的本质是让教学走向对话，走向合作，走向学习共同体。通过议，可以将教师的单向输出，转变为师生间、生生间的多向互动，学生从被动学习转向主动学习。

现在我的课件只保留最典型的例题，尽可能把时间留给学生去"议"，通过一题多解、一题多变鼓励学生畅所欲言。对于难题，我会设计小组讨论环节，利用"议"激发学生思维，唤醒课堂激情。在"议"的同时，学生也会暴露许多"相异构想"，相异构想的产生是后"茶馆"教学的主要特征。相较于正确的"相异构想"，我更期待认知有偏差的"相异构想"，只有学生充分暴露自己的问题，我们才能及时发现问题、解决问题。事实证明，多"议"十分有效。学生们不仅成绩提高了，自信心也增强了，我的课件页成功"瘦身"到了十多页。

三、无由持一碗，寄予"爱茶人"

（一）且将薪火试"新茶"——新思路，新方法

其实，不单单是一个"议"字，后"茶馆"的其他精髓也已渗透进了我的教学。前不久，我开设了一节数理跨学科探究课《镜头中的数学》，虽未刻意按后"茶馆"式教学设计，但细细品来，却有悠悠"茶"香四溢。

在引入环节，我没有墨守成规地直接给出课题，而是播放了一段摄影达人的视频，轻快的音乐、动感的画面成功吸引了孩子们的眼球。这要归功于后"茶馆"对于"脚手架"的解释：脚手架不拘泥于形式，可以是口头提问，也可以是图表、图片，甚至可以是视频音频。它让我意识到，数学课拥有的资源并非只有习题。

在规律回顾环节，由于课时有限，对于是否要介绍照相机的结构，我纠结了很久，最终选择保留，因为我希望这节课给学生留下的不单是光路图和相似三角形，我希望他们对照相机能有真正的了解，在与家人朋友聊天时，他们可以侃侃而谈："你知道照片是怎么拍出来的吗？我来告诉你。"优化课程内容组织形式，加强与现实生活的联系，这不正是新课标所倡导的吗？仿真实验室的加入，大大提高了

课堂效率。

规律探究环节是本课的核心，我设计了 3 道探究题。探究①利用光路图将照相机的成像规律抽象成几何图形，并利用问题②引出基本图形 8 字形，提醒学生本题可以通过相似三角形原理进行研究。探究②先给出 f，u 的具体数值，求像距 v。在探究①的铺垫下，学生可以独立得出结论，并且能一题多解，充分暴露"相异构想"。再由具体数值过渡到一般公式——凸透镜成像公式，有了问题①②的基础，学生对于这一公式的证明自然水到渠成。此处，我再适时介绍凸透镜成像公式又叫高斯成像公式，他是由数学王子高斯发现的，高斯既是数学家也是物理学家和天文学家，世界上第一张地球磁场图就是他和韦伯共同绘制的，这个小故事可以拓宽学生知识面。随后提出探究③，除了几何方法，代数方法也能验证凸透镜成像公式。由于此部分是难点，将后"茶馆"的小组讨论、合作学习模式运用于此处能很好地突破这一难点。在分组时，我有意识地在每个组内安排了 2 到 3 名数学比较优秀的学生，以创设讨论条件，其他组员可以旁听他们的讨论获得灵感。事实证明，合作学习真的是灵感的源泉，有小组通过建立直角坐标系顺利地将几何问题转化为了代数问题。整个规律探究环节其实是由一个个问题串联起的，探究②与探究③把难度设计在了学生的"最近发展区"，通过小组讨论，合作学习，加以教师的适当引导，学生能很好地完成。在这一环节中，学生的表现都可圈可点，我认为这与前文所提的，将"议"的机会交给学生密不可分。

在作业布置环节，受后"茶馆"、"做中学"与"书中学"并举策略的启发，我设计了作业，目的就是让学生在掌握理论知识后，能够将相关理论应用于实践。同学们测照相机焦距的方法也多种多样，有直接测像距物距代入凸透镜成像公式计算的；有利用太阳光的；还有利用激光笔的。虽然结果不一定精确，但探究的过程就是一种收获。

（二）竹炉汤沸溢"茶香"——悦教学，趣探究

后"茶馆"的出现，不仅改变了我的课堂，更将我引入了科研之路。张人利校长在报告中多次提及，为了培养学生的综合素质，静教院附校会给学生布置探究性任务，在这些任务的引领下，附校的学生拥有极高的创新能力，人人都有小制作、小论文、小发明。这给了我启示，是否也能让学生撰写数学方面的小论文呢？小

论文的探索就此开始：从《π 的发展史》到《勒洛三角形》，从《警惕内轮差》到《梅涅劳斯定理》，随着难度的步步提升，学生能力也得到了锻炼，从最初的只会百度复制粘贴；到现在能够结合课外资料，运用多种方法验证猜测，甚至能将所思所想与生活实际相结合。"用数学的眼光观察世界，用数学的语言表达世界，用数学的思维思考世界。"这不正是《2022 新课标》对学生核心素养的要求吗？

（三）举杯互叹思"茶韵"——多收获，多成长

在指导学生探究的同时，我的科研能力也得到了提高，撰写的《核心素养视角下的创新作业——以数学小论文为例》获得了"爱满天下"杯上海市三等奖，《悦动教学，乐活课堂》获得了"黄浦"杯三等奖。

学生是后"茶馆"的最大受益者，现在的他们自信，乐观，敢于表达观点，在数学演讲、趣味作业、说题比赛中都能看见他们精彩的表现。还有的学生小论文获得了上海市元认知竞赛的"同侪论文探究奖"，真可谓"茶韵悠长"……

感谢后"茶馆"让我的课堂焕然一新，让我的学生朝气蓬勃。后"茶馆"式教学，仿佛冬日里的一杯清茶，茶香沁鼻，温暖人心，给予我变革课堂、创新教学的勇气与底气！我会坚持对后"茶馆"的执着追求！

【区学术季主题发言】

以项目引领科研，凭科研助推发展
——谈数学项目组行动随想

芙承智

2014 年 9 月，在程核红校长的领导下，校科研室举行了第一次青年科研沙龙，4 年过去了，沙龙成员成长了。在今年（2018 年）6 月科研沙龙的总结会上，程校长提出了个体科研要走向团体的建议。9 月，在科研室主任孙伟老师的组织下，教科研形式获得了大翻新——我们摆脱了单打独斗，项目组的概念让同学科、临近学科老师走到了一起。

我们坚信"一个人可以走得很快，但一群人却可以走得更远"。

一、一个问题引发的思考

我们先来看这样一个问题:"已知两数的和与差,求这两个数。"学生会怎么回答呢? 和大家心中的答案一致吗?

如果把学生在数学学习过程中遇见的所有问题看作是个大圈,那么其中或多或少存在着数学理解上的"小圈"。小圈的大小势必影响大圈今后的态势。也就是说,学生在数学学习中遇到的问题,很大一部分正是数学理解上的问题;数学理解上的问题,就应该是我们急需解决的核心问题。

其实,早在30年前就有国外学者做过这个关于"符号代数"的测试,他们发现学生对符号代数的认知发展过程与符号代数的历史发展过程具有相似性。换句话说,学生所呈现的不同层次的问题,正与数学家们当初在这个点上出现过的问题相类似。

二、历史相似性问题给我们的触动

数学家们弄明白这件事可是花了数个世纪,了解了这样的历史相似性,我们便没有理由去责怪学生在代数符号的理解与运用上所显露出的问题,我们还应该认识到,学生所遇到的这类学习障碍是需要时间来克服的。我们应该借鉴历史上数学家克服困难的经验,预设性地为学生在学习过程中消除认知障碍,降低数学的理解难度。

我们项目组目前所做的,正是围绕"数学理解的历史相似性问题"展开研究,将重点放在"初中数学学习中的几个历史相似性问题"上。具体包括:收集并研究学生在数学学习过程中的理解问题;寻找相应的数学史资料;定量分析史料中数学理解上历史相似性的体现;结合现实问题加以分析,调整教学设计;混合研究,跟踪教学效果;形成基于历史相似性研究的初中数学教学案例。

我们研究的行动模式与落脚点,还和两个循环息息相关:

小循环:结合数学理解上的历史相似性问题设计课程、磨课;开展相关的课堂教学,全组员听评课;对学生进行问卷、半封闭式访谈等调查,获悉教学效果;反思教学中的问题,反思历史相似性问题的处理效果。

大循环：从问题收集开始，每个成员负责好自己年级的问题，并且向下一个年级提供去年执教时有关的教学材料；在教学实践环节，除了做好本年级的教学研究，还将在下一学年运用上一个年级的研究资料做第二轮乃至第三轮的教学实践。

三、我们在行动

近期，我们小组每周四上午第三节课都会去学校录播室活动，最近的集体活动是围绕组员龚老师上周刚结束的一节区公开课进行的热烈的研讨。我们小组从中发现，并非所有问题都容易获取相关史料，并非所有问题都有历史相似性，也并非所有课型都适合我们研究。但在这个研究、探讨的过程中，每位组员都收获了许多，龚老师更是在这节课后写下了近 5 000 字的反思。可想而知，学生也必将收获满满。

最后，我想以数学大师波利亚的名言结束今天的发言："只有理解人类如何获得某些事实或概念的知识，我们才能对人类的孩子应如何获得这样的知识作出更好的判断。"

以课题为镜，可以明得失

吴新庄

2018 年 7 月，我加入彭初这个大家庭，并成为数学科研沙龙小组的一员，一年多的时间里，在项目组长英承智老师的带领下，我学到了很多读研期间没有接触过的东西。我对小组印象最深的就是英老师在承担项目组课题的同时也能将自己的个人课题做得非常出色，并且我发现他的课题经常被他实践到自己的教学当中，达到科研与教学相长的目的。作为项目组的一员，我深受启发，本次我申报的课题也是在科研沙龙小组榜样的引领之下产生的。

我申报的青年课题名为"'学生自媒体'模式在初中数学教学中的实践与反思"。首先要和大家解释一下什么是"学生自媒体"模式，"学生自媒体"指学生联系课堂学习的知识点，以"小教师"的身份录制知识点的讲解视频，成为以视频为媒介的学习的主人公，实现知识的内部消化，同时帮助他人温故而知新的一种学习模式。其实我本来并没有打算将这个教学上的想法申报课题，只是想在教学的过程中尝试这一新的模式，期望这种学习模式既能促进不同层次学生的学习，同时也给我的教学提供一面反思的镜子。后来这一想法得到了学校的领导以及我们数学科研沙龙小组的支持，因此我就尝试申报了区青年课题，我想这也和程校长所说的"以课题研究为引领，锻造和提升教师的教育教学能力"是相匹配的，课题研究的目的就是为了锻造和提升教师的教育教学能力。

　　而我研究这个课题的目的，不仅是希望自己在实践的过程中教学能力有所提升，更加希望的是学生在学习进步的同时也能得到个性发展。为什么想到以"学生自媒体"的形式来达成目的，这主要是源于我开学初的一次尝试——让学生走上讲台。

　　在六年级下学期，为了更好地让学生理解和解决方程问题，我给班级的学生补充了一些关于整式的知识点。而这学期开始，我们就在对整式进行教学。我想，既然学生已经学过一些知识点了，为什么不能将课堂交给学生，让他们将所学的东西讲出来呢？所以我开始帮助一些学习成绩优异的学生找一些相关资料、准备课件，希望他们能当一回"小老师"。这次尝试后，有更多的学生期望能加入到"授课"的队伍来，其中不乏一些曾在课堂上默默无闻的学生。这一活动也得到了一些家长的赞扬和肯定。于我而言，通过对学生授课的听评，我也能发现自己在教学过程中的一些问题。

　　这次尝试带来了一些意想不到的收获，但也产生了一些意料之中的问题。虽然每次学生讲完我都会适当的补充和讲解，但还是有少部分学生反映听不懂。同时，六年级讲过的知识点已经被学生全部讲授完了，之后的新课再交给学生，一定会产生大问题，所以我及时停止了学生在班级授课的活动，并开始思考如何能满足学生渴望将学会的知识点讲出来的诉求。"学生自媒体"的想法随之产生，我想给学生提供一个平台，让学生把想表达的、想给我们展现的知识获得的过程呈现在视频当中。这样，不仅是拍摄视频的学生，还是收看这个视频的学生，都可以学到一些东西。从而我也可以从这些视频当中发现学生个体在相关知识上的薄弱点，学生也可以在准备知识点的过程中发现自己在认识上的缺陷。有些学生因为课堂走神错过了知识点，可以通过学生自媒体的方式重新学习，达到一个查缺补漏的作用。

　　当然，以上说的只是我对这个课题的一些基本的想法，现在这个课题已经在进行当中了，有些想法也得到了验证，比如说确实有很多学生通过拍摄视频发现了自己的一些缺点。我觉得学生的反馈对这个正在试运行阶段的课题来说就是一个小成果，并且我觉得这个课题又多了一层意义，那就是可以促进学生的自我反思。

课题在稳步地进行，而在这个过程中，我也在思考是不是可以在原有的基础上加一些东西。正巧在一次科研沙龙会议上，英老师分享交流他有关作业的课题，我就开始思考是否可以将作业与课题结合起来。比如说对于有些问题的看法，学生的想法有很多，但由于课堂时间的限制，有些学生无法表达自己的想法，那么可以通过自媒体的形式让他表达出来，传递给老师和其他同学。这个想法在前一段时间有了实践，在"9.16 分组分解法"这节课中，我预设学生在探究五项式的分组分解会有很多的想法，因此给学生布置了这样一个视频作业。

通过这个课题研究，我发现了很多学生平时不会在课堂中出现的一些闪光点，同时，在课题研究的初期，学生的表现也给了我很多教育教学上的反思。比如说有些学生在讲一些概念时容易遗漏的知识点，我觉得在今后的复习课上可以有针对性地再进行补充。

课题的研究就像一面镜子，它可以不断地反射出一些我们平时发现不了的问题，我觉得在这面镜子的反射下，我的教育教学和科研都会越来越好。

让学生站在舞台的中央

朱冬贤

我国教育家陶行知先生说过："教育孩子的全部秘密在于相信孩子和解放孩子。相信孩子、解放孩子，首先要赏识孩子。"孩子们渴望得到赞赏，我相信赞赏的力量！所以，我为我的学生们，在我的英语课堂上搭建舞台，创造机会，鼓励、赞赏他们勇敢地说英语、用英语，让我的学生们站在舞台的中央。

在我的英语课上，课前 5 分钟是学生们的展示时间，在这 5 分钟里，学生们的展示丰富多彩：

1. 生活中的英语：孩子们寻找生活中的英语，分享给大家，如广告牌上的广告词，文具标签上的英语，零食包装上的英语……生活中的英语随处可见，我希望孩子们拥有发现的眼睛。

2. 遇上西方的节日时，如万圣节、感恩节、圣诞节等等，孩子们就会围绕节日的主题，或是分享一首英语歌曲，或是讲解节日来历，风俗习惯等等。

3. 如果孩子们有特别的爱好，那么他们就会制作思维导图，将与自己的爱好相关的英语介绍给大家。

4. 希腊神话故事和西方寓言故事不但能成功吸引孩子们的兴趣点，更是了解西方文化的一扇窗，每次介绍神话故事、寓言故事，孩子们都聚精会神，兴趣满满。

5. 配合我们的课外阅读牛津书虫系列，我设计了"Ask and Answer"（问与答）的作业，孩子们前一晚就某一阅读范围提出问题，第二天的英语课上，Ask and Answer 环节中，大家群策群力，解决孩子们提出的问题，激发孩子们的阅读动力。

6. 我经常在学习英语的手机应用里搜索由 Native Speaker（母语使用者）介绍的口语、俚语的表达，分享给有表演欲的孩子们，让他们排成简单的小对话，通过他们的生动演绎，在情景中将一些实用的口语和俚语融入我的教学中。

通过以上多种内容的支撑和孩子们热爱学习的心，我的英语课就是孩子们的小小舞台，每个孩子都有展示的机会，每个孩子都在这短短的 5 分钟里大胆地表现自己，学英语、用英语！

在我的课堂设计中，我也会将舞台留给我的学生们。在刚刚过去的校英语节展示课上，我教授的是"6A U4 What would you like to be?"的第二课时，我设计了一个围绕单元主题的 project（专题研究），我自己先设计了一个有关工作主题的调查问卷，然后引导学生们能够设计出他们自己的调查问卷，接着去做调查。

给孩子们一颗种子，他们会给我一片森林。在我的引导以及小组成员的思维火花中，孩子们提出了包括"工作中需要的好品质""是否愿意从事和英语有关的工作""询问父母是否还记得小时候的梦想"以及"工作是否有高低贵贱之分"等等有趣并值得思考的问题。这节课所展示的四个小组的表现形式也是各不相同的：书面问卷，视频采访，网络问卷和现场采访。这四种表现形式体现了不同小组中孩子们的不同个性和特长，如视频采访的是 5 个男生，他们活泼好动，乐于表现自己，就算在校园中多次被拒绝也毫不退缩，虽然最终只成功采访了 13 位同学，但是我赞赏他们屡败屡战的勇气，并和他们一起总结经验，期待下一次更大的成功。通过网络做问卷的小组，是我们这次问卷参与人数最多的组，他们共收到了58份家长问卷和46份学生问卷。虽然孩子们的问卷还稍显稚嫩，但是家长和同学们的支持让他们动力满满，收集数据后，他们不仅仅展示数据总结，更是对数据作出了适当的评价，同时在展示的过程中勇敢地邀请同学表达观点，让整个调查变得完整而有意义。

在这节课的活动设计中，我培养了学生的情感目标，他们能意识到每个工作都很重要并值得尊重，以及为了将来的理想的工作，他们现在要努力学习。同时孩子们的学习的积极性，调查的行动力，小组成员间的人际交往和合作协调能力，包括勇敢说英语的能力都得到了提高。

此外，本着"赞赏视域"的指导，在分组时，我希望每组同学能"以强带弱"，避免出现能力弱的孩子落单。很幸运，孩子们自己分组就直接达到了我要的效果，所以在这节课的展示上，虽然小组中五个人的能力各有差异，但是他们互帮互助，取长补短，每个孩子都能勇敢地站在课堂这个舞台上，这就是成功！

课堂就是一个舞台，不管是我的课前展示，还是我的课堂活动设计，不管是一次简短的回答问题，还是孩子们的展示活动，对孩子们来说这都是一个舞台。作为教师的我，创设情境，搭建舞台，鼓励他们，赞赏他们，让我的孩子们站到舞台的中央，他们就是我心中的大明星！

【区科研沙龙主题发言】

巧借戏剧之魂 点燃科研之爱
——课例研究项目组网课期间阶段努力与课题阶段成果汇报

奚晓珺

今天主要和大家分享的是网课阶段，在项目组的帮助下，我的课题的一些阶段性研究。在此之前，我想先向大家罗列一些学生居家学习时的真实想法：

1.上网课最真实的感受是乐趣不足；

2.上网课最大的障碍是动力不足；

3.上网课最大的心愿是成绩变好，早日复学。

以上内容，是学生平时在和老师沟通时不会轻易说出口的想法，但通过一份问卷，我得以聆听到他们的真实心声。

由此，我想起了我的研究课题——教育戏剧对初中语文阅读教学积极意义的实践探究——以叙事性文体教学为例，在之前的研究中，已经有充分的案例和数据能够证明，课堂中融入一些教育戏剧方式对提升学生兴趣度、专注度有极大的积极意义。越是在特殊时期，能够激发学生兴趣的教学方式越是需要应用在教学中。而问卷星这一平台，或许是直接能够帮我了解情报、分析数据的有力武器。

一、巧借问卷星，线上"教育戏剧"初反馈

由此，我开始了网课阶段课题实践的第一个步骤——巧借问卷星，线上"教育戏剧"初反馈。

当时区语文教研员要来听我的一节古文课《卖炭翁》，我便通过钉钉在线课堂平台，对课题的线上实践进行了初次尝试。课前我让学生做了以下预习作业：

1. 熟读课文，并复述课文内容；

2. 分层作业：能力较强的同学可两两组合为卖炭翁和宫使设计台词，并尝试配音，还原场景。

试讲过程较顺利，事先做过第二项"配音"作业的同学出色地完成了表演任务，我一开始还挺洋洋得意。紧接着我便通过"问卷星"平台，调查学生的听课专注度、兴趣度，并在问卷最后设置了几道练习题，考查学生对课文的掌握度。然而问卷结果却给我泼了一盆冷水，整堂课对于这一环节感兴趣的学生仅为47.3%，关于教学重点"卖炭翁的人物形象"，问卷显示能够把握正确的只有83.93%。

可见在课题研究和实践的过程中，理想和现实往往存在差距，如果不进行反馈收集，或许无法客观地了解自己的试验结果，更无法进行反思与改正。得到了客观真实的反馈后，我开始反思：

1. 大部分学生在课堂在线配音板块参与度不够，感受不到乐趣；

2. 大部分学生没有做第二项预习作业，准备工作不充分；

3. 上台展示的同学设计的台词太多，耗时较长，压缩了其他内容的讲解时间，导致整体教学效果不佳。

二、巧借团队力量，线上"教育戏剧"再进化

然而有好的计划并不够，在线课堂上可供学生"排练""表演"的时间和机会太少了，很多学生只是看个好玩，并不能有效地提升综合素质。

正当我一筹莫展之时，在一次项目组会议中，朱旭梅老师提到了ClassIn平台，这款平台可以清晰看见上课举手的同学，并通过"发放奖杯"这一功能及时进行鼓励，还能实现小组讨论，进行"小剧场彩排"，简直一举多得。

于是我又借助了团队力量，实现了线上"教育戏剧"再进化。在正式开课时选择了这一平台，并在课前调整了预习作业2的内容：自选搭档两两组合为卖炭翁和宫使设计3个来回的台词，并尝试在微信中配音并录屏。

在检查作业时，我便发现许多学生都用了巧思，加了创意。在正式表演之前，我又通过ClassIn平台，利用小组讨论功能，让学生"排练"了一遍。最终，学生们惟妙惟肖的表演，成就了一个有趣、圆满的课堂。课后的调查问卷显示，对这一教学板块感兴趣的学生高达73.2%，关于教学重点"卖炭翁的人物形象"，问卷显示能够把握正确的也较之前上升了近10个百分点。

真实的反馈是反思的基础，团队的力量是成功的关键，对戏剧的热爱引导我走向课题研究，研究课题的过程又引领着我实现进步。在此，也要尤其感谢我们课例研究项目组的组长和每一位成员老师，组长符静嫣老师在疫情期间一直抽空定时定点组织我们召开会议，每一位组员老师的分享也总能让我体会到收获的喜悦。在未来的教学之路中，我与项目组还将继续携手在科研之路上上下求索。

【校教师论坛主题发言】

利用虚拟实验打造高效课堂

陈惠娟

一、问题的提出

实验教学是培养学生"科学探究与创新意识"、提高学生化学学科核心素养的

重要途径。然而，很多时候教师受限于实验设备等硬件设施的不足或者出于对学生实验安全的担心，以及教学课时紧张的压力，会缩减学生实验甚至演示实验，取而代之的是越来越多的"视频实验""板画实验"。如此，也就使学生通过亲自动手体会实验的乐趣、激发探究意识的机会大打折扣。

二、学情分析

一氧化碳气体性质的学习一直是初中化学教学中的一个难题。由于一氧化碳气体有毒，长期以来，教师一般都以干讲的方式进行教学，不能通过实验让学生了解一氧化碳的性质。可是一氧化碳还原氧化铜的实验装置及操作顺序等却是学生必须掌握的重要知识点，而且该实验可设计的探究点非常多，如果不通过亲自动手实践，仅仅通过空讲，学生很难理解，这又会导致考试时失分较多。

三、利用虚拟实验打造高效课堂

NoBook 虚拟实验室是一款专为初高中学生打造的化学实验操作与演示的工具型软件。里面不仅有经典实验，更有 DIY 实验，学生和教师都可以根据自己的需求自行选择实验器材和药品，进行仿真实验模拟，获得比较真实的操作体验。利用该软件可以让学生在虚拟实验室中完成一些课堂上很难做演示或者实验效果不理想的实验。例如木炭还原氧化铜，我既做了课堂演示实验，又让每个学生利用手机或者 iPad 通过扫描二维码进入虚拟实验室，按照演示实验进行了虚拟模仿，这种虚实结合的教学方式，既让学生感受了真实实验的直观性，又能利用虚拟实验室让学生进行反复练习和思考。

教学一氧化碳这节课前，我设计了课前预习任务单作为回家作业，让学生带着特定的问题进行预习，结合已经学习过的碳单质的化学性质，进行对比式的学习，以旧带新。在氢气还原氧化铜的演示实验环节，我特意邀请了在预习任务单中设计实验步骤非常完善的两位同学代替老师来完成这个实验，这既是对学生有效预习的一种肯定，也是一种奖励，两位同学出色地完成了演示任务。之后全体学生在 NB 实验室对照课堂讨论完善后的实验方案进行了有毒气体一氧化碳还原氧化铜的实验演习，有了学习任务单这个学习的"支架"，知识便在师生与生生的不断对话中学习并消化。对于那些预习中未能解决的问题，我引导学生在课堂学习中利用 iPad 进行现场试错、交流和矫正。例如在这个实验开始时，必须排尽空气后再加热，否则会爆炸。在真实实验中，我们只能单纯地告知学生正确的操作顺序并进行实验，不可能真的让学生故意操作失误而让装置爆炸。而在虚拟实验室中，学生却可以反复试错，体验那些错误的操作带来的后果，随着气体的渗入，虚拟实验中的玻璃管真的会爆炸并发出玻璃碎裂的声音，这样更激发了学生的学习兴趣，加深了学生对知识的理解。

通过虚拟实验来进行模拟，可以很好地帮助学生对自己的实验方法进行改进，养成严谨的实验习惯。课后，学生再次对学习任务单中的问题作了梳理和知识点总结，完善了自己的答案。通过这次"临场"的学习体验，学生在后续作业和考试中的表现，都比之前几届的学生做得更好。

合理地使用虚拟仿真实验室软件进行实验教学能切实有效地提高"学生对实验原理的理解"和"将实验原理应用到更多实际问题"的能力。将虚拟实验技术运用到中学化学实验中是时代发展、教学改革的必然趋势，我们要做的就是不断学习新技术，将虚拟技术进一步优化，充分发挥新技术在教育领域的作用，打造高效课堂，提高学生对化学学习和化学实验的兴趣和学习效果，提高学生的科学素养，助其培养科学探索的精神和态度，促进学生的全面发展。

从三份作业说起……
——单元视角下的任务驱动型作业设计与思考

杜文佳

《义务教育语文课程标准（2022 年版）》迭代升级的关键主要表现在课程模型的变迁上，即从 2011 年版义务教育语文课程标准体现的"问题型"学习取向走向"任务型"学习取向。这就意味着新版课标下的作业设计也将产生迭代更新的新转变。

一、"？"——是"做"作业，还是"做对"作业？

任务型学习如火如荼地开启后，制作小报成了各学科占比极高的拓展型学习首选作业。

2022 年 8 月 29 日当我翻阅六年级学生上交的暑期阅读小报作业时，不禁产生了疑问：这些图画精美、色彩缤纷的小报到底是不是一份真正的语文作业？它们是否真正帮助孩子完成了"语言文字的积累与运用""思辨性阅读的分析与推断"？

于是在教授六年级上册第三单元"竹节人"一课时，我们从单元目标出发，以三个任务驱动学生思考，完成相关作业。其中就有一项制作小报的任务。

我从一份需改进的小报出发，带领学生观察小报配图、文字、布局等各个方面，对其进行质疑、比较、分析，进而推断并验证其是否符合本课的教材指向与文本解读。由此引发学生对"是'做'作业，还是'做对'作业"的思考。

二、"！"——是"做对"作业？更是"做好"作业！

继"竹节人"一课的"长作业"设计后，孩子们更明确了小报作业语言表达上的适切，内容排布上的递进，以及配图对语言文字及情感表达的真正作用，引领学生在作业情境中积累"语料"，并进一步建立起理性思维与独立精神。

于是我们在任务更复杂的整本书阅读手册封面设计中看到了"画面构图中有故事，色彩明暗中有情感"，明确了"剪影设计是为了人物形象，泼墨浓淡是读后感受"。在整本书阅读手册内页章节梳理中看到了逻辑思维的层次与密度，材料排布的详略得当和主次分明；在《月光曲》一课后以光盘设计师的身份完成了一份"跨媒介""跨学科"融合式的语文实物作业……由此激发学生由"做对"作业到"做好"作业的自我挑战。

三、"……"——是"做好"作业！更要"做懂"作业……

2011 年版语文课程标准中语文课程内容有"阶段性"的特点，多为单向度的阶段目标，属被动解决问题型，多体现为碎问碎答的"坐中学"；而 2022 年版语文课程标准有课程内容"结构化"的特点，转为多向度的结构方式，即实践操作取向的筹划型，更体现为亲力亲为的"做中学"。

单元视角下的作业设计除了体现单元要素纵横向关联的"整体性"外，还要构建起真实的语言运用情境，使学生在真实语言运用的情境中积累语料，形成语感，识得语理，在任务活动中感受中国语言文字的情感表达与文化内涵。由此触发学生在"做好"作业的前提下，更能"做懂"作业。

作业是连接课程、教学和评价的关键环节，影响教育教学质量，更影响学生核心素养的发展。单元作业指以教材中完整的一个单元为基本单位，针对整个单元的知识点、能力训练点，结合学情以及学习需要而进行整体规划、设计、实施和评价的课时作业集合。单元作业能有效避免以课时为单位设计作业的零散、孤立、割裂等问题，更加有助于知识的结构化、问题解决的综合化。

作业不必多，重要的是引导学生怎么去做"对"作业、做"好"作业、最终做"懂"作业，怎么去有思维、有方法地分辨、更新、优化自己的作业，最终形成属于自己的"任务链——作业集"。

唯有将零散、无序的作业内容进行整合、有序的设计，从单元视角出发，优化作业设计、变革作业形式、发挥作业功能，才能使作业"设计"破旧立新，使作业"负担"化增为减，将"双减""双新"政策落地、落实。我也将继续努力为提升学生语文核心素养，进行其他更多、更新的语文作业可行性设计尝试。

激发兴趣、注重实践
——新课标下的语文教学

杨佳佳

2022版新课标在今年9月正式落实了。探究新课标让我更充分地体会到语文教学的丰富性、深刻性和艺术性。比起旧课标，新课标有几个变化：第一，强化了课程育人导向；第二，优化了课程内容结构；第三，研制了学业质量标准；第四，增强了指导性；第五，加强了学段衔接。

新课标新增了核心素养，并规定了核心素养的内涵包括：文化自信、语言运用、思维能力、审美创造。这增强了语文课程的思想性。

新课标构建了语文学习任务群，规定了基础型学习任务群、发展型学习任务群、拓展型学习任务群，从3个层面6个任务分4个学段进行具体的说明，这是一个循序渐进的过程。任务群的学习，增强了知识的集群性，不像以前那样零散甚至断层，更提升了知识的可运用性。

这样的变化促使我们的教学更加向着"以生为主""以学为主"的方向奋发前进。

一、以"生"为主

"一切为了学生，为了每一位学生的发展"是新课改提出的教学理念。新课程标准强调：教师必须集中更多的时间和精力从事那些有效果和有创造性的活动。

在初中语文教学中，对这一理念最好的践行，就是从学生心理特点出发，树立与新课程理念相适应的发展的教学观念，打破传统教学模式，采取有效策略，创造一种兴趣盎然、生动活泼、风采迷人的课堂教学气氛，强化语文课堂教学的人文性、趣味性，激发学生潜在的能力，让学生自觉地参与到学习过程中，充分地活动起来，让语文课堂教学"高潮迭起"，让学生通过自身的活动，充实教学内容，丰富教学形式，使学生在精彩纷呈的课堂学习中获得情感、能力、知识等方面的协调发展。只有学生"乐学"才能"好好学"，才能发挥其主动性、积极性。我们要好好琢磨学生的心理特点，选好教学内容，设计好课堂环节，定好教学手段，掌握好教学艺术，这样才能激发学生的学习兴趣，激发内在的学习动机。

二、以"学"为主

新课标指出要发挥学生的主动性和创造性，要体现语文的实践性和综合性，要培养学生正确的价值观和人生观，要培养学生的创新能力和实践能力。"学生为主体，教师为主导"，老师要把更多的时间和更多的机会提供给学生。学生的"学"才是第一位。

那么，就要在课堂上多留给学生质疑的空间，要让他们多读多思多讲，要让学生打开思维，进行自主学习。

新课标倡导"自主、合作、探究式学习"，变"一言堂"为"群言堂"。

新课程改革的核心就是学生的全面发展和个性发展。我们要走出单一的课堂授课模式，坚持多元化教学形式。新课标强调："语文是实践性很强的课程，应着重培养学生的语文实践能力。"外出参观、考察、实地测量、现场制作、模拟面试、辩论会、排练节目、座谈会和赛诗会和上网搜集有关资料等都将成为促进学生学习的语文教学新形式。

另外，为促进跨学科研究，教师可以结合其他学科，安排学生参与各种活动，学习撰写并分享观察、实验研究报告。还可以选择师生共同关心的问题、社会热点问题等开展学习、活动、研究、讨论，更好地拓展语文的外延，体现"大语文"学习概念，使学生获得进入现代社会所需要的终身受用的语文能力。

我在最近的教学中，尤其是在教授《竹节人》这篇课文时，充分结合单元教学的重点，让学生自我创作、自行创造，融入情感来体会游戏所带来的快乐，进而领悟童年的乐趣。

文中有一部分是介绍如何制作竹节人的说明性语言，我就布置了让学生写一份竹节人制作指南的作业。学生们在结合生活实际的同时充分发挥了自己的创意。有一些学生更是利用手边的各种不同材料制作出了竹节人，有吸管做的、有牛皮纸做的、有竹子做的等等，这些都展示了学生的动手能力。在进行到斗竹节人的部分，学生们还图文并茂，发挥充分的想象，设计了更多的玩法，将一整份指南很好地呈现出来，有的还用制作的竹节人再现了课文中的场景。如此一来，学生的学习热情高涨，能够对文中人物的情感感同身受，共同提升了其他学科的能力，更好地达成了教学目标。

如今的课程已经与协作、创新、探究、合作、未来这些滚烫的字眼紧紧地联系在一起。在新的课程、新的学习方式、新的教学氛围下，需要我们引领学生开辟出一片语文学习生活的新天地。我会继续加强学习，不断反思，让语文课堂呈现出思想生命火花的碰撞与展现。

用心助力，乘风破浪

周莉君

如果把班级比作一艘船，那么班主任无疑是这艘船的领航员，既是舵手，也是风帆。这一届学生是我工作以来带的第一个毕业班，我对他们有特殊的感情，对于线上教学时学生与家长的焦虑更是感同身受。如何开好这艘大船，帮助学生在线上教学期间健康成长，同时做好复课后的无缝衔接，我从以下方面做出了思考与实践：

一、携手云端，跟踪关注

在线上教学开始之前，我班所有科任老师都提前进行了设备调试，因此在网课开展期间，我班的课堂情况井然有序，对此我十分感谢我班全体科任老师。为了让学生提高学习专注度，创设出学校的学习氛围，我建议每位学生针对自己的情况写下目标，制定可落实到具体操作细则的"分块作息表"。比如小阳同学文科薄弱，在一模中英语与语文学科退步较多，在分块作息表晚上的自主时间中他就会安排语文阅读与英语语法的针对性训练。分块作息表与课程表要一并贴在书桌前，学生每天完成对应时间区域内的学习任务就可以给自己奖励一颗星星，以此培养自律性。同时我也要求学生即便在家上课也要着校服，提高对自我的要求，在每节课后我都会查看数据情况，如果学生出现课时缺少的情况，我会通过私信学生或者家长的方式，及时了解情况并要求利用空余时间补看回放，保证每位学生的课堂参与度。

二、关心学生，共同成长

在探索提升教学效益方法的同时，我班的导师们也开展了"赞赏激励，引导陪伴——居家学习，导师在行动"活动，利用视频连线的方式和学生们"云"见面，聊一聊学生最近的学习与生活情况，及时帮助学生调适心理状态，避免学生因突发情况受到严重打击而出现心理偏差等情况的发生，充分发挥了全员导师制的作用。对于一些特殊的学生，除了做好平时的导师沟通外，我还会通过赞赏的教育视角，对坚持认真听课并完成作业订正等学习要求的同学提出表扬，尽可能地鼓励学生，调动他们的情绪，关注他们的成长变化。在线上教学期间，学生有出现学习状态波动、家庭情况发生变化以及因为和家长产生矛盾而焦虑烦闷的情况，这个时候我从原来的班主任身份转变为朋友的身份，欣慰地看到孩子们选择我作为倾诉和寻找帮助的对象，这也拉近了我们之间的距离，让我能够更多地参与到他们的成长中去。

三、心理调适，把握实际

在复课后，为了做好线上线下的无缝衔接，首先需要让学生调整心理状态，让思想和行动回到校园。作为班主任需要精准摸底，把握学生实际，同时重视差异，帮助每一个学生完成转变。我班有一位学生的母亲在疫情期间因病去世,对孩子造成了严重打击;还有个别学生在疫情期间过度使用电子产品,无法按要求参与并完成课程和作业。因此对于这一类学生,在复课后,首先要关注其是否能适应线下教学模式,对其以心理调适为主,在情绪上多加安抚,避免激化矛盾。我通过平时的关注与引导,对其多加正向引导,对其准时到校与坚持听课会及时给出温馨鼓励,循序渐进地让他们适应备战中考的状态。

四、家校沟通,加强联系

在防疫要求下,初三学生每天在校学习时间缩短不少,我班大部分家长在监管上力度不够,学校里科任老师也无法在课外时间对学生个别补习。因此基于我班的情况,我作为班主任有必要和家长强调督促的重要性,一定要有效利用好在家的时间。从复课后的反馈情况看,网课对学生文科水平的影响是较大的,尤其是在背默上。为了避免部分家长仍存在侥幸心理,我每天及时与各科老师联系,将学生的在校学习情况及时和家长反馈,提醒家长要多关注孩子。在这一阶段,相较外界的监督,学生自身的能动性更为重要,我坚持和部分学习状态相对较差的学生每天做点对点的沟通,给他们打气加油,希望他们在最后的时间里不要放弃自己,为自己再拼搏一次。

这一届学生与我一起的经历必然成为我在班主任生涯中不可磨灭的宝贵财富。希望八班的所有学生和彭初的所有初三学子都能圆梦中考,我也会进一步吸取教学和带班经验,将之运用到之后的工作中去。

【骨干风采课堂展示】

立足核心素养,构建深度审美和思维课堂
——以《湖心亭看雪》为例

王 凯

《义务教育语文课程标准(2022 版)》在"课程理念"中明确指出:义务教育

语文课程围绕立德树人根本任务，充分发挥其独特的育人功能和奠基作用，以促进学生核心素养发展为目的。"核心素养的内涵"板块明确了"文化自信""语言运用""思维能力""审美创造"四大内涵。本文以《湖心亭看雪》为例，重点谈谈教授本文时我在"思维能力"和"审美创造"两方面是如何构建深度审美和思维课堂的。

一、在审美及审美创造中涵养核心素养

何谓审美创造？审美创造是指学生通过感受、理解、欣赏、评价语言文字及作品，获得较为丰富的审美经验，具有初步的感受美、发现美和运用语言文字表现美、创造美的能力；涵养高雅情趣，具备健康的审美意识和正确的审美观念。

《湖心亭看雪》是明末清初张岱的一篇小品文名作。晚明小品在中国散文史上虽然不如先秦诸子或唐宋八大家那样引人注目，却也占有一席之地。它如开放在深山石隙间的一丛幽兰，疏花续蕊，迎风吐馨，虽无灼灼之艳，却自有清高拔俗的风韵。张岱用白描手法描绘了一幅水墨空灵的"湖山夜雪图"。课堂教学中，我们不能不抓住这样的"典范"来进行审美训练，进而启发同学们进行审美创造。

教学中，我引用张岱好友祁豸佳在《西湖梦寻·序》中的话："余友张陶庵，笔具化工（形容笔墨高超，巧夺天工）……其一种空灵晶映之气，寻其笔墨又一无所有。"围绕"笔具化工"引发同学们由浅入深进行深度审美，并构建如下问题链：

1. 找出写景句子并整体赏析张岱描绘了怎样的美景？

2. 从写景视角赏析这段环境描写"笔具化工"之妙。

3. 比较赏析"雾凇沆砀，天与云与山与水，上下一白。湖上影子，惟长堤一痕、湖心亭一点、与余舟一芥、舟中人两三粒而已"与"雾凇沆砀，天云山水，上下一白。湖上影子，惟长堤一痕、湖心亭一点、余舟一芥、舟中人两三粒而已"。

4. 运用白描手法进行写景训练。

同学们徜徉于冰雪世界中，品味雪夜西湖上雪光水汽，一片苍茫混沌的美景。赏析"惟长堤一痕，湖心亭一点，与余舟一芥，舟中人两三粒而已"这个句子中的"一痕，一点，一芥，两三粒"等数词和量词的运用，感受宛如中国画的写意山水，体味寥寥几笔就包含了长与短，点与线，大与小，动与静等诸多变化之美。感受人

与自然共同构成富有意境的艺术画面，以及那悠远脱俗，物我合一的绝美境界。最后利用白描手法进行仿写训练。同学们在审美中感悟文字之美，体验审美创造的乐趣，获得了丰富的审美经验。

二、在思维碰撞中提升核心素养

思维能力是学生思考、赏析作品的基础。思维能力指学生在语文学习过程中的关联想象、分析比较、归纳判断等认知表现，主要包括直觉思维、形象思维、逻辑思维、辩证思维和创造思维。这要求思维具有一定的敏捷性、灵活性、深刻性、独创性、批判性。教师要注意培养学生的好奇心、求知欲，引导其崇尚真知，勇于探索创新，养成积极思考的习惯。

《湖心亭看雪》中作者独抱冰雪之操守和孤高自赏之情调，这种孤寂的情怀蕴含着避世的幽愤。这种孤寂之情怀、避世之幽愤体现在文中细微之处。为此，我设计如下教学环节来引发同学们深度思考作者的情感：

仔细研读文章，从文意上来看，文中有没有不连贯之处？有何深意？

同学们讨论激烈，思维的火花在碰撞，发现如下问题：

1. 文中写"独往湖心亭看雪"，而后文写"舟中人两三粒而已"，有矛盾。

2."问其姓氏，是金陵人"，答非所问。

同学们回答"有何深意"这一核心问题时仍停留在表面。如何引发深度思考，调动学生们的深度思维？我适时补充了背景资料。

【材料一】张岱：明末清初文学家，号陶庵。出身仕宦世家，爱繁华，好山水，晓音乐。崇祯十七年（1644），清兵南下灭亡了明朝。他多次参与反清复明活动，失败后入山隐居著书，著有《陶庵梦忆》。1647 年左右，张岱写成《湖心亭看雪》。

【材料二】"金陵"即南京，明太祖朱元璋定其为国都，后明成祖朱棣迁都北京。

同学们根据材料内容，结合时代背景，思维的火花激烈逆射，又对开篇的"崇祯"两字进行思考。既然已经改换朝代，而张岱依然特地写下"崇祯"字样，也有深意。如此，学生们便水到渠成地品析出张岱的心境："独"字表现了张岱是孤独的，是孤高自赏的。这种孤寂的情怀蕴含着避世的幽愤。"金陵"终究还是和明朝有关联的，活在清朝的张岱透过明亡的现实去看当年的旧事。半百的张岱写下"是金陵人，客此"，内心应该也是有隐痛的，从开篇的"崇祯"两字就可看出。既然已经改换朝代，而张岱依然特地写下"崇祯"字样，可见其内心怀有对于亡国的沉痛、对于故国的怀念等复杂的感情。

从《湖心亭看雪》的教授中，我深刻领会到学习《义务教育语文课程标准（2022版）》的重要意义——语言发展的过程也是思维发展的过程，两者相互促进。语言文字及作品是重要的审美对象，语言学习与运用也是培养审美能力和提升审美品位的重要途径。语言文字既是文化的载体，又是文化的重要组成部分，学习语言文字的过程也是学生文化积淀与发展的过程。在语文课程的学习中，学生的思维能力、审美创造、赏析表达都以语言运用为基础，并在学生个体语言学习过程中得以实现。

双减时代下的"反比例函数背景下的图形面积问题"
——的课堂设计

李　沁

"双减"政策下提高数学课堂的学习效率可以用"五点四环节教学法"。五点四环节教学法源自中国古代教育智慧"学而时习之""学而不思则罔、思而不学则殆"的教育思想。"双减"不是减学，而是高效且有质量的教学。"双减"不减责任，不减成长，而是在一节课上提高教学效率与保证教学质量。基于"双减"背景，本节课"反比例函数背景下的图形面积问题"，我在以下几方面做了尝试：

一、课的引入，创设情境，基于问题的解决

初二学生初次涉及函数问题，对学生而言，涉及反比例函数的面积问题，学习的困难还是很大的，但反比例函数比例系数 k 的几何意义，其实可以帮助解决面积问题。课程结束后的测试表明学生得分率最低的题目是一道关于反比例函数的面积的题目，和一般函数相比，由于这题的函数的坐标并不能直接求出，导致学生的正确率只有20%，因而本节课就用这道题目引入。

【题】如图4-1，已知函数 $y=-kx$（$k>0$）与 $y=-\dfrac{4}{x}$ 的图像交于 A、B 两点，过点 A 作 AC 垂直于 y 轴于点 C，求 △ABC 的面积.

同时，展现正确的 20% 的解答方案中，两种常见解答，其中一种方法特别复杂，而本节课通过教授反比例函数比例系数 k 的几何意义，学生就能比较容易地解决这类反比例函数的面积问题。

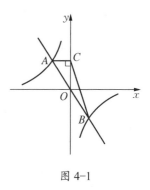

图 4-1

二、学生自主探究反比例函数比例系数 k 的几何意义

反比例函数比例系数 k 的几何意义，我并不是直接告知学生并教其运用，而是让学生分组，通过自主探究与合作交流，探讨反比例函数背景下的图形面积和比例系数 k 的关系，体会反比例函数比例系数 k 的几何意义。

对此，我设计了两个课堂活动：（1）已知点 A 是反比例函数 $y=-\dfrac{6}{x}$ 图像上一点，点 A 的横坐标是 -2，过点 A 作 $AB \perp x$ 轴于点 B，$AC \perp y$ 轴于点 C，完成表格（见表4-4）。

表4-4　作业

反比例函数解析式	图像	点 A 的坐标	线段 AB、AC 的长度	$S_{长方形\,ABOC}$

（2）对题目中的反比例函数解析式或点 A 的坐标数据进行改变，把变化的数据记录在表格。

学生以小组为单位分享数据，展开讨论。学生经历自主探究与合作交流的过程，发现由反比例函数图形上的点向坐标轴作垂线段，所围成长方形或三角形面积与系数 k 数值的特殊结论，体会反比例函数比例系数 k 的几何意义，以及从特殊到一般的数学思想方法。

三、及时反馈

我还设计了 5 道随堂测试，只需 30 秒，即可检验学生对知识掌握的情况，又让学生体会到利用知识（反比例函数比例系数 k 的几何意义）解题的好处，体现教学效率，也促进了后面的教学内容。

四、设计操作题目的变式练习，提升学生的思维品质

【变式 1】已知点 A 是反比例函数 $y=-\dfrac{6}{x}$ 图像上一点，点 B 是反比例函数 $y=-\dfrac{2}{x}$ 图像上一点，AB 平行于 x 轴，AC、BD 分别垂直于 x 轴，垂足分别为点 C、D，求 $S_{长方形\ ACDB}$。

【变式 2】已知点 A 是反比例函数 $y=-\dfrac{6}{x}$ 图像上一点，点 B 是反比例函数 $y=-\dfrac{2}{x}$ 图像上一点，AB 平行于 y 轴，联结 OA、OB，求 $S_{\triangle AOB}$。

【变式 3】已知点 A、B 在反比例函数 $y=-\dfrac{6}{x}$ 图像上，点 B 的横坐标是点 A 的横坐标的 2 倍，过点 A 作 x 轴的平行线，过点 B 作 y 轴的平行线，两平行线相交于点 C，联结 OA、OB，求 $S_{四边形\ ACBO}$。

3 个变式从矩形面积，到三角形面积，再到四边形面积，让学生选择合适的方法求解，层层深入，并让学生自己读题画图，培养学生的审题能力和画图能力。

五、运用学生自己归纳的方法解决问题

本节课最后帮助学生解决测验卷上得分率最低的问题，并引导学生思考反比例函数系数 k 的几何意义。学生立即发现了测验题中的函数面积和 k 的几何意义有关，短短几秒钟就有了这道几何题目新的思路，并能口答出这题的答案。由此可见，从课堂教学中锤炼思维与智慧，利于学生思维能力的全面发展。学生能运用自己探究发现的反比例函数比例系数 k 的几何意义瞬间解决一些原本不会做的题目。教师组织学生运用知识、帮助学生提高做题效率，减轻了学生学习的负担，课堂气氛瞬时活跃，学生学习的兴趣也提高了。

课堂教学的起承转合，以系统性、整体性、程序性、层次性、进阶性保证了课堂教学的有效性。教学的本质就是要在课堂教学中能教学生掌握知识、会教学生运用知

识、善教学生提高解决实际问题的能力，使课堂教学以学生为中心、以学为主导、以习为核心、以思为主旨、以解决问题为目标，课堂教学过程讲练结合、以练为主，学思习融合、以思为要，协同构建课堂教学师生互动、生生互帮的良好教学生态。

基于问题 培养思维
——8A U6 More Practice 授课反思

倪燕飞

"疑"是思的源泉，是学的动力，它能勾起学生对于所学知识的好奇心，是教学工作的起点。在初中英语阅读教学中，以"问题链"，即环环相扣的问题及问题情境作为主要教学方式，这对于培养初中生的抽象思维能力，培养英语素养，提高学生的英语阅读能力，起着重要作用。在教学中，如何以问题或是问题情境开展阅读教学，并要形成完整的"问题链"，如何实现问题之间的环环相扣、层层渐进，我一直在摸索在践行。

下面我会以牛津英语 8A U6 More Practice: Aliens land on our world 一文的教学为例，谈谈运用问题链教学，激发培养学生思维。我的教学设计如下：

表 4-5　教学设计

阶段	教学环节及具体问题设置	设 计 意 图
导入	Look and say Qs: (1) Who is he? (2) What do you think of him?	通过提问对于 Gork 的看法，让学生表达自己对于已学故事中人物的看法的同时，老师引出本节课讨论的主题：外星人。根据实际教学情况设立特定的问题场景，老师引导学生进入学习情境，同时在问题回答过程中，引导学生从不同角度看待事物，从而为本节课教学内容的主旨埋下伏笔。
读前活动	1. Brainstorm ideas on aliens Qs: (1) Have you ever read any books or seen any films about aliens? What're your ideas on aliens? (2) If you happen to see or meet aliens, what will you do?	从课内的外星人 Gork 延伸到提问学生对于影视剧及课外读物中的外星人的印象，此处的铺垫，为了让学生对于文本标题中的"Aliens"有一个预先印象，更吸引学生阅读的兴趣。 老师追问学生如果见到外星人，会怎样做，目的在于为本节课最后环节续写故事作铺垫。

阶段	教学环节及具体问题设置	设 计 意 图
读前活动	2. Look and predict Qs: (1) Whom do "Aliens" refer to? What does "our world" refer to? (2) Which picture do you think is suitable for the story? Why?	读前活动中对于文本的预测活动，是培养学生逻辑思维能力的重要方法之一。基于前面的活动，学生会理所当然地理解标题中的 Aliens 以及 our world，并根据已有常识来选择配图。
读中活动	1. Read and think Qs: (1) Do you have different ideas about the title? (2) Which clues make you feel surprised with the ending? (3) Why is such kind of writing skill (plot twist) used in a story?	翻开课本的一瞬间，学生会惊讶于文本的实际配图，从而进一步激发学生对文本的好奇心。 （第1问：明确故事的人物 who 和地点 where） 通过第一遍整体阅读，先让学生正确理解标题，并找出反转的细节线索，结合故事体裁，老师询问如此叙述的用意，学生在语文课上已经学习了很多，能想到是"为了吸引读者"，"使情节更吸引人"等作用。 （第2问和第3问：教学故事的写作手法 plot twist）
	2. Read and fill Qs: In what order is the story written?	通过第二遍快速整体阅读，老师利用时间轴，使学生明确故事叙事顺序–时间顺序。
	3. Read and complete Qs: Are you ready to ask questions to give the students in other groups a quiz?	阅读课的主要环节是分小组完成阅读日志，三个板块分别针对文本的新词汇学习、理解性问题设计以及情节发展思维导图和小组汇报。 理解性问题的设计，旨在培养学生深层次思维能力，帮助学生进行独立思考，鼓励学生大胆提问，有利于增强学生的阅读兴趣。 思维导图帮助学生理清故事情节脉络，加深对于文本的理解，是强化学生阅读理解的一个有效方法。 （处理文本中新授词汇，文本的情节大意）
	4. Learn and arrange Qs: Which plot event can be put in the first part?	老师利用情节图表"plot diagram"，形象地让学生理解故事的写作阶段，并把文本情节对号划分，为读后活动做好预设。
读后活动	1. Pair work Qs: Can you find clues in the story to show us what will happen next?	文本故事到高潮部分戛然而止，引发学生从文本中寻找后续内容的线索–报警。 老师引导学生运用文本中已知内容，两人一组对话模仿报警问答，想象实际场景，激发学生思维，延伸所学。同时，亦在于培养英语阅读的复述能力。

续　表

阶段	教学环节及具体问题设置	设　计　意　图
读后活动	2. Raise questions about the ending Qs: Do you think that reporting to the police is the ending of the story? Which part could it be? What about the resolution? Do you have questions or ideas about the ending?	再次运用 plot diagram 串起各个环节，利用提问，引出学生对于故事结尾的讨论，呼应本节课读前活动，思考故事的主人公（外星人）面对外星人（地球人）会怎么做。学生可以提出问题也可以表达想法，给课堂教学内容留白。
	3. Think and answer Q: What does the story want to tell us?	通过对故事主旨的提问，呼应读前活动中部分学生对于外星人的看法，从而让学生更加明白从不同视角看待事物的重要性。

　　"问题链"教学模式在初中英语阅读教学活动中具有重要意义：① 教给学生系统的阅读方法，进行高效的阅读；② 培养学生运用知识解决问题的能力，培养思辨与合作交流的能力；③ 提高学生的学习兴趣，发挥学生主观能动性，强化学生探究学习的能力。

　　作业部分：

● Read the story fluently after recording. (Oral)

● Complete the exercise A and B on page 105. (Basic 3 mins)

● Write a reasonable ending for the story. (Leveled 15 mins)

● Surf the Internet for information about aliens. Prepare your opinions on whether the existence of aliens is possible or not. (Optional)

　　本节课的作业设计围绕"双减"作业设计要求，有口语朗读和书面作业两部分，书面作业分必做和选做两个类型，选做作业结合教学内容进行延伸问题"有外星人存在的可能性吗？"的讨论，鼓励学生探究。必做书面作业分基础类和分层类，在巩固课堂所学的基础上，鼓励学生完成课堂最后环节续写故事结尾并在下节课上分享。

　　各教学环节中的链锁式提问，旨在让整堂课情境连贯，前后呼应，更在于激发学生英语阅读兴趣，培养思维能力；课堂最后设置的留白，通过作业形式进一步将思维训练延伸到课后。回顾这节课，我感觉学生在阅读中设计思维导图的能力还有待提高，以后的教学中我需要多努力。

落实新课标，树立新理念
——公开课《力的作用》教学反思

陈莉莉

这学期，我认真学习了《义务教育物理课程标准（2022年版）》，恰逢骨干教师课堂教学展示活动，我根据自己的学习体会，结合学生的实际情况，上了一节公开课，课题为"力的作用"。内容主要包括力的概念、力的作用效果、力的相互作用三个要点。新课标重视促进学生的全面发展，强调"从生活走向物理，从物理走向社会"的课程基本理念。在实施过程中，教师需要践行课程理念、落实课程育人功能，以具体事实、鲜活案例、生活体验和基本概念等，培育学生的核心素养。所以，我在课堂教学中有一些新的尝试：

一、格物致知

物理学家丁肇中说过："我觉得真正的格物致知精神，不但在研究学术中不可缺少，而且在应付今天的世界环境中也是不可少的。"同样地，物理教学的最终目的也是为了提高全体学生的素质，尤其是他们的科学素养。对于大多数学生来说，今天学习物理并不是为了明天去进一步研究物理，而是为了正确面对和解决今后所遇到的大量的非物理问题，从而为生活提供便利。

学生根据体育运动中的推、举、撞和生活中的压、拉等各种活动中对力的体验以及对力的现象的观察，积累了大量对力的存在、力的相互作用、力的作用效果、力的大小等感性认识。但上升为对理性规律的思考，还需要学生在课堂中进一步学习。本堂课，我就以体育比赛的情景引发学生对力的思考，进入新课的教学。通过对大量学生所熟悉的生活事例及情景进行分析，学生逐步建立了力的概念，然后利用理论解释力的现象，感悟理论与实践相结合的重要性，从中体验物理研究的乐趣。

二、知行合一

本堂课要突出的重点是：认识力的作用效果；方法是：充分利用关于力的生活感性素材，如物体在受力后所产生的现象，橡皮筋、海绵、小铁球等物体在受到不同的力作用后所产生的不同现象等等，调动学生的思维能力，引导学生观察生活和实验现象中关于力的现象的共性，指导学生对物理现象进行概括性的描述，以锻炼学生的思维能力，感受从实验现象中归纳结论的重要性。

本堂课要突破的难点是：建立"力的作用是相互的"初步概念；方法是：以力的作用效果作为判断力存在的依据，认识相互作用力。接着通过小组合作学习，让学生完成"探究相互作用力的关系"的实验，体验互助团结的力量，让学生树立学科学、爱科学、用科学的意识。

力的测量等从物理学研究角度引入的物理知识点，绝大部分学生可能是第一次听说，因此我适当降低要求。课堂教学设计的中心应是帮助学生达到对这些抽象知识的理解和运用。通过学习，学生们认识到只有深入实践、认真研究客观事物，才是寻求真理的唯一途径。学贵力行，行贵体悟，行而致知，知而促行，循序渐进，方能诚意正心，培育修齐治平品格，造就经世致用人才。

三、学以致用

新课标对学生核心素养的阐述有：在学习和日常生活中，能从物理学视角观察事物，把所学概念和规律与实际情境联系起来，解释常见自然现象和解决常见物理问题；能综合运用物理概念和规律，分析和解决熟悉情境下的简单物理问题，具有初步的物理观念。

本堂课在学生学习了力的概念、了解力的作用效果、认识到物体间力作用是相互的这些环节后，设计了3个练习：

1.跳水比赛中，跳板由于运动员的压力而弯曲，说明力能使物体的_____发生变化。足球比赛中，运动员用头顶运动中的足球，使球向别的方向飞去，说明力能使物体的_____发生变化（均选填"形状"或"运动状态"）。

2.篮球比赛中，运动员将球投出时，手对篮球_____力的作用，篮球对

*6. 在学习了本节的内容后，小李同学准备将有关力的作用效果通过实验并以表格形式进行归纳整理，以下是他未完成的表格：

请你根据实验序号①样式，选择合适的实验器材，设计简单的实验，完成下表。

序号	器材	实验操作	产生的现象	结论
①	一个气球	双手挤压	气球发生形变	力能使物体发生形变
②	一个小球	用拍前排球	静止的球开始运动	力能使物体的运动状态发生改变
③	一个圆形皮球	使圆从从外部地	面会塑性地面	力能同时使物体发生形变和运动状态发生改变

*6. 在学习了本节的内容后，小李同学准备将有关力的作用效果通过实验并以表格形式进行归纳整理，以下是他未完成的表格：

请你根据实验序号①样式，选择合适的实验器材，设计简单的实验，完成下表。

序号	器材	实验操作	产生的现象	结论
①	一个气球	双手挤压	气球发生形变	力能使物体发生形变
②	一个足球	踢足球	足球从静止到运动	力能使物体的运动状态发生改变
③	一足球、棉绵踢踢球	我从静止物运动滚绵被球压扁		力能同时使物体发生形变和运动状态发生改变

60

*6. 在学习了本节的内容后，小李同学准备将有关力的作用效果通过实验并以表格形式进行归纳整理，以下是他未完成的表格：

请你根据实验序号①样式，选择合适的实验器材，设计简单的实验，完成下表。

序号	器材	实验操作	产生的现象	结论
①	一个气球	双手挤压	气球发生形变	力能使物体发生形变
②	钢锯皮球	双手用力拉挤压	球运动状改变	力能使物体的运动状态发生改变
③	足球	用脚踢踹	足球发生形变且运动状态改变	力能同时使物体发生形变和运动状态发生改变

图 4-2 学生作业

手_____力的作用（均选填"*存在*"或"*不存在*"）。由此可见，物体间力的作用是_____的。

3. 想一想：人游泳时为何手、脚向后用力，而人却前进？

我要求学生通过自主思考，运用所学的知识解决实际问题，充分感受科学方法在研究物理问题中的应用，感受生活与物理的密切关系。

在作业设计中，除了必做题，我还布置了一道选做题：

在学习了本节的内容后，小李同学准备通过实验验证力的作用效果并以表格形式进行归纳整理，以下是他未完成的表格：

请你根据实验序号①样式，选择合适的实验器材，设计简单的实验，完成下表（表4-6）。

表 4-6　选做题

序号	器材	实验操作	产生的现象	结　　论
①	一个气球	双手挤压	气球发生形变	力能使物体发生形变
②				力能使物体的运动状态发生改变
③				力能同时使物体发生形变和运动状态发生改变

课后，同学们纷纷主动参与，其中不乏精彩的设计，列举如下（图4-2）：

通过学习，同学们分析讨论了生活实践和理论联系实际应用，认识了物理研究的方法，提高了学习物理的兴趣，也感悟到观察、实验、推理、概括的重要性，在掌握基础知识的同时掌握基本技能，提升了科学研究的素养。

总之，新课标进一步明确了义务教育物理课程旨在帮助学生从物理学视角认识自然、解决实际问题，初步形成物理自然观；引导学生经历科学探究过程，学习科学研究方法，养成科学思维习惯，进而学会学习；引领学生认识科学、技术、社会、环境之间的关系，形成科学态度和正确价值观，增强社会责任感、民族自豪感，为成为有理想、有本领、有担当的时代新人奠定基础。

学习新课标，打造新课堂
——"台湾省"教学反思

严　蓉

2022版新课标从前言、指导思想、修订原则、主要变化的具体内容等方面，从不同角度贯彻落实了立德树人的根本目标。二十大再次明确了教育必须全面贯彻党的教育方针，落实立德树人根本任务，必须培养有理想、有本领、有担当的堪当民族复兴大任的时代新人。新课标对实践应用的要求，说明新时代课程育人的内涵和质量观已经发生了根本性的改变，注重实践性、应用性、综合性、创新性地实施课程标准，教师需具备应对课程实践应用要求带来的知识融合、迁移、转化能力，把培养学生全面发展的课程育人目标落到实处，更快地适应学生的需求和时代的需要。

"台湾省"这节课是《地理》七年级上册中国区域篇中的第二个分区。台湾省是全国34个省级行政单位中颇为特殊的一个，所以本节在整章甚至整本书中都显得很重要。教材内容丰富，从台湾概况、台湾的自然条件和经济发展状况三部分内容认识台湾。教材始终贯穿着一个思想，一条主线：台湾省是一个美丽富饶的地方，是祖国领土神圣不可分割的一部分。我将台湾问题的历史与现状紧密结合，突出台湾风情、两岸亲情、民族情、中华情，为学生构建一个情感化的课堂，使学生的家国情怀与肩负祖国统一大业的历史责任感得到升华，同时也为学习香港和澳门地区的知识打下基础。

七年级学生已具备一定的读图能力、逻辑思维能力，他们有强烈的好奇心，我的课堂设计发挥地理学科的优势，利用多媒体辅助教学，创设出浓郁的学习氛围，提高学生的地理核心素养。

大陆的学生对台湾的了解还相当有限，去过台湾的学生为数不多，印象也不深。地理教学中地形、气候、交通、资源等知识是枯燥乏味的，但若将学科知识与学生的生活实践相结合，活动设计便大大提高了课堂探究的兴趣，让学生真正"活"起来、"动"起来，对学科产生兴趣并建立自信，从而成为课堂的主人。

而课堂中更注重学生地理核心素养的培养和情感的体验，实现教育的最终目标。

通过史实材料的学习，学生明确了台湾自古以来就是中国不可分割的神圣领土，我在课上对学生进行了爱国主义教育，从而帮助他们树立了祖国统一的思想情感；

学生通过多元化的学习方式，完成探究、交流、合作；

学生通过读图分析，提高区域认知水平和综合思维能力；

学生通过生活体验，提升地理知识的实践力。

在课堂上学生掌握的是区域地理学习的方法，所以在课后作业的设计上，我举一反三，以与台湾省环境相似的海南省为目标，安排学生小组合作完成课后学习任务，促进学生同伴间的交流学习，提升学生的综合能力。

当然课堂时间有限，学生也只能跟随教师的脚步观察台湾的一角。而利用网络上的丰富信息，学生可以选择自己感兴趣的角度深入了解台湾。我在课后推荐了相关网站，由学生自主加深对台湾的了解和认识，牢牢树立祖国统一的思想，并为实现此目标不懈努力，使教学由封闭课堂向学生终身发展的方向延伸。

"拉线压印"一课教学反思

杜玉霞

在第六届骨干教师教学风采展示活动上，我开了一节美术公开课，课题为"拉线压印"，主要展示了我落实"三新"（践行新课标·树立新理念·打造新课堂）要求，打破传统美术课堂模式，对美术课堂新模式的探究。在此过程中，我收获颇多。

一、在新课标学习方面的收获

新课标与旧课标相比较，主要有文本形式、课程开设、课程目标、学段划分四个方面的变化。在这次修订中，艺术类课程地位有所提升，文件明确要求教师要帮助学生至少掌握1—2项艺术特长，以与高中模块化教学相衔接。美术学科课程内容包括"欣赏·评述""造型·表现""设计·应用"和"综合·探索"4类艺术实践，涵盖16项具体学习内容，分学段设置不同的学习任务，并将学习内容嵌入学习任务中。如何在现有的教材下践行新课标值得认真思考，我认为要重点关注课时、课程、教材与教师四个方面，深入核心素养视域下美术课堂新模式进行探究。

二、本次开课中如何贯彻新课标理念，提升学生的核心素养

"拉线压印"是一节技法课。本课的学习目标不仅在于引导学生体验、探究、掌握拉线压印作画的技法，更重要的是践行新课标，改变学生的学习方式，令其学以致用。

新课标新课堂，我打破原先的美术课先听后做的陈旧、单调的模式。学法以学生自主观察、体验、总结为主，边学边做，边做边学，交叉进行；教法以教师演示、启发提问、总结提示关键点为主。

（一）导入环节：教师出示用纱线作画的作品，请学生猜猜绘画方式，揭示课题：用纱线作画—拉线压印。（设计意图：引导学生观察画面痕迹，猜测绘画的工具方法，激发学生学习兴趣。）

（二）学生看书自主学习作画方法与教师示范环节，首先请一位学生到讲台尝试拉线压印小实验，总结成功或失败的原因；接着教师示范，规范操作步骤，提醒学生注意观察两次操作中的差异；最后请学生总结作画步骤。（设计意图：培养学生自主学习、体验、观察、对比、分析、总结能力。）

（三）学生创作实践环节，边学边做，边做边学。（设计意图：基于教师的示范，学生进行练习，体验用纱线作画的乐趣，并在实践后，归纳总结成功或失败的原因，发现问题解决问题，形成经验。）完成初步作品后教师启发学生多角度观察作品，基于此展开联想，合理布局，通过二次添加丰富、完整画面。此环节在探索新材料的实践活动中激发学生学习兴趣，提高其使用工具、材料处理画面的能力。在无意的抽拉压印中发挥想象添加，提高想象创新能力，在偶然产生的形象中拓展画面，组织完整的画面构图。

（四）作品交流环节，请学生自愿到实物投影仪上展示自己的作品，分享自己

的创作体验，收获经验，师生共评。（设计意图：在交流欣赏中培养赏析画面的能力，体验用纱线抽拉作画的乐趣和艺术创作成就感，发现印痕肌理的美感，学会用艺术作品装点生活，美化环境。）

（五）拓展环节，展示不同的用线作画方法和老师的作品。（设计意图：引导学生明白采用不同的线材和手法，可以表现不同的画面效果。）学生课后可以尝试和探索其他用纱线作画的方法，并学以致用，进行自己的美术创作，培养学生对绘画材料的探索意识和艺术应用能力。

三、本节课的启示及今后努力的方向

新课标新课堂打破了老套的美术课先听后做的陈旧、单调模式，潜移默化地提升了学生的核心素养，教学效果很好。

今后我将以新课程标准为依托，坚持终身学习，提升专业素质；立足教学实践，提高教研水平；适应时代要求，提升学生核心素养，落实"以美育人"的美术课堂宗旨，使自己永远对课堂充满激情。

聚焦核心素养，关注艺术实践，打造全新课堂
——记骨干教师公开课《亲情友情——我爱我家》教学反思

陈碕蕾

2022 年 4 月，国家教育部针对义务教育各学科颁布了新的课程标准。新课标在课程理念、目标、内容等方面更是有了明显变化，明确了义务教育艺术课程的基本理念，要坚持以美育人，重视艺术体验，并突出课程综合。对此，本人围绕学校提出的"落实新课标 树立新理念 打造新课堂"的教学指导意见，结合本节课的课堂实践，作如下反思：

一、围绕核心素养，确立教学目标

本节课选自上海市初中《音乐》教材七年级第一学期第二单元"亲情友情"，旨在使学生从音乐这种极富有感情色彩的艺术表现形式中体会亲情、友情对一个人

的重要性，并认识到它们应该被珍惜与精心呵护，进而逐步形成关心他人、关心集体的良好品行。

艺术课程培养的核心素养主要包括审美感知、艺术表现、创意实践和文化理解。围绕核心素养，结合单元的人文主题，本节课在欣赏环节中选用了教材作品《梨花又开放》，同时补充了欣赏曲目《母亲教我的歌》和《母亲》。这三首歌曲作为通俗歌曲、艺术歌曲、新民歌三种不同音乐类型的代表作，其演唱者的发声方法各不同，但表达的主题和情感是相同的。本节课旨在使学生通过学习掌握三种常见演唱方法的同时，能感性地体会到音乐具有情感性，它能揭示人的内心世界，并极富感染力。同时，让学生学会以视唱的方式，用和谐柔美的音色和音量，熟练运用气息控制齐唱《梨花又开放》和《母亲教我的歌》片段，并通过辨析歌曲中旋律、人声音色、曲式等音乐要素来体会音乐是如何通过特殊的语言来体现人类最基本最崇高的感情——亲情的。

二、预设关键问题，提高欣赏能力

音乐是听觉的艺术，音乐艺术的一切实践都必须依赖于听觉。因此，音乐听赏能力是音乐学习中最为重要的能力。如何提高学生听赏的能力，让学生从感性的听觉感受提高到理性的欣赏，就需要老师在欣赏过程中就音乐的旋律、节奏、力度、速度、音色、调式、曲式等音乐要素在音乐表现方面的作用设计相关的问题，通过这些问题引导学生进一步探究并了解音乐表达语言的特点及结构样式的特征，从而培养学生对音乐作品的分析、理解和评价能力，提升其审美感知能力。

基于这种情况，结合这节课所欣赏的三首歌曲在音乐表现方面的共性和个性，我对本节课教学预设了课时关键问题：

（一）歌曲是如何运用旋律、人声音色、曲式等音乐要素以及不同演唱方法来表达对母亲的思念之情的？

（二）我们如何运用正确的演唱方法来表现乐曲所表达的丰富情感？

在此基础上，我设计了欣赏的任务表格（见表4-7），提供并规范了欣赏的关注要点和听赏模式，引导并培养学生在聆听音乐时进行理性欣赏的习惯。

表 4-7 任务表格

作品名称	歌曲结构	音色	风格类型	演唱方法

三、关注艺术体验，引导深入学习

对于此次艺术课程，我特别重视学生对艺术的体验，重视学生在学习过程中的艺术感知及情感体验。因此，我在设计课堂学生实践活动的环节时，依据学科特有的学习规律，对学生的艺术体验部分进行了预设，设计了相关的活动（见表 4-8）：

表 4-8 活动表格

活动目标	欣赏《梨花又开放》《母亲教我的歌》《母亲》	
活动内容	活动一：聆听歌曲《梨花又开放》《母亲教我的歌》《母亲》	1. 分析歌曲的结构及旋律特点 2. 辨别演唱者的音色和歌曲风格类型 3. 感受并总结三种常见演唱方法的特点
	活动二：模唱《梨花又开放》《母亲教我的歌》	1. 模唱《梨花又开放》旋律，感受乐句之间的关系，并体会第一乐段旋律陈述性的特点 2. 演唱《母亲教我的歌》第一段歌词，学会用和谐柔美的音色和音量，运用气息控制进行齐唱
	活动三：跟随音乐画旋律线条	跟随音乐画旋律线条，体会美声唱法中气息顺畅、具有伸缩性和韧性的特点

四、坚持以评促学，注重过程性评价

课堂评价是教学过程中不可缺少的重要环节，尤其是学生在学习过程中的过程性结果，对促进学生综合素养和艺术关键能力的形成，激发其学习积极性，进而提高学生学习效果极为有效。然而在实际教学中因时间等多种原因，老师常常只能对个别同学进行较为详细的评价，而无法顾及全班同学。所以我对课堂艺术体验和实践活动设置了相关评价表（见表 4-9），希望通过这一形式让每位同学都能知道老师、同学对自己的评价；同时，对评价的标准作了较为具体和细致的阐述，以帮助学生对评价的依据达到进一步的理解和认识。

表4-9 课堂艺术体验和实践活动评价表

	评价项目	评 价 标 准	自评	师评
作品一	欣赏	优秀：能正确辨析歌曲的结构、人声音色，对通俗唱法的演唱发声特点能有自己的观点		
		合格：能在老师的引导下分辨歌曲的结构，并感知通俗唱法的特点		
		须努力：无法分辨人声音色，对歌曲的结构、通俗唱法的特点不能描述		
	演唱	优秀：演唱主旋律时情感饱满，能正确表现两个乐段之间的情绪差异		
		合格：能完整演唱主旋律，能在老师的引导下完成乐段间情感差异的表现		
		须努力：演唱主旋律不准确，情感表现不够正确		
作品二	画旋律线条	优秀：能跟随音乐的起伏，带入气息控制，画出旋律线条		
		合格：能在老师的指引下跟随音乐的起伏画旋律线条		
		须努力：无法跟随音乐的起伏画旋律线条		
	欣赏	优秀：能正确辨析歌曲的结构、人声音色，对美声唱法的演唱发声特点能有自己的观点		
		合格：能在老师的引导下分辨歌曲的结构，并感知美声唱法的特点		
		须努力：无法分辨人声音色，对歌曲的结构、美声唱法的特点不能描述		
	演唱	优秀：演唱主旋律时情感饱满，气息通畅		
		合格：能完整演唱主旋律，气息控制尚可		
		须努力：演唱主旋律不准确，没有气息控制		
作品三	欣赏	优秀：能正确辨析歌曲的结构、人声音色，对民族唱法的演唱发声特点能有自己的观点		
		合格：能在老师的引导下分辨歌曲的结构，并感知民族唱法的特点		
		须努力：无法分辨人声音色，对歌曲的结构、民族唱法的特点不能描述		

当然，本节课尚有不尽如人意之处，例如因上课时间的局限性，对学生的评价环节仅停留在老师的层面，学生之间的相互评价及建议没有顾及，只能通过课后评价简单进行，对新课标提出的创意实践涉及不深，还处于摸索之中，这也是下一步我准备要多加关注的地方。

当前，新课标对艺术教育提出了更高的要求，落实新的课程标准，树立新的教学理念，提高艺术课堂的质量更是显得尤为重要。通过对每节课堂教学的总结和反思，并在今后的课堂中不断进行修订和改进，艺术类课程教师一定能不断提高教学质量，打造全新的课堂教学。

抓住核心，强调细节，重视操作应用

刘 佳

新课标要求加强了概念的关联，注重了课程的核心素养，增加了学业质量标准和跨学科实践活动等，强化了课程的实践性。教师要坚持课程的育人原则、生命理念、科学探究等，注重培养学生的独立思考能力、创新能力和实践能力。以核心素养为宗旨，课堂教学应引导学生适应未来社会发展和个人生活的需要，树立生命观点、社会责任，强化教学与生活实际的关联，提升学生对于现实问题的解决能力。

初中学生正处于身体素质发展的"敏感期"和生长发育期，好胜心强，勇于克服困难，活动量大，运动的强度也大。当代的学生几乎都得到了家里的悉心照料，自身处理问题的能力实有欠缺，基于此情况，对于如何处理和预防中暑、溺水、心搏骤停等，我对学生们展开心肺复苏的教学，是生命科学课堂生命观点和社会责任理念的落实。心肺复苏也是健康教育的延续，更是学生终身的生活技能，学生应该学习如何应对突发情况，教导学生掌握心肺复苏术是本堂课的重点。

一、抓住核心

这是一堂生活技能实际操练课，但这种模式对于教师来说是一项巨大的挑战，由于操作流程较多，学生实际演练过程容易出现偏差，如何解决理论和实训有偏离的问题呢？我梳理出流程，抓住操作的本质，心肺复苏的重要操作核心就是人工呼吸和胸外按压两项技术，所以教学核心就抓住这两项操作技术的细节要领作为本堂课的核心内容。

二、强调细节

在教学初期，我将胸外按压和人工呼吸的所有操作要求都按照操作的顺序进行细节化的讲解和演示，但是在实际的学生演练过程当中，学生还是会出现各种细节偏差，导致施救效率大大下降。于是我的教学演示相应调整为错误和正确的动作的对比演示，比如说重心后移、膝盖距离救护人太远、绷直细节不到位、跳跃式按压等等，并对错误动作进行分析，通过调整后我发现学生对心肺复苏操作细节的掌握大大提高。

三、重视实践应用

心肺复苏也是健康教育的延续，更是学生终身的生活技能。学生掌握一定的心肺复苏技术，确实能够在生活中对心搏骤停的病人实施初步救治，提高病人的救治率，给他人带去极大的帮助。常规的实验课，学生的兴奋度很高，课堂效率却不一定好，但出乎我意料的是，在心肺复苏实验课上学生听得很认真，进行实际演练操作的热情度也很高。所以我选择两个小组进行心肺复苏技术比拼，进一步落实学生对心肺复苏技术的掌握和应用。

本堂课严格落实了以核心素养为宗旨，课堂教学着眼引导学生适应未来社会发展和个人生活的需要，强化了教学与生活实际的关联，提升了学生的问题解决能力。但本堂课实际操作模拟人样本较少，所以实际演练的效果还有待提高。

一堂融入跨学科整合课程理念的实践课的"心"探索

洪颖馨

2022 年 3 月起，我很荣幸地加入了上海市学校健康教育特色课程实践研究课题——"科学战疫，守护健康"传染病防控健康特色整合课程项目组。历经 8 个月的线上培训、研讨和专家指导，我在学校和市区特色整合课程项目组的大力支持下，于11月4日和11月24日两次录课，最终得到市区专家的认可，成功制作成该项目中学段项目市级特色精品课一节。本节课的课题是"我的'疫'中朋友圈"，类别属于心理防疫健康教育课。

开发这节课的实践探索让我获益良多：

一、在新课标学习方面的收获

首先，围绕发展学生核心素养，我精选和设计了课程内容，设置了"跨学科主题"学习活动，占本学科总课时的10%。跨学科活动强化了学科间的相互关联，增强了课程的综合性和实践性。我这次设计的课程正是响应市项目组专家提议，将防疫的知识点、正向价值观引导等融入了本位的心理学科的主题中。

我十分认可这样的提议，因为学生的认知和情感、价值观等是不分科的。我们要找一个方法，这个方法既能够连接学生的学习与生活，又能够把科学融入学生的生活方法。我们就选择跨学科的方式让学生能够最大限度学习各科知识。

通过践行新课标的要求，我更加深刻领悟到我们心理活动课必须与生命教育、青春期教育、思想品德教育紧密联系在一起，我们心理课的教学目标就是整合这些教育。例如生命教育是旨在帮助学生认识生命、珍惜生命、尊重生命、热爱生命，掌握生存技能，提升生命质量的一种教育活动。生命教育要形成各学段有机衔接、循序递进和全面系统的教育内容体系。它一向是学校学生心理健康教育工作的重点之一。

我们心理活动课关注当下的学生富有情感的现实生活感受，提高学生道德素质、人格素养，丰富学生对生命的情感，尤其是加强对学生自我保护能力、生活生存技能、应对危机的自我防御意识的培养，这些都是现代学生的积极生命教育与心理教育相融合的体现。

二、本次开课贯彻新课标理念，提升学生的核心素养

首先，本节课的开课背景我们需要了解。当前，积极防疫的教育成为了生命教育中的一个需要认真探索研究的课题。2021年教育部等五部门《关于全面加强和改进新时代学校卫生与健康教育工作的意见》指出要巩固深化拓展教育系统新冠肺炎疫情防控成果和经验，全面提升应对突发公共卫生事件能力、应急管理能力和健

康管理能力。教师应指导学生形成科学、系统、全面的传染病防控知识体系，提升学生传染病及防控意识，形成健康文明的生活习惯、积极正向的心理防疫措施来应对突发疫情，帮助学生科学健康地生活，这也是生命教育的新的主题之一。

本节心理防疫健康教育课程正是我在积极学习上海市乃至全国防疫心理工作经验的基础上开发的，我努力认真做好学生心理防护，密切关心和了解学生对疫情产生的心理变化，积极指导学生学会自我调节与心理防护措施，以健康积极正向的身心状态应对疫情。这既是抗疫的重要组成部分，也是生命教育新时代的重要探索主题之一。

疫情来袭，对每个青少年来说，都是非常艰难的。疫情的出现，不仅危害我们的身体健康，也对我们的心理状态提出了更高的挑战。科学地认识、接纳并调适心理与行为，照顾好自己的情绪，是应对疫情的重要方法。

因此本节课旨在指导学生学会运用"挖掘自己的人际支持资源"和"助人自助"等积极心理学方法，为自己的心理赋能，给予自己积极正向的心理暗示，克服焦虑，降低个体在面临疫情时的无助感，运用团体心理辅导动力场促进学生个体在"逆境"中为自己的心理积极赋能，正向成长，引导其从生命教育的视角，运用积极心理学方法来看待生命的坚韧度和"抗逆性"，学会以阳光、积极、向上的感恩心态来适应当下，为所当为，回馈社会。

总体来讲，本节课运用了活动热身的方法，启动身心；还运用了积极心理学辅导技术以及疫情心理抗焦虑的蝴蝶拍技术；课堂通过人际互动，建立了师生之间、生生之间的相互情感联结；通过同伴、师生互助，我运用团体心理辅导动力场等方式，促进学生在"逆境"中正向成长，科学应对疫情，以阳光的心态适应当下，为所当为；特别是主题活动——"我的'疫'中朋友圈"，营造了一种人际互助的关爱温暖的氛围。此外，我引导学生进入自己的心灵世界，感受自己周围这个无形"朋友圈"给予自己的关爱；我帮助学生感受来自社会、家庭、朋友各方面的帮助与支持教他们学会运用"挖掘自己的人际支持资源"和"助人自助"等积极心理学方法与视角为自己的心理赋能，缓解焦虑、紧张等负面情绪，降低个体在面临疫情时的无助感，提升心理复原力。

最后的升华活动——让同学们填写"利他行为"爱心卡并交流，这项活动鼓励学生的利他行为，传递爱的力量，促进同学之间的相互激励和爱的联结，共克时艰。

三、本节课的启示及今后努力的方向

本节课比较综合地结合生命教育、思想品德教育以及防疫预防传染病必要的健康教育知识和理念，立足心理学科的本位特色，引导学生从生命教育的视角，运用积极心理学方法来看待生命的坚韧度和"抗逆性"，引导他们学会以阳光积极向上的感恩的心态来适应当下，这是我这次融入跨学科整合课程理念探索的一种感悟与启发。

另外，新课标积极倡导让学生活动起来，尤其是解决问题的活动。中国有句古话：授人以鱼不如授人以"渔"。实际上，学习是学生自己的学习。教学就是要把静态的、书本上的内容变成学生脑中的知识的活动，如果仅仅是把书本上的一句话教给学生，那他就仅仅是知道那句话而已，不知道背后丰富复杂的含义。

例如，我们心理学科是针对学生心理危机状况而开设的，而学生心理问题往往与学生本身性格有关，他们不愿分享自己的感受与情绪，不愿遇到困难时向周围人求助。因此，我们心理课在课堂中贯穿着心理团辅游戏，引导学生主动说出困难，并寻求专业的帮助。

生命是具体的，心理健康教育是务实的，我们每个人都处于一个与家庭、学校、社区、社会等环境因素交互的关系网络之中。我们心理学科活动的目标之一是教会学生有"积极寻求支持资源"的合作精神，这样可以帮助青少年在身心成长时期理性地化解心理问题，保障学生安全，进而促进学生健康、自信、乐观地成长。

今后我会积极在课堂中运用跨学科理念的综合心理辅导课模式来引导学生健康、积极地面对生活，培养他们必要的生活技能。

我们的教育目标是培养全面发展的人，全人教育是我们的目标追求。用分科的形式去培养全面发展的人，就要把分科的内容转变成学生的现实活动，这也是对广阔的社会实践活动的一个模拟。所以，对于教学来说，一个教师的学科素养越强，他对学科的转化或翻译能力也就会相应地增强。只有学科素养增强了，才能与其他学科融会贯通。

因此，作为心理学科教师的我将持续提升教学能力，同时不断发展自己的专业素养。

第三节　项目化研修的评价机制

项目化研修的评价分为阶段性评价与增值性评价，主要围绕"教师个体专业发展、项目组研修成效"两个部分进行。

一、阶段性评价

学校通过两张表进行阶段性评价。一张是"教师项目化研修汇总表"，以学期为单位，统计每位教师的参与情况数据；另一张是"项目组活动信息汇总表"，对研修情况进行量化统计，并结合每月的"项目活动观察表"（见表 3-1）对过程性成效进行评估。

学校针对不同层次的成果、资料附以分值，进行阶段性的绩效评价。以"健康课程"项目组为例，通过汇总表可以知晓，在线教学期间该组共开展了 5 次主题研修，所有成员均积极参与，研修项目作为市教研室"2022 年上海市学校健康教育特色课程实践研究"子项目成功立项、顺利开题，相关材料见表 4-10。

表 4-10　"健康课程"项目组活动信息汇总表示例

<table>
<tr><td colspan="9" align="center">2021 学年第二学期项目组活动信息汇总表</td></tr>
<tr><td>项目组</td><td colspan="3">健康课程</td><td colspan="2">项目名称</td><td colspan="3">"科学战疫 守护健康"传染病防控课程设计与实践研究</td></tr>
<tr><td>负责人</td><td colspan="3">汪文婷</td><td colspan="4" align="center">组长</td><td>王思思</td></tr>
<tr><td>组员</td><td colspan="8" align="center">刘佳、洪颖馨、黄培华</td></tr>
<tr><td>领衔人</td><td colspan="8" align="center">程核红、宁新军、汪利、荚承智</td></tr>
<tr><td rowspan="2">月份</td><td rowspan="2">日期</td><td rowspan="2">活动主题</td><td colspan="4" align="center">活动发言</td><td rowspan="2">活动记录</td><td rowspan="2">活动成果</td></tr>
<tr><td>负责人</td><td>组长</td><td>组员</td><td>领衔人</td></tr>
<tr><td>3</td><td>2</td><td>项目研讨会</td><td>发言</td><td>发言</td><td>发言</td><td>指导</td><td>有</td><td>7-其他材料</td></tr>
</table>

续　表

月份	日期	活动主题	活动发言				活动记录	活动成果
			负责人	组长	组员	领衔人		
3	29	立项论证	发言	发言	—	指导	有	4-研究课题
5	10	"中小学校新冠肺炎疫情防控技术方案"培训	外请	发言	发言	—	有	7-其他材料
5	25	健康教育特色课程项目研讨	—	发言	—	指导	有	4-研究课题
6	28	"健康教育教案素材准备"专题讲座	外请	—	—	—	有	2-研究工具
累计数量			5		11			5

活动记录：1. 包括记录、新闻稿等；2. 以是否有电子文档为准；3. 活动记录应包括：（1）基本信息——活动时间、地点、出席人员、主持人；（2）基本过程及主要内容；（3）基于目标，突出解决的问题或取得的成效。

活动成果：

1. 研究论文（情报综述、教学案例、教育叙事等各类教育教学文章）
2. 研究工具（量表、量规、问卷、访谈提纲等）
3. 调研报告（问卷调查分析、访谈质性分析、课堂观察报告等）
4. 研究课题（申报书、课题立项、中期报告、结题报告等）
5. 交流发表（校级及以上交流、刊物发表、专著出版等）
6. 获奖荣誉（区级及以上各类奖项、荣誉，含指导奖）
7. 其他资料（教学设计、作业习题、课程方案、学习感悟、行动策略、相关制度、解决方案等过程性材料）
8. 学生获奖（区级及以上各类奖项）

二、增值性评价

除了从研修的显性指标"活动参与与组织、资料整理与共享、成果应用与推广"等挖掘项目化研修的过程性结果外，学校更重视教师的自我增值性评价。

如前文提到的"教师专业发展成长手册",它既是一个项目规划工具,也是记录教师们所思、所想、所悟,表现教师成长历程缩影的工具,更是一种"基于事实"分析教师专业纵向达成的评价工具。该工具在教师专业素养、教学技能、敬业精神、情感态度等方面进一步加强了对教师的评价。"手册"的评价功能主要在于对教师的个性成长进行引导,评价特色包括:在教学视导的即时反馈中,加强"激励",注重激发教师内部动力来评价和激励教师的教学行为;在教学常规考核中,采用师与生、师与师、师与家长之间等多元评价模式,加强沟通评价;还通过记录与分享阶段心得等在教师专业素养、教学技能、敬业精神、情感态度上进一步加强对教师的评价。

为进一步激励教师积极参与项目化研修,学校还在机制建设中,创设良性共进的"十佳评比"活动,以肯定老师们的研修成效。评比包括十佳论文(德育、教学、读书等)的征集与评选、十佳教师、十佳精神文明好人好事等评优活动,树立典型,加强交流,促进教师专业成长。以论文为例,学校根据有关标准(见表4-11),经科研室、评审组多轮评阅,得出十份最佳文本,在校刊《紫风铃》上发表,在教工大会进行表彰、嘉奖,并推荐参与市区更高一层次的评比、交流。学校以"十佳论文"的评选为契机,为全体教师搭建了一个交流分享教育智慧的舞台,传播了优秀的教育教学成果。

表4-11　校十佳征文评选标准

	内容 40	观点 30	表达 15	其他 15	总分
十佳征文的评价维度	基于实践 20	与时俱进 10	朴实规范 5	题目简明 5	100
	个人思考 10	结合理论 10	逻辑严谨 5	实证检验 5	
	推陈出新 10	推广价值 10	图文并茂 5	参考文献 5	
评价说明与评价建议	1. 征文基准分为 85 分,以上四个维度中除"其他"中的三项作为加分项,其余项均为减分项。 2. 对于教育教学类的征文评选,首先应注重其是否主题鲜明、紧密结合教学实践、对教师的教学有较高的指导价值。其次,在原创性的基础上,凸显独到的行文视角与见解。此外,层次分明、语言简洁、逻辑性强,也是优秀论文的评判标准。 3. 对于读书感想类征文,则要富有真情实感、文采洋溢、能激发读者阅读原著的欲望。				

第三辑　励新篇

第五章　项目化研修的实践成效

近年来，"项目化研修"有效激活了全校教师专业上的活力潜能，许多青年教师得到快速成长，在各级各类专业活动中崭露头角；市区骨干和全员教育成果涌现，学生综合素养全面提升，"绿色指标"突破新高，促进结对校实现强生强师强校并举目标，产生广泛辐射效应。

一、学生综合素养全面提升

学生千余人次在各级科技、艺体、诵读、计算机等领域获奖，百余人次在学科类活动中展示。如，我校学生获上海市学生阳光体育大联赛在线团体武术操（初中组）一、二等奖；周婧等五位学生获第二届 STEAM 青少年电视公开赛一等奖；李响、黄梓屹获上海市青少年"生活中的数学"实践活动一等奖；陈思源获市首届未来媒体人创意实践活动一等奖，等等。

二、教师专业能力全面提升

全校各项目组、教师成果涌现。百余人次获全国、市区级奖项，立项课题二十余项、近百人次征文获奖。如在项目组中，心理研习组市级课题获优秀结项，生命教育项目组参与市教研室健康课程开发与研究，还有课例、数学、理化生等项目组成功申报区级课题，在陈惠娟老师领衔人的指导下跨学科项目团队在区中青年教师团队发展计划中崭露头角等等。教师中，卢权老师获市级教学技能大赛一等奖、教学评比一等奖，荚承智老师获市调查研究方法优秀成果评选一等奖，吴新庄老师获上海市信息化教学论文一等奖，郁璐、符静嫣老师分获"黄浦杯"长三角城市群征文二、三等奖，陈敏老师获市班主任基本功大赛二等奖，马莉等大批青年教师入选市区名师工作室等。缪雅敏、王嘉意、孙熠玮三位老师基于英语项目组的研修成功立项上海市青年教师（2—5 年）专业发展实践研究项目，课题"分层教学在初中英语读后活动中的实践研究"获优秀结项；龚洁敏老师基于数学项目组的研修成功申报区一般课题"利用支架提升初中生数学综合问题解题能力的行动研究"；徐戈卉老师基于课例项目组研修而申报的区青年课题"'问题链'教学模式在初中高年级英语阅读教学活动中的实践研究"获一等奖，等等。

三、学校办学质量全面提升

学校形成浓郁研修文化，市"绿色指标"评价显示，"教师教学方式""学生学习策略"等各指标均高于区平均水平，较 2015 年纵向大幅跃升。2019 年学校被评为市优秀教师专业发展学校，2020 年获区首届教育科研先进集体，2021 年获"十三五"静安区校本研修优秀学校，2022 年荣获爱满天下杯第二十一届全国教师教育论文大赛先进学校称号等。

四、结对学校快速发展

项目化研修成果在上海市强校工程学校之一彭浦四中全方位辐射。近三年该校教师 10 余人次在区教研活动、市课程领导力项目展示会上交流发言，10 余人次在市区级平台教学展示，区课题申报立项率高达 70%，三位老师在全国"创新教学"大赛上斩获一等奖；学生共获 4 项国家级奖项、32 项市级奖项、130 项区级奖项；法治教育项目受市、区领导高度认可，成为"青少年法治教育协同创新中心"实验校。

五、研修经验广泛辐射

项目化研修的成果获上海市教育科研高质量发展的实践智慧征文一等奖，成果多次在区学术季等宣传推介。东方卫视、《文汇报》《新民晚报》等市级媒体进行多次报道。成果在京、粤、湘、川、新等多省区市数十所学校推广辐射，多次接待全国各地校长、骨干教师团来校参访，获"可见可学的学校研修范本"等赞誉。

六、丰硕成果集结成册

《求索心路》《教师文化建设的思考与实践》《一名校长的实践思辨录》《促进学生个性化成长的思考与实践》由上海教育出版社等出版，教师在各级刊物发表文章六十余篇等等。

本章就部分项目组老师的研修成果做一分享。

第一节　善观　善听

"善观、善听"是了解学生、认识教育至关重要的一步。教育教学的本质是关注学生的心声，理解学生的特点和需求，尊重学生的思想和意见。一名好老师，需要在日常教学中学会"听其言观其行"，对学生的学习状态了然于胸，对于可能出现的问题有效预防、及时引导，与学生建立信任友好的关系，为学生的健康成长提供有力的保障。

无论是课堂教学，还是班级管理，研修团队的青年教师们都已逐步转变教育视角，并且意识到在不同阶段的学习中，根据学生的具体情况和需求调整教学方法和内容，以满足学生的学习需要。开始更加关注学生的心理和情感，更加重视学生的个性差异，更加注重每一个学生的特点与需求，助力每一位学生的全面成长和进步。

以陶为师，用心育人

奚晓珺

从儿时起，我的梦想便是成为一名优秀的人民教师。儿时的想法幼稚，认为老师是威风凛凛的将军，认为老师是指点江山的领袖，认为老师是班级里的顶梁柱。真正走上教师岗位后我才发现，专制与粗暴是最要不得的，教师不是走在布满鲜花的红地毯的校园明星，而是披荆斩棘卧薪尝胆的战士，唯有理解、平等与智慧，才能培育出合适天才生长的土地。

一、用理解解放孩子的心灵

陶行知先生尝言："我们必须先变成小孩子，才配做孩子的先生。"

仔细回想，在我们为师之路上，多少个我们自以为倾尽所有心血的瞬间，孩子们却冷漠相待，置若罔闻。我想，或许很多时候当老师们在说"我这是为你好"的时候，便已经站在了道德的制高点。

在自己的想象中，我们是孩子的"救世主"，却从未想过，当我们曾经是孩子的时候，这并不是我们想要的结果和方式。犹记得自己尚未成年时，犯错是常有的事，当自己饱受负罪感的折磨时，最想要的是来自一个成年人蹲下身与我的平视，对我轻声细语的安慰、引导，劈头盖脸地指责与批评只会让孩子心中那一点负罪感变为叛逆的因子。

每一个成年人都曾经是孩子，而我们总是忘记这一点。为人师长，首先要做的便是找回"孩子气"，才能真正理解孩子的所思所想。

明白这一点，拉近师生间距离，让孩子心甘情愿地接受我们的教育，似乎变得简单了些。初一下刚开学时，我班的孩子仍有着小学生的顽皮与初中生的叛逆，总爱寻找各种机会东拉西扯，"放松身心"。自修时间去老师办公室交作业，在安静的教室里总能听见他们在办公室门口聚成一团聊天的声音；预备铃声响起后，总能看见两个男生捂着肚子"求情"，却也总能在男厕门口听见他们闲聊的声响。终于，在某天中午达到了顶峰，在教室内组织学生自习的我忽觉五位女生出去放饭盒时间已久，便突然走出教室查看，当场抓获了在门口三五成团的"闲聊分子"，并押进教室"候审"。

我的"训斥声"不得已在午间广播声音响起后中断，看着这五位女生站着的模样，看着她们或愧疚、或恼怒、或不安的神色，我突然冷静了下来，开始思考这一行为背后的原因。五分钟后，我用平静的语气缓缓开口："站着的同学，如果经过刚刚的反思，你心中有所愧疚，那说明你还明白是非对错，还明白纪律规矩的重要性，还是有值得表扬的地方；几位女生选择在门口'偷偷'聊天，没有在教室里明目张胆讲话，也代表着至少大家知道关于自修的要求与纪律，并非存心有意叨扰同学；老师在你们这个年纪的时候，也觉得学习很辛苦，也会偶尔想找些乐子，这些行为其实是可以理解的，但同时原则上也是有负面影响的，既发出了声音影响了其他班级同学的自习状况，也浪费了你们宝贵的学习时间……"听完我心平气和的一番话，几位女生的表情由惊讶变为了愧疚。或许是感知到了我真诚的理解与善意的提醒，从此以后此类情况好转了许多。

教育是一朵云推动另一朵云，只有年轻的心灵才能听懂另一颗年轻的心。

二、用平等解放教师的双手

我常对学生说："别把课本里的伟人、学校里的老师当成伟岸却冰冷的英雄，去掉这些身份，他们也只是一个普通人。"

做一个高高在上、威风凛凛的老师是很容易的。学生天生对老师有种畏惧感，教室里老师的声调一提高，学生便马上成了一株株水稻，在阴沉沉的天空下低下了头。然而再多居高临下的说教，再多正义凛然的指责，都比不过"以身作则"这四个字潜移默化中的效果。

初为人师的第一年，我时常觉得学生一个个的都过于外向，任我在讲台上如何念紧箍咒，他们仍不为所动，想尽办法"左顾右盼"，"左右开弓"地进行小范围交流。后来随着学业压力增大，考试周任务增多，我时常把教室当作了办公室，学生们自习、做试卷，我便在讲台前批改堆积如山的作业，时常进入忘我状态，两耳不闻窗外事，一张张批完的试卷如雪花般落下，一份份未改的默写又被我弯腰拾起。或许是过于忘我，也或许是这沉浸的样子感染了学生，我渐渐地听不见他们自习时偷偷交谈的声音，偶然听见学生们问作业的声响，班长的制止声也立马接踵而来。

久而久之，学生们从喧闹到静下心的时间减少了，安静的自习课堂不再夹杂着"中间力拉崩倒之声"，取而代之的是"满坐寂然，无敢哗者"。我想，这或许就是无声陪伴、以身作则的力量，而真正的以身作则，必须是把自己放到和学生同等的高度上，忘却自己老师的身份，我们曾经也只是班级里平平无奇的学生。

三、用智慧解放社会的命运

陶行知先生尝言："教师手里操着幼年人的命运，便操着民族和人类的命运。"

成为一名光荣的人民教师近两年，一个问题时常困扰着我：我们究竟应该培养出怎样的学生？我时常发现班里那个数学成绩最好的男生过于"专注学习"，课代表的任务总是马虎完成，惹得老师不得不撤了他的职务；时常发现那个英语成绩最好的女生过于"热爱英语"，在副课上也只顾埋头做英语作业，惹得其他老师勃然大怒。在当今社会，究竟是棍棒底下不哭不闹的乖学生更有发展潜力，还是有想法有主见的学生更有发展空间？过去多少学生成绩虽很优异，但却在人生的重要选择上犯了难，选文还是选理，填报哪一项志愿，未来做哪一份职业……失去了老师的"逼迫"和家长的"指挥"，失去了分数的刺激和目标的激励，学生们仿佛失去了提线的木偶，双眼放射着空洞的光，这样的学生又如何在复杂的社会上生存，最终只能被社会的洪流淹没。

直到看了陶行知先生的教育理论后我才顿悟——教育远不是教学生获得一个好的分数、一个优的等第，能够教会学生适应生活、适应社会，或许才是教育的核心目标。

明白了这一点，我开始在班级里实施全方位的改进计划。首先，我变成了一个对不良行为"睚眦必报"的老师——但凡看见有任何同学做出了不文明的行为，说出了不文明的语言，我必定追究到底。步入初一学习压力增大，个别学生喜欢利用校园内的绿化、设施找乐子。摘果子的学生受到了"向大树道歉十分钟"的惩罚；坐在靠墙位置喜欢抠墙皮的同学在我的要求下买来了修补墙面的涂料，化身"粉刷匠"，用了半小时把墙面粉刷一新；自习时间闲聊发声音影响其他同学的学生每人撰写了一篇演讲稿，在全班同学面前进行文明举止宣讲……这些虽看似是小事，实际上却是未来公民不良素质的缩影。及时处理，才能教会学生拥有基本的公民素养及道德。

其次，班级变成了一个小型"公司"，实行"团队积分制"，每组的"部门经理"需带领组员更好更快更强地完成各种学习任务，争取夺得最高的分数。每个团队的分数被公开张榜在墙上，学生们戏称其为"封神榜"，每天放学结完分后封神榜前都人头攒动，每次临近考试学生们总不由自主地奋笔疾书，挖空心思想用自己的好成绩给小组加更多的分。这一举措极大地锻炼了学生们的团队协作能力，有效消除了部分学生自私自利的想法，组长们的组织能力与领导能力也得到了极大的提升，从"温室的花朵"逐渐成长为能独当一面的"未来栋梁"。

优秀的学生一定不是一个个只会做题的木头人，他们有独立的思维能力，有自己的主见，更有不俗的组织能力与团队协作能力。

为人师者，需用理解之心包容学生，需以平等之位倾听学生，更需用毕生的智慧感化学生。捧着一颗心来，不带半根草去，愿陶行知先生的箴言能永远铭记心中，愿爱的种子能撒满每一个学子的心间。

拥抱每一位学生的发展——德育教学相长

孙熠玮

新课改背景要求教师按照"以人为本、立德树人"的大纲进行教学，旨在培养具备核心素养、全面发展的学生。因此，大部分教师开始转变教学思路。例如在课堂上，从传统的"讲授制""填鸭式"转变为以学生为主体的任务型教学。我们逐步认识到，学生是具有潜力、具有灵魂的不同个体，他们成长是循序渐进的，他们的个性是多样化的。然而，在初中阶段，学生必须严格遵守校纪校规：统一穿着校服、做好行为规范、大班化上课等。在无数个"统一"的基础上，如何在有限的时间里探索学生个性，是需要教师们不断思考的一个问题。

作为一名学科教师和班主任，我是学生一天接触时间最长的老师之一。如何在有限的空间里给予学生无限的空间，让他们得以充分地个性发展，是我需要思考的问题。为此，我在班集体建设和教学方面进行了一些尝试，为发扬学生个性提出一些建议。

一、班委建设

预备年级是学生培养学习习惯最佳的时间。作为班主任，我秉承细心观察、耐心引导的宗旨，以"陪伴式成长"的模式帮助他们度过小升初的过渡期。在班级建设中，我以班委会为抓手，培养他们不同的特点。

班干部是一个班级的核心，引领着整个班级的风气。通常老师都会考虑让成绩排名前茅，或是比较听话的同学担任中队干部。而我没有这么做。在初次选举时，我对同学们说："只要你们愿意举手、表达你们成为班干部的想法，那么每个人都有机会成为班干部。"我也告诉他们这是"试运行"版本，以后会慢慢调整。我相信只要假以时日，不断地培养、激励他们，每一位学生都可以成为具有能力的班干部。

在竞争宣传委员这一岗位时，由于我们班艺术特长生较多，出现了五人选一职这样的场面，孩子们既有能力又都表达出为班级作贡献的决心，这种情况怎么办呢？我建立了一个名叫"板报策划"的团队，以团队的形式接纳了所有具有爱好的学生。过了不多久，他们中就诞生了一位"部长"——能力最强的学生带领着几位团员承担了班级的布置工作。

为了让每个学生都能够发挥所长，我们班级还有大大小小的"管家"。例如水管家、饭管家、汤管家、植物管家，等等。在对应的学科里，除了课代表，我们也安排了学生协助督查作业。成为一名班干部后，学生们最明显的一个改变就是变得开朗和自信了。不仅如此，他们通过管理其他人，提升了自身明辨是非的能力。怎么做是值得肯定的好行为，怎么才能够达到这个目标，他们内心再清楚不过。

【案例一】我们班的G同学在小学里是个"叛逆少年"，第一次家访时，家长便给我展示了曾经的检讨书。G同学还大言不惭地说他经验丰富，甚至可以指导其他同学写检讨。通过了解，我知道G同学对电脑特别有兴趣，所以就让他担任电教员的工作，负责班级电脑电视等。每当他在课前为任课老师放好PPT，在离开教室时关掉电脑，我都会立刻表扬他。久而久之，他的电脑能力得到了所有同学的认可，整个人变得自信和阳光，不再像小学时那么锋利。"原来认真完成工作就可以得到其他学生的支持，不能遇事就动武啊。"G同学如是说道。现在，他正在为成为值日班长而努力中。每个学生都有他的闪光点，作为班主任，我应该有善于发现的眼睛。也许他们的长处暂时被遮掩，但只要给予一个平台和适当的指引、七分鼓励三分批评，学生们就会还你十分进步。

二、课堂教学

在课堂教学中，我也尽可能地促进每位学生的发展——在合理的范围内，激发他们的创造性思维。课堂教学中，我非常注重课后活动以及评价环节。在我的课堂上，除了基础的语法知识，我会设计许多没有固定答案的问题。不仅如此，在产出环节，我给予学生充分的情境去表达观点。他们可以在本节课的话题范围内畅所欲言。作为英语教师，我深知英语归根结底要用于日常交际，想要提高水平，必须给予他们机会。所以，我尽可能多给学生开口说英语的时间，一方面训练口语能力，另一方面，通过开口说，他们可以展现不同的特色。

当一名学生站起来表达想法时，我从不会用"good（好）""great（很棒）"等千篇一律的单词评价，而是根据他们的观点进行追问，让他们解释观点的由来，再进行总评。当我进行评价的时候，我发现学生们变得非常安静，听得格外地认真。我发现，学生内心都是希望获得老师的肯定的。基于这一点，我的点评总是以鼓励为主，或是用幽默的方式化解学生的问题。在英语课上，每个学生的想法都能得到认可，都能得到尊重。久而久之，他们越来越喜欢这一学科，在课堂上的表现也越来越积极。

【案例二】在学习职业（jobs）这一课时，读后环节我让学生自由讨论他们对于文中两个职业（宇航员与教师）的看法。有的学生一脸兴奋地说这就是他们未来的理想职业；也有学生说我并不喜欢这些工作。在我的连番追问下，Y同学告诉我宇航员的工作实在是太危险了，甚至会遇到黑洞。（Being an astronaut is so dangerous, maybe I will meet the black holes.）C同学告诉我人类去宇宙时要穿很厚的衣服，他并不喜欢穿这么多。（Astronauts have to wear a lot of clothes, but I don't like to wear them.）这些看似幼稚的回答，包含着他们各具特色的想法。在点评时，我先表扬了他们对宇宙的了解非常多，回答的角度也很有创意。对于Y同学，我让他思考如何才能避免遇到黑洞这个问题（规划正确的路线）；对于C同学，我告诉他这些衣服是帮助我们抵御宇宙严寒的重要武器，实际上并没有多重。巧合的是，所有孩子都告诉我，他们喜欢当老师。他们说：老师很厉害，可以教给我们许多知识。（The teachers can give us a lot of knowledge.）我借机评价道：老师可以把所有已知的知识教给你们，但宇航员可以从宇宙中带回一切未知的知识。我们要发展、要进步，必须不断学习新知识，所以每个职业都非常重要。

从这个案例中可以发现，作为老师，永远无法猜测到每一个学生的答案。他们思维发散、充满创意，处在敢于表达自己的年纪。要尊重每一个孩子的言行，认可他们，给予平台，让他们在合理的范围内发扬优势。

三、结语

教育的伟大之处在于：教师的言行可能改变学生的一生。我们应该明白，优质的教育不仅仅是传授知识，而且是发掘每个学生的潜力，培养他们自主学习的能力，让他们将来走出校园之时，能够主动接受新知识。拥抱每一个学生的发展，用心去关爱学生、为他们创造机会，我们在行动。

巧用"空中课堂"信息科技助力教学

解慧园

2020年，上海微校"空中课堂"上线以来就得到了充分使用，线上教学的前半节课一起空中课堂，后半节课答疑、练习、反馈。当时"看山是山"，按照课时进度观看，抽出每节课的具体任务要求，在答疑课上进一步引导解题、指导练习。2021年，"看山不是山"，"空中课堂"依然是高质量的教学资源，却不适合直接在线下使用，"线上教学资源如何整合到线下课堂使用"一度成为热门研讨主题。2022年，学校再次转到线上教学，这一次，40分钟的课堂全部由老师设计实施，"空中课堂"即是"体"，又是"用"。"看山还是山"，作为名师课，优秀的教学设计是其内核，隐性的教学逻辑值得深入学习；作为数字化资源，优质的示例、演示穿插其中，显化的教学成品值得切片使用。

一、"空中课堂"教学资源特点分析

（一）贯穿式情境创设

电子表格及其他应用软件的学习都包含两方面重点内容，一个是如何操作，另一个是为什么要做这个操作。以"表格的编辑与修饰"为例，设置颜色不难，但是要理解为什么设置颜色、给谁设置什么样的颜色。也就是说，当具体的目的和情境存在时，操作才有意义，而本节课恰是以"文学社成员制定阅读书籍推荐表"为情境贯穿整个教学内容，明确了主题、受众和主要字段，学生在完成创建、编辑和修饰表格时才能使"形式"为内容的呈现服务，"设置"为信息的表达服务（见图5-1）。

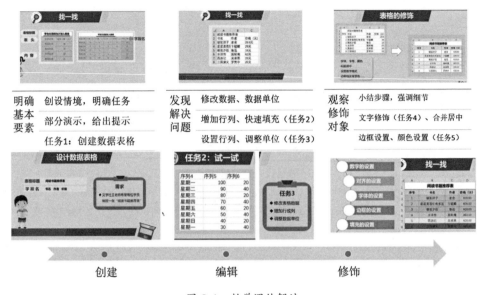

图 5-1　教学课件解读

（二）系列式问题导向

　　基于问题的学习即以问题为导向，为了解决这个问题或在问题解决的过程中根据需求学习知识技能、提升认知水平。在学习这条河流中，问题就像大大小小的礁石，学生驶一叶扁舟，力道不足时容易搁浅，力道过猛时又会被礁石的反作用力碰撞以致迷失方向。课堂教学中进行系列化问题设计可以将复杂问题分解、使教学逻辑清晰。比如，创建表格这一任务，基于情境分析要关注的问题是"如何从全校社团统计表中读取文学社报名情况"即探索表格的基本构成要素，"如何统计文学社学员推荐书目情况"即探索创建表格时标题、字段名的确定方法，"如何将收集的文字信息转化成表格"，即探索表格的内容填写；接着，刻意呈现一份"内容不当"的"阅读书籍推荐表"，引导学生自主发现"存在什么问题？"从而自然过渡到编辑表格部分。

　　（三）生成式活动任务

　　通过情境和问题的铺垫，学习活动和任务要求都生成于整体的计划或方案，服务于真实的生活或学习场景，被赋予了现实意义。比如，为"图书角增添书籍"，在解决"需要购买哪些书籍"的问题时，首先要完成现有书籍的统计任务和同学们感兴趣书籍的调查任务。这样具体、可操作的任务不仅能够反向强化情境，而且能够激发出学生更强的内驱力去接受挑战，全身心地投入，在过程中体会知识与技术的力量，促进深度学习的发生。

二、信息科技线上教学的困境探讨

（一）设备有差异：活动设计兼顾"纸笔用户"

线上教学不同于线下在计算机专用教室授课，学生间没有统一的设备、软件和环境，基于个人课堂调查发现有6%的学生没有电脑设备，只能通过手机完成在线学习；而在具备电脑或平板硬件设备的学生中，软件的配置情况又是五花八门，统计结果如图5-2所示：

在此情况下，教师所能提供的统一资源和尽可能的公平就是课堂活动设计。

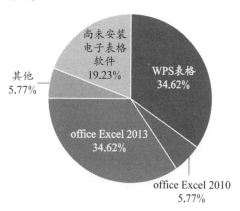

图5-2 统计结果

"空中课堂"给了我们很好的启发，几乎所有的新课内容教学视频中都有一句"没有电脑的同学，请拿出纸笔……"比如，创建表格活动中，基础任务完全可以使用纸笔绘制表，体验表格的二维信息呈现；创建图表活动中，可以引导学生完成描述，"选中 B2 至 C7 单元格数据，插入柱形图，完善图表标题、轴坐标标题、数据标签和图例等要素，分别是……"通过具体的引导，丰富教学活动的多样性，减少学生因设备差异直接造成的不良学习影响。

（二）指导有延时：充分预设比拼"小智小能"环节

六年级的学生自不同的小学集结至此，再加上信息科技这门学科的特点（外部环境重视程度不同、学生自身兴趣浓度不同），所以，基础能力存在较大差异。而线上教学不同于线下课堂，基本缺失了个别指导，不能在学生操作有困难时及时提供帮助，线上课堂时间有限，每个任务环节，只能参考部分学生提交的内容完成反馈并进行下个环节的教学。全体学生的最终作品批阅和评价只能在课后进行，下一节课再集中反馈、答疑。

基于学情和现实情况，在备课时就要进行充分的预设，想象在某一教学环节，学生可能产生的疑问，完成任务时可能出现的错误。"空中课堂"不仅有老师，还有"小智""小能"等学生，通过设置的虚拟形象提出疑惑和困难，推动教学环节的进行。借此巧思，搭建双空间比拼平台，比如，对于某一问题，同学们有哪些看法，可以和"小智""小能"比一比谁更全面、准确；对于某一操作，"小智""小能"遇到了麻烦，谁能帮他解决一下。通过预设、竞技的方式，尽量充分考虑学生的学习需求，避免学生因困惑累积而影响学习状态。

（三）积件有负担：精剪片段备课高效省力

"积件"是一个系统范畴的概念，泛指成套的教学资源、组织、平台等。信息科技教学不仅要设计教学课件还要准备数据资料、基础文件、供欣赏或改进的作品、供学习的教程等内容，再加上线上批阅作业的复杂流程（所有作品要下载并逐个打开甚至运行效果），确有负担。而空中课堂本就是情境搭建、操作示范、演示讲解、佳作欣赏等环节的集成，可供教师借鉴思路，也可按需截取片段，支撑自己的课堂教学。通过精心解构视频资源，充实备课资料，充分发挥优质成品的作用力，可使自己的课堂呈现更精彩，备课过程更高效省力。

三、机遇与挑战

新课标凸显出"跨学科"的教学要求，生活中的真实情境本就是复杂的、多维度的，在学科教学中坚持创设情境、问题导向、任务生成，与大趋势不谋而合。从场景中抽象模型、梳理问题，即信息意识的培养；运用计算机科学领域的思想方法形成问题解决方案，试用决策，反思效果，即计算思维的锻炼；多种多样的信息收集、加工、表达的过程，无不是数字化学习与创新的环节；认知的提升、过程的体验、评判和收获，即信息社会责任的养成。"双减""双新"背景下，如何提高课堂效率、落实核心素养、实现深度学习，这将是值得不断探索的课题。

基于初中生个性特点的体育教学方式初探
——以四个体育教学情景为例

邵　煜

体育是一门具有特殊价值和意义的学科。它对学生的重要性不仅限于提高身体素质，更重要的是通过体育教育，培养初中生发挥出个性特点。不同年龄段的学生有不同兴趣、能力和认知水平，他们对体育活动的需求和接受程度都有所不同。因此，教师需要根据学生的个性化需求和特点，设计和实施更加个性化和多元化的体育教学。

随着新课标的推出，体育教师以培养学生核心素养为目标，有意识地激发学生潜在的个性化活力、调动起他们对体育运动的热情和主动性时，学生所能获得的将不仅是表面的体育知识与技巧，更多的是内在精神的升华和健康人格的塑造。

但目前的体育教学更多还停留在传统的模式上，例如教学形式单一、内容结构老套等，要根据学生的具体情况，进行针对性的培养，从而更好地发展他们的个性。初中阶段是一个身心发育的关键时期，每个学生的个性特点截然不同，在这样的背景下个性化教学的产生就理所应当。

一、开拓教学资源激发学习兴趣

初中生毕竟还是孩子，他们不会主动做自己没兴趣的事，而主课方面，因为是考高中甚至大学的基本课程，没有办法不去学习。这样的情况下，体育课有时扮演着尴尬的角色，孩子的天性都是好动的，但某些项目的局限性会压制孩子学习的欲望及兴趣。就拿排球来说，没有正常的场地和排球基础，很多人不会去尝试选择练习这个项目，但是作为体育中考球类项目之一，现在被越来越多的学生所接受。也可能是赶鸭子上架的节奏，但排球考试得分的稳定性上明显高于其他两项球类，特别是女生，这是个不争的事实。

【案例一】在我绞尽脑汁如何提高学生对排球的兴趣时，一部动画片帮了我大忙，个别学生对日本动漫的喜爱超乎我的想象，所以我就顺水推舟，把一部叫《排球少年》的动画片推荐给了学生，甚至在室外排球课之前找了一段《排球少年》的集锦给他们看，效果非常显著。课后很多学生问我："老师，我们什么时候学排球啊？"学生对自己感兴趣的东西会投入百分之百甚至更多的热情，在学期结束前的排球考试中，很多学生虽然没有得到满分，但他们的脸上却有着从对排球一无所知到测试得 80 分的喜悦。

抓住部分个性学生不喜欢运动，但喜欢看动画片的特点，投其所好，激发他们的兴趣，慢慢从我要他们学变成他们向我学，充分发现学生的性格特点，抓住合理的教育时机，激发出他们应有的运动热情。这一做法从短期目标来看，提高了学生对排球运动的兴趣，长期来看，在学生成年后可达到使其健康受益又能愉快锻炼的目的。

二、调整教学手段营造成功体验

俗话说：失败是成功之母。这话是不错，但是无止境的失败只会打击人的自信心。上海市闸北第八中学校长、"成功教育"的创始人——刘京海把成功分为三个阶段：帮助成功、尝试成功、自主成功。个人理解刘校长此话的意思为，首先要让孩子尝到成功的喜悦，这样他们才会获得更大的收获。那如何让孩子获得成功呢？教师应改变对学生体育的评价标准，难度降低可以给孩子带来信心、体验成功的乐趣，为更难的练习打下基础。

【案例二】初三体育中考有一个项目为横箱分腿腾越，它和六年级山羊分腿腾越既类似又不同，很多学生六年级时跳山羊分腿腾越分数很高，而到了九年级跳横箱分腿腾越的成绩却差强人意，其实不仅是因为横箱太宽了，更是他们不断尝试失败后的心理在作祟。学生小李平时是个胆大、爱表现、身体素质也相当不错的孩子，但是临中考前 2 个月时突然对所选项目——横箱分腿腾越失去了信心，在我再三询问下得知，他有一次练习时，因分腿角度太小，左膝盖重重敲在横箱上，疼痛难忍，就是这么一下，对接下来几次的练习造成巨大的影响，他越跳越害怕，直至最后不敢跳了。根据这样的情况，我想到了解决办法，降低了难度，让他重新跳起了预备年级学习的山羊。小李逐渐找到了感觉，想起了两腿分开绷直、触"羊"迅速推离的要领，越跳越勇敢，腾空高度也慢慢提升，两腿也逐渐打开。我心想现在正是最好的时机，再让他尝试横箱分腿腾越。小李果然不令我失望，助跑、踏板、起跳、分腿、推手、站稳，一气呵成，我又从小李的脸上看到了以往的自信和成功。

很多孩子的个性是不容易接受失败的，且很难走出这个困境。可能更重要的是扎实以前学习的基础，对孩子容易接受失败的个性进行教育，使其重获信心。且学生应根据自己身体的不同条件来选择练习项目，如俯卧撑不行，可以采用立卧撑；引体向上不行，可以采用引体斜拉，这样便不会使孩子没有信心了。成功的经验之后，学生更能主动锻炼，这种学习的能力与热情将对学生终身受益。

三、创设竞争氛围增进课堂活力

年轻气盛的我们有着爱竞争的个性，学生也是如此，经常看到孩子之间比这比那，哪怕在短跑中比你快 0.01 秒都很开心。抓住学生爱竞争的个性，我采用了小组化教学，模拟某些比赛场景，这样可以清晰地看出学生是什么个性特点，争强好胜还是甘于做幕后，既能利用此提升学生运动成绩，又能看出学生个性特点，一举两得。

【案例三】小王和小孙是一对形影不离的好朋友，但是只要在打篮球、跑短跑等等体育竞赛时，他们就像一对"宿敌"一样，必须争出胜负。根据这个情况，在一次高手间行进的投篮课上，我让他们各带一组学生进行比赛。我惊奇地发现，他们摆脱了之前的调皮，突然都认真地做起了小教练的职务，不但自己拼命练习，不想输给自己的"宿敌"，还主动帮助指导其他组员，使学生快速进步了不少。比赛的过程相当激烈，学生投入程度也非常高，虽然技术动作还是存在问题，但这节课真正是以学生为主体，作为教师的我只是做了组织比赛和个别引导的工作。比赛的输赢固然重要，但是通过这节课他们学会了团结协作、努力拼搏的精神品质，更重要的是发挥自身个性特点，完成了教学任务。

组团竞争是个性化教学的特征，且比较容易看得出学生的性格特点，也较为容易地提升教学质量，良性竞争往往能促进相互进步。在课改后的今天，我们更应该让学生成为课堂的主体，发挥出他们自身的性格特点，达到预期的教学效果。另外，小王和小孙之间相互的友谊迁移到了其他学科上的良性竞争与互相帮助，毕业后他们仍是一对好朋友。

四、铺设多级台阶发挥个性特点

体育项目中团队运动更讲究集体意识和合作意识，但每个不同个性的队员如何在一个团队中发挥最大化的作用，需要教练员平时多观察学生的个性特点，设计不同的选材测试内容和多元化的团队组合可以帮助每个人发挥自己的特长，并在实践中提高自己的能力和品质，从而搭建出最强的团队。

【案例四】篮球是初中生喜闻乐见的运动项目，在我校普及度相当高。作为区篮球联盟校和区"篮球一条龙"附设学校，篮球运动员的选拔和每周的训练是常规工作之一。每年想报名新进校篮球队的预备新生多达几十人，小程与小吴就在其中。小程个性张扬，喜欢出风头，训练时喜欢做高难度动作来博取其他队员的眼球，球技相对突出的他受到其他队员的羡慕。小吴个性沉稳，善于观察，老师制定的训练任务能保质保量地完成。就是这么两位同学在篮球位置选定上起了分歧。小程觉得自己水平高，应该当组织后卫，每个回合拥有球权，再用球技在场上过人后帅气地得分。小吴觉得我服从教练安排的任何位置，只要发挥自己的水平就行，可以不与他人去争夺组织后卫，但一些觉得小吴球技更厉害的同学为他打抱不平。得知此事后，作为篮球教练的我召集所有队员讨论此事，大家各说各理，一时解决不了。最后我给队员们分析了其中的优劣：首先肯定了两位队员球技水平以及刻苦的训练态度，但篮球场上每个位置都有它存在的意义和特点需要，组织后卫是一个球队的灵魂，要有很强的观察场上趋势和冷静的领导才能，小吴的个性特点正好适合，且有很多队员听从他的指挥。而小程更适合得分后卫或小前锋，需要他张扬的性格、摧城拔寨般的得分，为球队取得优势，且在比赛胶着或者结束阶段更需要小程对全队的鼓舞。经过我这么分析，队员们恍然大悟，也表态在日后的训练中要发挥自己的个性特点，寻找适合自己的位置为球队做出贡献。

不同性格特点的人会迸发出不同的能量，初中生是性格敏感时期，教师要善于发觉其个性亮点，促进他们的个性发展，充分发挥出他们的能力，助其取得比赛的胜利。这样 1+1＞2 的效果，教练就起到了"加号"的作用。队员们通过此事也了解了每个人个性的不同场上发挥的作用也不同，不仅在篮球场上，在平时的生活中以及长大成人后的工作中亦是如此。初中阶段是学生个性发展的重要时期，体育课作为重要的平台之一，对学生的个性化发展有着不可忽视的影响力。

抓住每个学生都有独立的性格特点，进行与其他学生不一样的个性化教学方法，可达到事半功倍的效果。不仅要让学生完成体育教学的目标，还要指导帮助学生全面发展，为其个性的健康发展和今后步入社会奠定坚实的基础，让个性化发展在体育教学中得到完美体现，真正做到有个性，成就自我。

拒绝躺平，做一个称职的"ISFJ"（守卫者人格）

王嘉意

网络上有人调侃，教育是"佛度有缘人"。这句话不无道理。但我始终认为作为教师，尤其是班主任，我们的工作性质不是由学生的态度决定的，而是由职业的本身所决定的。孩子终究是孩子，承认他贪玩不自律，承认他幼稚难坚持，承认他目光短浅没理想，这也是大部分中学生的样子。而网课期间学生们的表现更是如此。这时候，"拒绝躺平"才是班主任唯一的出路，只有坚持我们的信念，做一个称职的"守卫者"，才有可能"度"更多的有缘人。

一、师生合作，守卫班级秩序

良好的班级文化建设需要师生共同的努力，班级公约也需要大家一起来守护。一方面，作为班主任，我每天八点准时在钉钉班级群布置打卡任务，也会时不时地在课前两分钟进入课堂巡视，确保每一节课全部学生都能按时上课；而每周五的班会课也提供了我进行一周总结的宝贵机会，主要以表扬为主，希望通过生生之间的示范引领将班级风气朝着更正向的方向推进，当然我也会适时点出不足之处，希望同学们有则改之无则加勉；而对于一些特殊的学生，例如预控生、学困生等，我则依靠学校推行的"全员导师制"，通过导师对他们进行线上"面诊"，具体问题具体分析。另一方面，我也创设机会让更多学生参与到日常班级管理中，如每天的值日班长反馈、作业收集员等等，学生各自分工明确，从而培养学生的参与意识和"主人翁意识"，提高他们的责任心和组织管理能力，使得更多学生都有机会展现自己的风采。

二、排忧解难，守卫家庭和谐

疫情的突如其来让我们的教学由线下被迫转为了线上，随着居家隔离时间的不断延长，部分学生和家长自然而然地出现了紧张、焦虑、茫然、松散等负面情绪，压力下的亲子问题也随之而来。这时候，有效的家校沟通就显得尤为重要。无论是老师发现问题主动联系家长，还是家长迫于无奈寻求帮助，学会共情和倾听是非常重要的，同时也要注意沟通技巧的运用。疫情期间家长是我们德育的最大助力，我们需要注意沟通的效率，针对每个学生的实际问题与家长沟通解决，从而最大程度地实现家校合作。

三、搭建舞台，守护自信成长

虽然对于目前的初三学生来说，学业无疑是最重要和关键的。但一根弦若是绷着太紧，总有一天会断裂。学习也要张弛有度。从学生身体和心理健康的长远发展来考虑，我鼓励学生积极参与居家锻炼，录制歌唱小视频参与学校的云端艺术节活动，也结合学科知识发动学生进行英语趣配音，寓教于乐，并在课前展示播放优秀作品，给予学生充分的学习自信。当然，通过班会课进行民主评选校级"劳动小能手""才艺小荧星"等光荣称号，也让学生因自己的付出收获肯定和赞许。

线上教学，无疑对每一个教育工作者都提出了更高的要求。我愿努力做一个称职的守卫者，坚持自己的教育阵地，坚持做好每一天的工作，做好每一件琐碎的事。因为，我相信：行动就一定有价值！

第二节　善问　善喻

"善问、善喻"是启发学生思考的重要手段，是促进学生对知识深入理解的有效路径。在课堂教学中，精心设计的问题链能激发学生的学习兴趣与学习动力；巧妙的学习引导、知识类比，则能将抽象的问题形象化、生涩的问题简单化。

通过不同项目的研修，老师们不断提高自己的语言表达能力和情境处理能力，增强了所授知识的趣味性和系统性，有意识地鼓励学生从多角度去思考问题，引导学生开展自我剖析。在有效提升教育教学能力的同时，也持续刺激学生开发元认知能力与创造能力。

"问题链"教学模式在初中英语阅读教学"读中活动"中的应用研究
——以"The grasshopper and the ant"为例

徐戈卉

"问题链"教学模式是指学生在老师引导、自身主动参与的情况下对该系列问题进行探究，学生在已有的知识水平基础上回答教师根据每节课的教学目标及教学内容所提出的科学合理的一些列序分明、紧密连接的问题，并让学生自主搭建知识体系从而提升阅读能力的一种学习方式，也是在学生理解课文的基础上启发学生思考的一种教学模式。

与以往的接受式学习不同，"问题链"教学模式通过类似于回答问题活动的方式获取知识，让学生从知识的接收者转变为了知识的探索者。整个教学过程中以学生作为主体，通过已有的经验和知识，在不断地提问和思考、提问和回答的过程中让学生自主学习、主动探究。

在教学中，笔者发现随着学生年级的增长，英语阅读的篇幅在 8A 明显增长、词汇量增大、理解难度增加，因此学生的畏难情绪尤为明显，课堂反馈积极性不高。在与学生交流中发现造成这一现象的原因是：① 学生缺乏系统的阅读方法培养，在面对新的长篇阅读文章时，无法进行有效且高效的阅读；② 传统的教学方式，强调机械地训练学生掌握词汇语法知识，学生无法很好地运用知识解决问题，进行文章的精细品读，学生习惯于听、看、读，学生的体验与感受被轻视，在一定程度上限制了学生自主性的发挥。学生是学习的主体，教师是组织者、引导者和合作者，有效的英语阅读学习活动不能单纯地依赖模仿和记忆，思辨能力、思维品质的培养与合作交流是学生学习英语的重要方式。随着学生年级的增长，英语阅读的篇幅在 8A 明显增长、词汇量增大、理解难度增加，因此缓解学生的畏难情绪，激发学生对阅读的积极性与兴趣尤为重要，"问题链"教学模式在初中英语高年级阅读教学活动中的兴趣设计和运用在理论和实践中都具有重要意义，不仅可以提高学生学习兴趣、发挥学生主观能动性，提高学生思维品质，更能强化学生探究学习的能力。

此外，英语课程的设置及教科书的编写也对阅读活动做出了积极的尝试和探索。牛津英语（上海版）课本教材中部分阅读的教学中编写有问题链设计，这些问题链有的是基于阅读文章的本体，有的是课本知识的延伸，适应学生的阅读能力的发展，为学生培养了阅读思考的能力。但笔者在研读的过程中发现，教材中对问题链的设计过于简单，无法让学生很好地品读文章的细节与内涵，其次部分材料问题坡度较大，不适合阅读能力较弱的学生，需根据学生阅读能力、发散思维能力、思辨能力、分析问题能力四个方面的现状进行教学设计，针对学生薄弱环节制定相应对策。

在开展阅读教学活动前，笔者通过问卷和些许阅读题目先对学生目前阅读能力进行调研和测验，从以下几个维度即阅读能力、发散思维能力、理解能力、分析能力展开，具体统计分析初中生英语阅读学习能力的现状，分析成因制定对策。同时作为开展"问题链"教学模式阅读教学活动后的对照数据，将前后的现状分析进行对比。在本次授课前，笔者通过学生投票的方式，从英语教材余篇阅读中选择学生感兴趣且材料较好的内容，充分调动学生对阅读内容的好奇心和积极性，确保后续研究的准确性。投票最终确定了 7B 英语阅读课文"The grasshopper and the ant"作为目标阅读课。由于阅读的主体是学生，所以在进行教学前，根据之前调研所得学生的阅读能力现状并结合学生的学习习惯、学习能力、认知基础、心理特点和客观生理特点等进行分析，鉴于不同学生的学习能力进行有效的阅读活动设计，根据不同的认知能力进行不同的阅读问题设计方案。其次还需要教师对英语语篇阅读材料有良好的把握，精心设计核心问题。笔者通过在阅读活动中设计问题链的方式让学生自主体会蚱蜢和蚂蚁在不同季节的不同表现和感受，激发学生的阅读兴趣，与此同时也培养了学生的自主阅读能力。课后，笔者再次利用问卷和阅读题目对学生阅读学习能力进行调研评估，与之前的测试结果进行对比，进一步分析成因及对策。而后，笔者给予学生四篇英语阅读，让学生以组的形式进行阅读，此过程教师不作引导，让学生自己通过所学进行尝试，为期一周，最后以学生的阅读报告作为依据，对本次阅读能力的培养进行总结。

维果茨基提出的最近发展区理论和皮亚杰发展的建构主义学习理论为"问题链"教学模式提供了支撑。最近发展区理论认为在学生的发展方面大致有两种水平：一种水平是学生已有的学习水平，即学生个体单独活动能够达到的水平；另一种则是学生潜在的发展水平，即通过教师教学可能达到的发展水平。这要求教师在设计"问题链"时既要考虑学生已有的知识水平，又要考虑到学生进阶发展的水平，即老师提出的问题不能太简单也不能太复杂，要使问题出在学生的最近发展区范围内。

在长篇英语阅读教学中，教师提出的问题既要让学生回答出来，给予学生学习自信，同时又能引发学生的好奇心。相反，如果超出学生的能力范围，学生很有可能会因此产生严重的畏难情绪，失去英语学习的信心和动力。

因此，教科书作为课程的主要载体，是落实课程改革的重要举措之一，挖掘教材本身，促进阅读教学活动的有效展开也变得至关重要。与此同时，以积极的眼光来看，对"问题链"教学模式在初中高年级英语阅读活动中的兴趣设计与运用的研究是十分必要的。

由一道数学题引发的教学思考与反思

朱旭梅

时间：2015 年 9 月

这道题出自初三年级第一学期的校本练习，是学生在学习"平行线分线段成比例定理"后的习题，有一定难度，需要自行添加平行线构造"A"字或"8"字基本图形。在我们组的备课活动中，英老师提出解这道题的方法多样化，拥有不同的辅助线的添法。孙老师表示认可，但她认为让学生记住利用中点 D 作为节点来解答会更简便。看着他俩给出四五种不同的做法，我手上的笔蠢蠢欲动，也添加起各种辅助线做起来，同时想着难道只是中点 D 决定了解答的难易度吗？

【题目】在 △ ABC 中，D 为 BC 的中点，E 在 AC 上，$AE=2EC$。求 $AF：FD$ 的值。

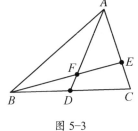

图 5-3

我分别过点 A、B……F 作平行线，整理出 10 种可以求解的辅助线及解答方法（以下示意两种），图 5-3 至图 5-9 为分离出的基本图形：

【方法 1】过点 A 作 $AG//BC$ 交 BE 延长线于 G，截点分别为 E、F，没有增加截点。

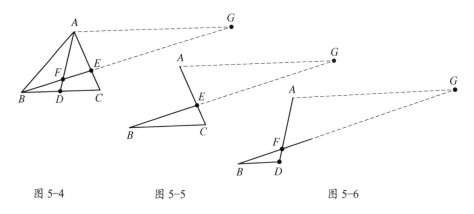

图 5-4　　　　　图 5-5　　　　　图 5-6

【方法 2】过点 B 作 $BG//AC$ 交 AD 延长线于 G，截点分别为 D、F，线段 AD 上多了个截点 D。

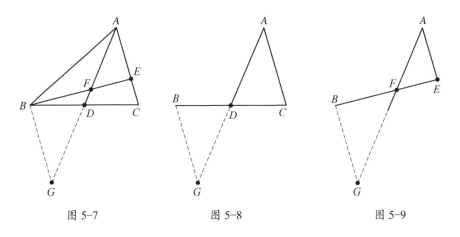

图 5-7　　　　　图 5-8　　　　　图 5-9

通过以上简析，我发现，不仅利用到中点 D 作节点可以使求解简单，在添加辅助线后，若能不添加新的节点，又或者更多利用到已有节点，那么求解过程也能相对容易。

我觉得这道题可以好好地利用起来，于是就用了整整一节课带着学生来探索这道题。通过不断添加各种不同的平行线，学生明白了尝试的重要性，也调动了学习的气氛；同时通过根据不同的辅助线的求解过程，学生更进一步掌握"A"字和"8"字的运用。而且这道题也非常适用于分层教育，对于基础较薄弱的学生，教师可以直接给予其中几个较简单的辅助线添法让他们来求解；对于中等生而言，可以带着他们一起添加辅助线一起动脑思考；对于程度较好的学生，可以给予时间让其小组探讨与研究。若能对这道题解题过程教研运用彻底，对各层次学生都能有所裨益。

时间：2019 年 9 月

四年后，新一轮初三的教学任务开启，又看到了这道当年细细研究品味的题，又产生了不同的想法。原因在于我同时看到了这三道题：

① 梅涅劳斯定理：当一条直线交 △ABC 三边所在的直线 BC、AC、AB 分别于点 D、E、F 时，则有 $\dfrac{AF}{FB} \times \dfrac{BD}{DC} \times \dfrac{CE}{EA} = 1$。

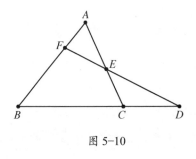

图 5-10

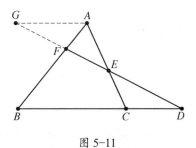

图 5-11

② 如图 5-12，在 △ABC 中，点 E 是 BC 上的一点，$BE=2CE$，F 是 AE 上的中点，求 $FD : BF$ 的值。

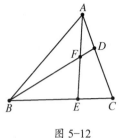

图 5-12

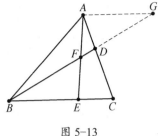

图 5-13

③ 如图 5-14，已知 M、N 分别为 △ABC 中边 AB、BC 上的点，$\dfrac{AM}{BM}=\dfrac{3}{2}$，$\dfrac{CN}{BN}=\dfrac{4}{5}$，$MN$ 与中线 BD 相交于点 O，求 $\dfrac{DO}{BO}$ 的值。

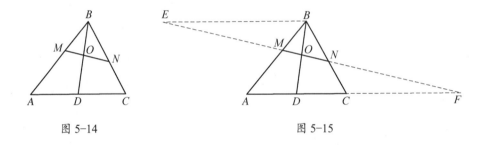

图 5-14

图 5-15

如果按照四年前的思路一定也可以构造出多种辅助线的添法，但是现在却又有一种想要"一生二、二生三、三生万物"，但最终"九九归一"的想法。就如同我们教研员蔡老师经常说的，一堂课题目不需要很多，但要学会精选，想好每道题要解决什么问题，讲题要讲究通性通法，要通过一道或两道题让学生学会一类题。

几年前的教法确实帮助学生解决了添线难的问题，也调动了学生的积极性，但不同的添法会使得解题的难度系数有着相当大的差别，导致部分学生即使添出了线也没有能力解决问题。

于是今年在此基础上，我作了些微的调整，在尝试方法多样性提升学习兴趣后，不仅总结归纳解题的难易与有否新增节点有关，还将上述四道题放在一起，让学生寻找可以同时解决这四题的通性通法，对此题的认识又提升一个层次。

结语

其实在教学过程中经常会遇到类似的问题，到底是该追求方法的多样性还是通性通法呢？我认为是因人而异的，但是班级学情往往是各个水平段的学生都有，那么如何能够尽可能满足所有学生的需求呢？

经过这些年的听课学习、实践积累，我认为在课堂上应该鼓励这些多样性，激发思维活跃孩子的潜能。但此时因为方法多了，对于数学能力较弱的孩子来说就像是一场灾难，或许他听明白了其中一点，但因为方法实在太多了，他面对下一道题反而无从着手了；对于优等生而言有时候也未必是好事，有些固执学生为了凸显自己的不一样，硬喜欢从一些偏方入手，走一条迂回曲折的路来解题，也是非常没有必要的。所以在多种多样的方法出来之后，老师一定要帮助学生进行总结归纳，帮助学生发现通性通法，也就是能尽可能解决所有问题的方法，而且又是尽可能最方便的方法。换言之，就是面对眼前的多条道路，老师要给所有学生指条"明路"帮助他们更快更好地解决问题。

那么"明路"从何而来？就需要我们老师课前充分备课、多做题、多思考、多总结。我们要学会透过现象看本质，不能就题论题，而是要挖出其核心。路漫漫其修远兮，教学之路，反思常伴！

基于问题解决的道法课堂实践与思考
——以《认识自己》一课为例

程志华

认真研读关于上海中考改革的文件会发现，无论是初中学业水平考试制度实施办法的变化，还是初中生综合素质评价实施办法的完善，都毫无疑问透露出一个信息，新中考改革更关注立德树人与能力培养。在基础教育课堂改革的探索实践中涌现出了多种课堂教学模式，其中基于问题解决的课堂教学模式对于促进学生全面而有个性的发展，提升学生的核心素养起到重要作用，颇受一线道德与法治老师的欢迎。

一、什么是基于问题解决的教学模式？

基于问题解决的教学模式，也就是在教学中让学生自己发现问题并能够探索出解决问题的方法。教师通过创设真实合理的问题情境来引导学生关注问题，激发学生主动学习的欲望，使学生通过互相之间的合作交流，在交往沟通中共同发现解决问题的方法和答案，从而达成学习目标。在这种教学模式中，学生是整个课堂的主体，参与问题的发现和解决，而教师作为引导者，在设计问题情境、搭建教学模型，引导学生积极主动向下一步探索，保持解决问题的热情和积极性，获取解决问题的策略等方面发挥协同作用。这其实就是在教师架构知识的模型中，引导学生在情境模型中探索事物之间的联系，达到深度学习的目的，形成深度思维，从而增强学习能力。

深度学习是基于问题解决的课堂教学的目标。深度学习是一种学习者主动的、寻求事物的联系与理解、寻求模型与证据的包含高水平认知的学习方式，与之相对应的是机械学习和记忆孤立信息的浅层学习方式。应试思维的传统教学模式就是一种浅层学习，在浅层加工上，学习者一般将注意力放在学习文字本身上。而在深度学习也就是深层加工中，学习者学习的目的是文字背后所要表达的关联，而后把规律再运用到实际生活中。

二、如何开展基于问题解决的教学实践，有效落实深度学习？

（一）整体设计策略

深度学习的本质特征是培养学生深度思维，因此教师要想让学生达到深度学习的效果，教学设计就需要从本学科大的知识结构下展开设计，形成完整的知识体系，备课尽量搭建整本教材结构，再搭建单元结构，填充每课结构，这样学生就能够在学习时将所学知识与以往学习过的知识连贯起来，在复习总结时也能够形成自己多维立体的知识框架，实现积极主动的自主建构，形成合理的认知结构，而不是一个又一个零散的知识点。

比如在"认识自己"这一课的设计中，我们首先需要认识到这一课时在整本书中、在整个第三课占据什么样的地位？"认识自己"是第三课"发现自己"第一框的内容，它与第一课中学时代呈时间关系。进入中学，意味着青春期的到来，这一时期，学生不仅关注外在世界的变化，更多地也开始探索自己的内心，所以我们要更好地认识自己。"认识自己"下一课时是"做更好的自己"，"正确认识自己"恰恰是"成为更好的自己"的重要前提，只有对自己进行了正确的认知，才有可能成为更好的自己。了解了知识前后的关系，我们备课可以更有针对性，让学生在学习之初便能理解认识自己的目标就是成为更好的自己。

做更好的自己可以说是每个人对自己的要求和目标。所以在导入部分我结合学校的实情，以"让每个人做更好的自己"为导语进行导入。"做更好的自己"是我们学校领导、老师和学生都知道的一句"名言"。程校长提出这句话时讲，她认为，每个孩子都是独特的个体，只要能在自己原有的基础上做更好的自己，就是一种进步、一种跨越。这句话也逐步成为了我们学校老师和同学都认可的一句"名言"。将这句话作为导入，既能够让学生对整个第三课大框架在思想上有一个认知，了解前后知识之间的关系，又能够引起学生的共鸣，让课堂导入更加新颖有趣。

（二）情境问题策略

创设问题情境是运用基于问题解决的教学模式的前提。在创设问题情境时应该注意：

1. 基于问题解决教学模式设置的问题，应该是能够激发学生进行下一步思考，能够激发学生的求知欲望以及探究意识，启迪学生自主探寻、获取知识，帮助学生在问题解决过程中也能够了解知识是如何形成的，体会学习知识的最优方法。所以，在设置问题时应该做到：问题要有明确的指向性，问题的解决和学习内容的完成、学习目标的达成紧密相连。

在"认识自己"这一课中，我选择了课本案例"小刚和队友的故事"这一情境，每一个问题都间接指向本课的核心问题"如何正确认识自己"。在此之中，教师的引导作用至关重要。比如，我设计的第一个问题"情境中发生了什么？"学生在描述时会回答到情境中所包含的"人物＋事件，以及产生的结果（小刚不参加比赛了）"，教师追问"为什么会产生这一结果？"依据情境内容，学生会得此推论："小刚对自己的认识与队友对他的认识不一样。小刚认为自己完全有能力胜任足球队队长，队友们认为他缺乏沟通和组织能力，小刚没有正确认识自己。"到这里，同学们很自然地找出原因：小刚没有正确认识自己。这一原因恰恰也是"基于情境分析，发现情境问题"，才有了本节课中心任务：解决问题"如何正确认识自己"。

2.在接近真实的情境中，问题从大处着眼，教师从细节中引导，学生在合作学习中学习知识，同时能够在实践中运用知识。这样才能激活学生的思维，促进学生高阶思维能力的发展。问题的答案如果从书上可以找到，不用思考，就会像拴在牛鼻子上的缰绳，无法激发学生主动探究、深入思考，即使教学任务完成，学生也不可能体验到主动学习的乐趣，思考能力和分析解决问题的能力不可能得到提高。

在"认识自己"这堂课中，小刚没有正确认识自己，对自己以及球队这一集体都造成了不好的影响。因此，针对核心问题，我作出提问"如果你是小刚／小刚的好朋友，请你帮助小刚想想办法，让小刚学会正确认识自己"。学生可以置身情境之中，将自己当作小刚／小刚的好朋友，设身处地地在这一大问题中展开分组讨论，并完成任务单。这里要特别注意教师对于学生回答问题的引导。首先，正确认识自己可以通过"自我评价和他人评价"来进行，而无论学生先回答哪一点，都是正确的，在这一大问题中并没有"自我评价优先还是他人评价优先"这一说法。

（三）深度思维策略

通过合作和互动提升学生的互相激发，达到深度思维。在创设真实的教学情境和设计富有挑战性的教学任务的基础上，组织学生进行深度的合作互动，实现学生之间思维的互相激发，促进学生的深度思维和深度理解。当学生换位思考解决了小刚的问题后，我设计活动让同学回到现实的课堂情境，请同学们分别对自己以及同桌作出评价，以此将知识运用到实际中。

在课堂上发生了这样的一个小插曲，其中一个学生对另一个学生作出了这样的优点评价：他个子小小的，好可爱啊。被评价的同学对于这一评价的态度是：重视这一评价但并不认同，原因在于这一评价涉及"个子矮"，他认为这并不是优点。所以在课堂之上，如若我真正熟练运用知识，便会在这时提醒学生回归"无论是自我评价还是他人评价都需要恰当，注意评价用词及方式等"，这其实恰恰是这堂课最好的实践应用，但当时成为了那堂课的一个小遗憾。

设置适当情境，基于问题解决的教学模式将是未来基础教育模式极其重要的一部分，对于学生形成多维知识体系，加强深度认知思维有重大意义，对于整个社会人才培养来说也是不可或缺的。

咬文嚼字，走进诗人
——以《水调歌头》一课探索 2022 版语文课程标准在语文教学中的落实

朱嘉瑶

《义务教育语文课程标准（2022 年版）》的"新"主要体现在"语文核心素养""学习任务群""学业质量标准"这三个概念的首次提出。

作为语文教学实践者，我们有义务将先进的理念转化为教学实践，真正把新课标落实到教学过程中。现以《水调歌头》一课为例，结合新课程标准中课程实施的教学建议，浅谈自己的点滴思考。

一、语文教学关注信息融合

根据课程实施的教学建议，我们要关注互联网时代语文生活的变化，把握信息技术与语文教学深度融合的趋势，充分发挥信息技术在语文教学变革中的价值与功能，运用数字化技术来赋能我们的教学。因此，我在进行《水调歌头》的教学设计时，在课堂的导入部分使用了歌手演唱的一首与所学的词同名的歌曲，希望他们能够找到两者的不同之处。通过创设学习情境，来激发学生探究问题的热情，激发他们的学习兴趣。在教学过程中，他们很容易就找出了歌词内容与诗词部分内容的一字之差，再通过提问同学们认为两个字哪个用得更好，来引发学生对词的内容及情感的思考；此外，他们还找到了字音与词的格式的不同，既实现了识字的教学目标，也拓展了大家对于词的基本知识的认知。

语文新课标还明确指出：要重视朗读和默读，让学生逐步学会精读、略读和浏览。在教学过程中，我安排了大家默读，齐读小序，女生齐读上片，男生齐读下片，最后在理解的基础上试着背诵整首词。朱熹曾经说过："余尝谓读书有三到：谓心到、眼到、口到。"这"三到"是多种分析器官同时参加活动的协同作用，心理学家早有实验结论：多种分析器官协同作用的效果最好。因此读背是自悟的前提和基础，只有反复诵读才能真正体会词的意味、情趣和文气。

二、语文教学关注学情分析

新课标坚持"以生为本"，学生是学习和发展的主体，语文课程必须根据学生身心发展和语文学习的特点，这就要求我们老师多备学情。九年级学生对词不算陌生，对于诗词的积累有一定的基础，他们也很喜欢读诗词，但由于年龄及生活积累的局限，又使他们对于词的意境、内涵及如何鉴赏难于把握。根据该学段对古诗词鉴赏的要求、该单元的单元说明及文本的特点，教会学生如何准确把握诗人的情感脉搏，如何读词、把握作者情感，应是本课教学的重点。学生曾经学习过苏轼的作品，对苏轼也有了一定的了解，可以让他们搜集相关资料，加深对苏轼的了解。在把握了初次学情的同时，我汲取了后"茶馆"式教学的教学经验，通过设计任务单，为他们搭建脚手架，通过学生们上交作业的反馈，对二次学情有一个把握和认知，在正式授课过程中可以让学生自行在原有基础上进行修正。根据新课标的要求，教师要明确学习任务群的定位和功能，准确理解每个学习任务群的学习内容和教学提示，注意避免死记硬背和机械训练。于是，我在设计学生的学习任务时，以梳理词的内容脉络为主线，请同学们先理顺词的大意，通过初读，对于整首词的情感有个初步的印象。

在任务群的设计上，我将预习任务单设计为：

① 从小序中，你能读到什么信息？

② 从词的上片中，你能读出作者怎样的情感呢？

请同学们用"读你的词，我读出了你的_____（情感）"来回答。

③ 你是如何理解下片中的重点句"人有悲欢离合，月有阴晴圆缺，此事古难全"和"但愿人长久，千里共婵娟"的？

④ 读苏轼的词，你读出了他怎样的人格魅力？

请同学们用"我读出了苏轼是一个_____的人，因为他……"来作答。

而这预习任务单也恰好是我本堂课需要解决的主要任务，于是在新课教学时，在同学们原有的预习基础之上，他们会更愿意交流自己的想法，课堂讨论也更加激烈。但毕竟初中学生的思维还有局限性，因此，在解决第一个问题时，本着"学生为主体"的意识，沿着学生的思路，我们得到了作者写这首词的原因，当时作者与自己的胞弟子由分别已经七年了。词人身在密州，心怀子由。面对一轮明月，心潮起伏，于是乘酒兴正酣，挥笔写下了这首名篇。同时也分析了词中作者对自己弟弟的思念之情。新课标要求：立足核心素养，彰显教学目标以文化人的育人导向。在此，我也找了兄弟俩的互评文字来加深同学们对苏轼与弟弟之间情感的感知，他们是兄弟、是师生、是诗词唱和的良友、是精神上相互勉励的知己。

但是，作者写这首词的目的不仅仅是为了怀念子由，通过引导找到"兼"——还有，这个字说明想念弟弟子由只是苏轼写这首词的原因之一。古人的言论自由远不及我们，作者会用隐晦的字句进行表达，由此引发学生探究作者隐晦语言背后的原因究竟是什么。

接着，在解决第二个问题时，同学们很容易感受到诗人的孤独，对月宫的向往和是否要去月宫的矛盾之情，但是在引入背景之后，大家会对"月宫"有新的思考，在同学们的热烈讨论下，我们还能够读到这隐晦语言背后蕴含的是作者政治上的失意、迷茫与惆怅。

三、语文教学注重核心素养

新课标指出：教师应理解核心素养的内涵，全面把握语文教学的育人价值，突出文以载道、以文化人，把立德树人作为语文教学的根本任务，清晰、明确地体现教学目标的育人立意。引导学生在学习语言文字运用的过程中，逐步树立正确的世界观、人生观、价值观。

于是，我设计了第三和第四个问题，初三这一时期的学生情绪很敏感，面对网课后的不适应，毕业年级所面临的压力与学习上的困难，他们很容易产生消极的情绪。但从苏轼这首词中，我们可以看到他以行云流水般的语言营造了天上人间的清冷意境，写出了自己由矛盾到坦然豁达的胸襟，给同学们以一定的启示，这就是语文课程的育人价值，也是核心素养的一种体现。

诗人在犹豫徘徊中选择了继续留在密州做太守，而他这样选择的理由可以从下片的两句话中找到依据："人有悲欢离合，月有阴晴圆缺，此事古难全"——人有悲离之时就一定会等来欢合，月有阴缺之后就一定会等来晴圆，这背后都暗含着希望，再联想到自己，他期待着与弟弟的分离和仕途的不顺一定会迎来转机。苏轼之前还在矛盾、犹豫、埋怨，到这里笔锋一转写出了这样一句话，这背后蕴含的人生哲理，正是他豁达情怀的体现。苏轼身处失意，却心怀天下，他道出了千古离人共同的心声：但愿人长久，千里共婵娟。他以自身经历劝勉全天下与亲人分离，深受相思之苦的人，长长久久地生活着，一定能等到相聚的时刻。这首词虽饱含人生哲学，但它是通过一个完美的文学意境来表现的。我们感觉到那中秋之夜美好的月色，体会作者的丰富情感，感受到他的人格魅力。

作为教师，我们应充分认识语文课程工具性与人文性是统一的，从培养核心素养出发，注意在识字与写字、阅读与鉴赏、表达与交流、梳理与探究的过程中，整体提升学生的核心素养。而本次《水调歌头》一课的教学是语文新课程标准指导下的一次实践，在新课标的引领下，我也相信，我们未来会做得更好。

如何在阅读课中提升学生英语学科核心素养之思维品质
——以 "8A U4 The funny side of police work" 为例

游 洵

10月14日，在初二四班开设的是 8A U4 More practice 的阅读课，名为 The funny side of police work。引入部分我从本单元的两篇阅读文章入手，给出图片让学生说出两种案件类型，并提问"当我们遇到此类问题时我们应该怎么做？"引导学生在特定的语境中分析，由此引出警察的工作。接着在读前部分让学生进行头脑风暴，思考如何看待警察的工作及其原因。学生其实很难想到警察的工作也可以是有趣的、好玩的，因此我提出 funny 的概念激发学生的阅读兴趣。

在读中环节，我首先让学生全篇泛读，再分别读三个小故事。在全篇泛读时我引导学生统筹全局，培养学生的整体意识。首先，我给出一个表格，让学生边读边找三个案件类型以及故事的大致内容。之后我在三个概括大意的句子中分别圈出人物及动作，引出故事的六要素。在三个小故事的阅读后，每一个故事读后的活动和任务都有所不同，任务设计由易至难，由浅入深，旨在培养学生的思维品质。

学生的思维品质主要表现为思维的逻辑性、批判性和创新性。

一、思维的逻辑性主要表现为思维的规则，具体涉及判断及推理等心智行为

例如在第一个故事的语篇分析中，我将文本整合成多个层次，设计问题链，从询问"Why does the writer use quotation marks in 'thief'?"开始，问题都是环环相扣，以一些可从文本中找出答案的问题最后演变为"What can you guess about the man and his wife?"这一需要学生根据文章内容进行分析、思考的问题，学生在回答这些问题的过程中能够了解故事的发展及成因，在由此及彼、由表及里的思考中逐步培养他们逻辑思维的深刻性。

二、思维的批判性在于质疑、求证，不盲目接受一种观点，也不武断拒绝一种思想

在第三个故事中，我提出一个问题，让学生思考文本中动词的 sing 能不能替换成 chirp。学生也给出了不同的想法，在分析这一观点时，学生将该问题与文章主题 funny side 相联系，并没有局限于两个动词本身的差别。在分析两者选择时，我鼓励学生大胆质疑，引导学生形成和表达自己的观点，体现出批判性思维。

三、思维的创造性侧重于求异求新，敢于想象，善于改变

在第二个故事中，我给出两种图表供选择，让学生进行思维导图的创作，可以侧重故事六要素也可以侧重故事发展，并邀请学生上台用自己的语言介绍自己设计的思维导图，以此帮助学生灵活地学习和掌握英语。学生对于单纯文本的信息可能接收程度较弱，而在构建思维导图的过程中，学生能够将整个文章的内容进行回忆归纳、构建重组，这个过程能够有效激发学生思维的广阔性和独创性。又例如读后活动中让学生给三个小故事取标题，不仅调动了学生的学习积极性，让他们在分析文本内容后进行个人的思维创新，设计出不同的标题，同时让学生整体把握阅读文章，培养他们总结概括、提取关键信息的能力。

读后活动的最后一个环节是让学生分析三个小故事中的趣味性，发现和体会主题背景与文章的关系，确保学生对于阅读文章进行深度理解及学习。

　　总体来说，英语阅读课堂教学中的很多活动都能够促进学生思维能力的发展，教师在日常教学中，首先应当对于教学内容、阅读文本进行深入透彻的分析，并从学生现有的思维水平出发，寻找文本中能触发学生思维的发展点及关键点，有可能是思维品质中的某一方面，也有可能是几者结合。之后基于这些发展点，教师要设计合适的学习活动和任务，调动学生学习、思维的积极性。在课堂中，教师需要抓住学生思维的闪光点，给予学生一定的认可，并且进行引导式提问，促进学生从进一步的思考中取得更多的收获。

第三节　善思　善行

　　"善思、善行"是提升教师教育水平、教学实践效果的关键环节，也是教育改革和发展的关键力量。善思意味着注重教育生态下的思辨力和大局观，紧跟时代发展特征和趋势，研究新的教育走向和模式，为教育改革作出贡献；善行意味着要将科研成果转化为教育实践，不断优化和改进自己的教育教学实施和方法，做到事半功倍。

　　在项目化研修的进程中，从团队项目到个人课题，都潜移默化地培养了教师自我反思的能力和长期规划的意识，结合实际情况和自身优势不断更新自己的专业知识和教学方法，将教育改革作为自己的职业追求和价值取向。

分层教学在初中英语读后活动中的实践研究

缪雅敏

一、问题提出

（一）实践项目的研究缘起

1. 初中英语阅读课课堂学生参与度较低

初中英语教学主要分为听、说、读、写这四个板块，其中英语阅读教学在英语教学中占比颇重，随着不同年级牛津英语教材中阅读难度的上升，学情也往往千差万别，出现两极分化现象。在教学中，层次较高的学生对课堂活动往往反应迅速准确，层次较低的学生却迟缓无措。

2. 青年教师在设计读后活动时思路不够清晰

英语阅读教学的教学目标为：知识目标、技能目标和情感目标。在设计活动时许多青年教师经验不足，往往会把重点放在课内单词的梳理和语法上（知识目标），却忽视了读后活动的真正目的是训练学生的高阶思维能力，让学生主动思考、解决问题。

3. 读后活动对于不同层次学生的针对性不强

在教学过程中也不难发现，阅读课的读后活动对学生的高阶思维能力要求较高，为了实现教学目标，让课堂教学顺利进行，读后活动设计往往以基础性任务为主。基础性的任务帮助层次较差的学生巩固了知识，但是对于中等的学生起不到提高的作用，基础掌握扎实的层次较高学生更是在活动中兴趣寥寥。

（二）实践项目的研究意义

1. 分层教学尊重学生个性，使各层次学生都有所得

分层教学是在班级授课制下，按照不同学生的实际学习水平和能力进行教学的一种重要手段。苏联教育家赞科夫在《教学与发展》一书中提出了"使包括后进生在内的全体学生都得到一般发展"的教育原则。分层教学尊重了学生不同的个性，同时也能保证各个水平的学生都能有所发展。美国著名心理学家布鲁姆在掌握学习理论中指出，许多学生在平时的学习中没有办法取得较为理想的成绩，主要问题是没有得到合适的帮助或是教师创设的合理学习条件，而非自身的能力欠缺。所以，当教师提供适合不同学生的学习条件，提出更为合理的目标时，不同学生的学习动机、学习速度也会逐渐相近。即分层教学的使用可以最大限度地提供布鲁姆所说的"学习条件"。

2. 提升教师对读后活动的设计能力，提高课堂效率

读后活动总是在理解阅读文本的基础上开展。一般而言，读后活动是为读完整个文本后的教学而设计的，是基于对所学文本内容和语言的再现，在新的语境中超越所学内容，依托已有认知、情感、态度和价值观来进行新的思考。首都师范大学

附中的程桂勤老师也曾在《关于分层英语教学的报告》一文中提到，分层教学在教学目标上致力于促进全体学生最大限度的发展；在教学效果上则让各个层次的学生都能有所体验。在读后活动中运用分层教学，对于激发学生兴趣、促使学生主动获取知识、减少学生兴趣的流失起到一定作用。在读后活动中进行分层教学、设置不同难度的课堂活动，能帮助学生更快地理解，调动学生们的学习积极性，增强了竞争趣味性，淡化了教学形式，注重了学生的实际情况，有保尖、促中、补差的作用，提升了课堂效率。

3. 设计合理有效的英语读后活动可以提升学生的英语综合能力

英语阅读教学中的读后活动对于学生知识的掌握、巩固、拓展，学生思维的训练都起着重要的作用。葛炳芳老师在《英语阅读教学中的读后活动：理念、策略与思考》中提出：它作为阅读课中一个拓展和延伸的环节，是信息输出与反馈的重要过程，是对阅读内容的深化和巩固。它能够将阅读与听、说、写融为一体，将语言学习与真实交际融为一体，从而有效提升学生的综合语言运用能力。英语阅读课的核心是，在阅读和交流中关注文本内容，在交互和活动中关注学习策略，让学生在批判与想象中提升思维水平。

（三）拟解决的主要问题

本项目拟解决的核心问题主要有三：

1. 通过调查问卷了解分层教学在读后活动中的应用现状。

2. 通过实践帮助青年教师优化教学设计，形成可供参考的案例集。

3. 总结一个较为完善的读后活动中的分层途径与策略。

在项目进行的一年中，我们首先通过查阅国内外文献，对于核心概念进行了界定。再通过调查问卷，了解了我校（上海市彭浦初级中学）及我校"强校工程"基地校（上海市彭浦第四中学）的英语教师和六至九年级的学生眼中分层教学在读后活动中的实施情况和具体困惑。同时，在教学工作中，归纳整理了牛津英语教材中各年级具代表性的阅读教学的题材和类型。然后，根据学生问卷中反馈的情况，设计、实践并改进课堂教学，进行分层教学在初中英语读后活动的实践研究，形成了可供青年教师参考、具有代表性的案例集。通过一年不断的实践研究，形成了相关的调查结果、研究论文、文献综述、课堂案例集及其分析报告。

二、文献述评

（一）关于"分层教学"研究内容的现状

1. 国外理论研究及研究现状

国外分层教学的概念最早出现于美国，1868 年美国教育家哈利斯（Harris, W. T.）在密苏里州创立"活动分团制"又称"弹性进度制"，即根据学生学习能力的高低，将其分为三层。到了 20 世纪 50 年代，英国也尝试在中小学将学生根据能力分为几个层级，在同一个自然班级里学习。分层教学后来经历了发展、衰败、恢复，到 20 世纪六七十年代逐步繁荣发展。20 世纪 70 年代以来，美国著名心理学家和教育学家布鲁姆的"掌握学习理论"对美国及世界其他国家的教育产生了深远的影响。同时，美国强调的多为"分层教学"与"小班化"结合教学，"主体教育""赏识教育"相结合，更能发挥学生的自主性。

2. 国内理论研究及研究现状

国内分层教学的概念最早可追溯到《论语·雍也》中"中人以上，可以语上也；中人以下，不可以语上也"。孔子根据人的认识能力，将人分为"中人"以上与"中人"以下。邱学华的"尝试教学法"、上海市教育科学研究所胡兴宏的"分层递进教学"等，它们都给分层教学奠定了理论基础和科学依据。20 世纪 80 年代，教育改革家黎世法提出属于现代社会的个性化教学方式和教学理论，即"异步教学方式"，让教师的教与学生的学真正实现了有效统一。1991 年，上海市教育科学研究所胡兴宏采用与各个层次学生的学习能力相适应的教学策略，效果显著，该策略被称为"分层递进教学"。其实从结果中我们能发现成绩越好的学生进步越快，各层次学生都能在自己适应的空间学习，从而促进了全体学生的最优发展。

综合国内外的研究，其实分层教学就是因材施教，指的是教师根据学生的知识储备、能力水平等因素，把他们科学地进行分组并有针对性的区别对待，来使各层次学生适应专属自己的空间学习，促进了全体学生的最优发展。苏联教育家赞科夫在《教学与发展》一书中提出了"使包括后进生在内的全体学生都得到一般发展"的教育原则。分层教学尊重了不同的个性，同时也能保证各个水平的学生都能有所发展，找到属于自己的"最佳发展区"。美国著名心理学家布鲁姆在掌握学习理论中指出，许多学生在平时的学习中没有办法取得较为理想的成绩，主要问题是没有得到合适的帮助或是教师创设的合理的学习条件，而非自身的能力欠缺。所以，当教师提供适合不同学生的学习条件、提出更为合理的目标时，不同学生的学习动机、学习速度也会逐渐相近。即分层教学的使用可以最大限度地提供布鲁姆所说的"学习条件"，分层教学的实用性和重要性不言而喻。

（二）关于"英语阅读读后活动"研究内容的现状

阅读教学是初中英语教学的重要组成部分，通常包括了读前活动（Pre-reading activities）、读中活动（While-reading activities）及读后活动（Post-reading activities）。教师在阅读的不同阶段设置相应的活动和任务，通过创设具体语境进行循序渐进的语言实践活动，而读后活动是指在初中英语阅读课中后期开展，利用阅读文本开展教学的一个环节，旨在促进学生在新的语境中应用相关语言和内容去表达思想，使阅读课堂"学伴用随""学思并举"。也就是说读后活动是对于阅读文章的延伸与深化，是在新的语境中应用相关的语言和内容去表达思想的课堂教学环节。

根据布鲁姆的掌握学习理论"记忆（remember）、理解（understand）、应用（apply）、分析（analyze）、评价（evaluate）、创造（create）"的认知过程维度（the Cognitive Process Dimension）目标分类体系，随着课堂的不断改进，读后活动需要进一步分类：熟悉文本类活动、深化理解类活动、拓展运用类活动、分析对比类活动、评判推断类活动、建构创造类活动。

在英语教学过程中不难发现，阅读课的读后活动对学生的高阶思维要求较高，为了实现教学目标，让课堂教学顺利进行，读后活动设计往往以基础性任务为起点，难度逐步提升到拓展性任务。基础性任务帮助层次较差的学生巩固了知识，但是对于中等的学生起不到提高的作用，基础掌握扎实的层次较高的学生更是在读后活动中兴趣寥寥。而拓展性任务对于高阶思维要求高，层次较差学生往往就是从听不懂到走神，课堂读后活动最后沦为了自由活动。

综合各方观点，读后活动现在存在的问题主要有以下几方面：

1. 占比偏低。由于读前、读中活动安排不恰当，教学过程中缺少读后环节的实施。读后活动是读前读中活动的延伸，由于前面拖沓或者过多讲解基础，教师忽略了在读后环节中对于学生阅读技能、思辨能力、解决问题能力的培养。

2. 脱离现实。在设计读后活动时，教师会设计一些不符合学生当下知识水平、认知能力、年龄特点和兴趣爱好的环节。学生难以产生共鸣，这就很容易造成课堂教学枯燥，降低学生的积极主动性。学生没有学习动力，只是在机械被动地接收英语知识，很难开拓思维，不利于英语教学活动的顺利开展。

3. 形式单一。初中英语教学中普遍存在"控制多"的问题，即教师重视"教"，忽视"学"，过于强调"脚手架"的作用，忽视学生学习能力的养成，学生学得比较被动。读后活动形式常见形式有：设计填表、回答问题、判断正误、选词填空、写作。这些活动都停留在处理文章的表层信息上，而没有对文章的深层内涵进行挖掘，也没有对文本内容和信息进行理解、分析及运用，这对培养学生的阅读能力作用不显著。

4. 流于形式。教师在读后活动中急于求成，忽视了基础技能的培养，一味地拔高读后环节的难度。设计一系列看似丰富多样的读后活动，但却缺少层次性、关联性及合理的语言支架。读后环节中的输出活动与读前读中环节中的输入活动毫无关系，学生根本无法在有限时间内完成复杂的任务，读后活动也就失去了它的意义。

从这些研究中可以看出，英语阅读教学中的读后活动对于学生知识的掌握、巩固、拓展，学生思维的训练都起着重要的作用，它作为阅读课中一个拓展和延伸的环节，是信息输出与反馈的重要过程，是对阅读内容的深化和巩固。它能够将阅读与听、说、写融为一体，将语言学习与真实交际融为一体，从而有效提升学生的综合语言运用能力。而现实是在这个重要环节的实施中，还存在着很多问题亟待解决。针对不同学生进行更有针对性的教学环节的设计，教学内容的安排，教学手段的变化，也许就是不错的解决方法。

（三）关于"分层教学在英语读后活动的应用"研究内容的现状

2017年，新英语课程标准提出了以学生发展为本，关注学生的个体发展差异的基本教育理念。英语课程应面向全体学生，体现以学生为主体的思想。由于学生学习水平存在差异，他们具有不同的学习需求和学习特点，所以只有最大限度地满足个体需求，才有可能获得最大化的整体教学效益。因此，为学生提供一个更有效的英语课堂教学模式变得越来越迫切。

英语的读后活动总是在理解阅读文本的基础上开展。一般而言，读后活动是为读完整个文本后的教学而设计的，是基于对所学文本内容和语言的再现：在新的语境中超越所学内容，依托已有认知、情感、态度和价值观来进行新的思考。也正因为读后活动超越了所学内容，它就是对学生综合能力的考查。学生的知识水平、认知能力、兴趣爱好些许不同都会导致课堂反馈的差别。在读后活动中实施分层教学，可使每个学生都能在难度提升中得到切合自身的充分发展。

但是仔细查阅相关资料后，笔者发现分层教学在英语读后活动的相关研究中寥寥无几。主要因素有以下三个方面：

1. 缺少英语阅读的读后环节。由于读前、读中活动安排不恰当，阅读教学过程中缺少读后环节的实施。没有了读后环节，分层教学的实施便无处可依了。

2. 缺少合理的分层方法及依据。每个班级学生情况各不相同，在读后活动中究竟是按照什么分层仍旧是个问题。学生的性格、知识水平、能力、在读前读中环节中的表现都应是参考因素。

3. 缺少分层教学后相对应的教学成果设计。在读后活动中进行分层，相对应的活动、评价机制和课后作业也会随之改变，没有系统性的研究可供参考。

综合以上三个因素，分层教学在英语阅读读后活动中的实施困难重重。一线教师往往无法在繁忙的工作中协调制订出较为合适的应用方法。

但首都师范大学附中的程桂勤老师曾在《关于分层英语教学的报告》中提到，分层教学在教学目标上致力于促进全体学生最大限度的发展；在教学效果上则让各个层次的学生都能有所收获。读后活动中运用分层教学的重要性还是不言而喻的。而在读后活动中可以实施的分层策略有：

1. 对于学生分层。英语教师在进行读后活动教学时，要了解学生的学习情况，掌握学生学习习惯、心理动态、学习水平等方面，根据诸多方面的因素，将学生可大致分为三层：第一层的学生对于学习英语有抵触和畏惧心理，内向不爱言语，在课堂上的学习仍有很多的问题；第二层，学生拥有比较良好的阅读学习习惯，通过合作能解决问题；第三层，学生英语学习能力非常强，对于英语学习积极又主动，可以帮助同伴学习。因为读后活动多为小组活动，通过学生分层可以进一步对读后活动中小组不同角色进行布置。

2.对教学目标分层。教师要根据对不同学生的了解，在读后活动中要制定不同的教学目标，对于不同类型的读后活动也要进行合理地调整，培养学生的学习兴趣和学习积极主动性。在相对应的读后小组活动中，在同一小组内设计不同角色，进行自主分配任务，鼓励学生根据自身水平选择角色完成相对应的任务。在这些小组任务中必然会有动脑、动手，分散、整合的任务，这既是一个很好的锻炼学生合作能力的机会，也是一个很好的以强带弱的契机。这就需要教师在准备创设真实生活情境时有属于针对学生学情的思考。

3.对教学方法分层。为了课后环节的顺利实施，分组时还需考虑到学生的不同特长。但是在精心的思考和设计的活动中，层次较高的学生就自然而然地承担了更多的表达分享任务，层次较低的学生在讨论时能够有针对性地表达想法、提供创意。在读后活动中运用不同角色的设定激发了学生兴趣、促使学生主动获取知识，从而得到处于不同角色中的成就感。学生们的学习积极性得以调动，学生融入其中，课堂效率自然得以提升。

所以，只要分层的方法有效且适当，成绩越好的学生进步越快，各层次学生在自己适应的空间学习，中高层次学生能更显著提高积极性和增强自信心，从而促进了全体学生的最优发展。而英语阅读教学中的读后活动恰好也应该满足这一点。在读后活动的组织中，项目化学习，或者说小组活动是较优的选择。在小组活动中，首先教师需要创设真实情境，让学生沉浸其中后去解决这个真实的问题。在活动中也需要学生的多种综合能力：分析问题的高阶思维能力、解决问题的能力、解决真实问题的合作的能力，等等，而不同的学生在同一个小组活动中扮演不同角色就能达到这些目的。

（四）文献研究小结

1.从分层教学、英语读后活动两方面的研究来看，人们对于这两方面的研究还是很深入的，研究内容充实，研究的框架也很完整，国内外的研究和实践都证明了这两者的重要性。但在运用分层教学、注重英语读后活动的过程还是存在问题。

2.从分层教学在初中英语读后活动的研究来看，理论研究和实践研究都是较为匮乏的。大多数研究和结论都肯定了分层教学在阅读课堂教学的整体应用，却忽视了当中至关重要、最能体现分层教学含义的读后环节，聚焦得不够细致。

3.分层教学和英语阅读教学都是大家颇为关注的话题。本文为下一步分层教学在初中英语阅读教学工作开展打下基础，填补了现在分层教学在初中英语读后活动研究的空缺，拓展了教师对于分层教学应用的思考，为丰富分层教学在初中英语读后环节的应用提供了更多的想法和做法。

三、项目内容与方法

（一）项目实施的基本思路

如图5-16所示，本项目操作基础基于文献研究的理论基础和调查问卷中的现实困惑，并在研究前期对国内外的相关文献进行了系统的查阅和整理。对本项目《分层教学在初中英语读后活动中的实践研究》的核心概念——分层教学、读后活动及这两者的结合进行了研究现状的整理和总结。其次，在项目开始之初，结合文献研究，设计了分层教学在初中英语读后活动中的实践研究问卷（教师版）和分层教学在初中英语读后活动中的实践研究问卷（学生版）。通过两版问卷，来了解现今分层教学在读后活动中的实施情况、学生和教师对其真实的反馈。

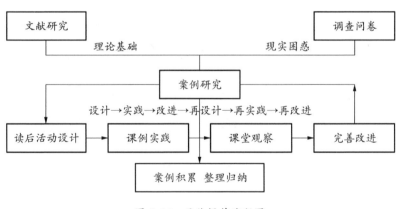

图 5-16　具体操作流程图

在案例研究的过程中，主要的实践思想为：设计→实践→改进→再设计→再实践→再改进。以解决调查问卷中的真实困惑、整理具代表性案例为目的，设计读后活动的教学。根据班级情况，对于案例设计进行改进，实践上课，本项目小组其他成员会进行针对读后活动的课堂观察，在课后进行评课，提出修改意见。整个过程不断反复，形成案例集。在过程的不断重复中，归纳、改进分层策略，最后形成较为完善的读后活动中的分层途径与策略。

（二）项目目标

1. 通过调查问卷了解分层教学在读后活动中的应用现状。

2. 通过针对在不同年级读后活动分层教学的探索，优化教学设计，形成案例集。

3. 通过反复实践、改进，总结出一个较为完善的读后活动中的分层途径与策略。

（三）项目主要内容

1. 完成对于英语读后活动情况的调查问卷和访谈；根据结果，做好归纳分析工作。

调查问卷和访谈的内容将会围绕读后活动和读后活动形式，调查主体是参与课程改进的学生。读后活动主要有：评论观点、提出质疑、求同辨异和判断推理等；读后活动形式：讨论、辩论、问答、续说、续写、概要、表演、报告及海报等形式开展。

2. 按照学生读后活动成果的类型，整理不同年级牛津英语教材中的阅读课后活动和课程设计。

在读后小组活动中，设计同一小组的不同角色任务分配，鼓励学生根据自身水平选择相应的角色完成相对应的任务。由于英语教材难度的上升，六、七年级和八、九年级内容差异较大，不同难度的教材需要我们好好构思与之相对应的读后活动。其中六、七年级的课文往往篇幅较短，可供学生开拓思维、发挥想象力的内容更多。所以针对六、七年级的学生，我们教师往往会更多设计完成对话、采访、海报、创作简单儿歌等没有过多框架限制的任务。在这些小组任务中必然会有动脑、动手，分散、整合的任务，这既是一个很好的锻炼学生合作能力的机会，也是一个很好的以强带弱的契机。而对于八、九年级来说，文章长度变长、难度增加，内容相较于低年级有了更多的框架，也更加强调思维的训练。这就需要教师对创设真实生活情境有属于自身的思考。我们常见的高年级会有汇报的任务，教师在设计读后活动时应该体现读后活动的"真实性、阶梯性、拓展性、趣味性和主体性"。

3. 综合学生学情及教材设计，修改完善课程设计，形成案例集。

主要采用两种形式。（1）针对不同层次，设计不同类型活动（组间分层）。

（2）创设真实情境，分配不同小组角色（组内分层）。在同样的读前、读后活动的铺垫下，设计不同的读后活动产出模式（听、说、读、写）。给予学生可以选择的听说或读写任务，由学生自行选择，层次较高的可完成读写任务，层次较低的可选择相对难度较低的听说任务。而在课前设计活动时，教师会更多强调大框架的设计，具体细节放手给学生，而后在反馈时注重形成评价，聚焦学生的学习过程与内容。在不同设计中，注意内容的创设、任务字数的多少、活动时间的长短等，而后形成一套较为完整的分层策略及相对应的案例集。

四、项目实施过程

本项目《分层教学在初中英语读后活动中的实践研究》实施过程主要分为启动、深入推进、总结提炼三个阶段。

（一）文献梳理，奠定理论基础

2020年8月，自准备申报2020—2021年上海市中小学（幼儿园）青年教师（2—5年）专业发展实践研究项目以来，我们就依据课题《分层教学在初中英语读后活动中的实践研究》，对国内外文献进行了大量的调查和研究。在开始之初，就核心概念——分层教学、读后活动及两者的结合进行了研究现状的整理和总结。2020年10月立项后，在2020年12月29日和2021年1月28日，在区级和市级专家老师们的指导下，我们对于部分内容进行了进一步的文献查阅和梳理，奠定了理论基础。2021年3月，形成了一份分层教学在初中英语读后活动中的实践研究文献综述。

1. 核心概念再界定

（1）分层教学：分层教学就是因材施教，指的是教师根据学生的知识储备、能力水平等因素，把他们科学地进行分组并有针对性的区别对待，来使各层次学生适应专属自己的空间学习，促进了全体学生的最优发展。《论语·雍也》中："中人以上，可以语上也；中人以下，不可以语上也。"孔子根据人的认识能力，将人分为"中人"以上与"中人"以下。而现代的"分层教学"概念出现于美国，但美国强调的多为"分层教学"与"小班化"教学结合，"主体教育"与"赏识教育"相结合，能从另一方面发挥学生的自主性。

（2）读后活动：读后活动是指在初中英语阅读课中后期开展，利用阅读文本开展教学的一个环节，旨在促进学生在新的语境中应用相关语言和内容去表达意义、表达思想。读后活动是对于阅读文章的延伸与深化的课堂教学环节。

2. 理论研究再补充

徐碧波老师的《布鲁姆的掌握学习理论》、葛炳芳老师的《英语阅读教学中的读后活动：理念、策略与思考》让我们对自己的课题有了更加深刻的理解。根据布鲁姆的掌握学习理论"记忆（remember）、理解（understand）、应用（apply）、分析（analyze）、评价（evaluate）、创造（create）"的认知过程维度（the Cognitive Process Dimension）目标分类体系，也随着课堂教学的不断改进，读后活动需要进一步分类为：熟悉文本类活动、深化理解类活动、拓展运用类活动、分析对比类活动、评判推断类活动、建构创造类活动。加深学习了以上这些教学理论，我们能更有针对性地进行分层教学在读后活动的设计。

（二）调查分析，寻找现实问题

基于更加扎实的理论基础，我们自 2020 年 11 月就陆续进行了问卷的设计和发放工作。主要调查对象是我校（上海市彭浦初级中学）及我校"强校工程"基地校（上海市彭浦第四中学）的共 31 位英语教师，两校六、七年级的学生及我校八、九年级学生共 753 人。通过调查问卷，了解教师眼中分层教学在读后活动中的实施情况和具体困惑、学生现有的读后活动及对读后活动设计的看法。

通过教师提交的问卷不难看出，两校有五年以上教龄的教师占比颇重，课堂上的读后活动开展比例也非常高，说明教师对于阅读课还是有完整的设计概念的。但是从问卷中也能看出教师对于开展读后活动的不同形式、具体活动、评价标准的评价还是有所不同的。在"读后活动中的分层教学取得的效果"一题中，只有 22.58% 的教师觉得进行分层活动收效良好。在主观题"你对读后活动中的分层教学有哪些困惑"中，较多教师提到了分层的标准和课堂教学活动的设计还比较模糊。

通过学生提交的问卷，我们发现 753 位学生中有 40.77% 对自身英语水平选择了一般，而有 46.22% 的学生表示自己在课上会积极参与活动。从这两个数据中不难发现，两校学生虽然大部分英语水平一般但是对于参与课堂活动还是非常积极的。但无法理解单词、词组的学生占比高达 51.26%，这就对教师设计读后活动提出了非常高的要求，即兼顾基础的同时，既要促使水平一般的学生积极参与，又要促使水平较高的学生（占比为 12.48%）发挥水平、有所收获。

（三）课例研究，探寻改进方法

基于文献梳理的理论基础和调查问卷中的现实困惑，我们开始通过在读后环节中分层教学的实践，提升学生对于阅读的兴趣，激发学生的创新意识。

由于本项目的三位老师分属不同年级，缪雅敏老师预备、初一年级教学经验丰富，王嘉意、孙熠玮老师任教初二、初三，所以不同年级读后活动分层教学的探索更具操作性。此外，结合学校青年科研沙龙英语项目组活动，青年英语教师们常汇聚一起，结合课例，探讨现实分层的困扰及方法。

1. 交流研讨

2020 年 10 月 20 日，校青年科研沙龙会议上，缪雅敏老师结合"项目化学习"对本组课题进行了深入思考，通过英语节公开课的具体案例，她论述了真实情境的创设、解决实际问题、在读后环节中通过分工以强带弱完成项目的重要性。

2020 年 11 月 9 日，校英语项目组活动中，王嘉意老师主持活动，项目组的老师基于课题《分层教学在初中英语阅读教学读后活动中的实践与研究》，结合自己的日常教学和具体案例，在之后的项目组例会上交流教学活动的心得体会，逐步推进项目组课题的发展。

2020 年 12 月 29 日，校青年科研沙龙会议上，缪雅敏老师对《分层教学在初中英语读后活动中的实践研究》进行开题论证，阐述了选题缘由、研究目标、研究内容、研究计划和预期成果，梳理了初中英语读后活动中践行分层教学的基本线路。静安区教育学院科研员徐梦杰老师对课题进行了详尽的指导。

2021 年 1 月 19 日，校青年科研沙龙会议上，孙熠玮老师从研究目的和研究内容等方面，对市级青年实践项目《分层教学在初中英语阅读教学读后活动中的实践研究》进行了展示，分享了自己在不同班级之间的读后分层，以及在同一个班级中对不同层次学生尝试分层的探索，并对实践效果进行了反馈。

2021 年 4 月 19 日，本项目组成员就近期的校内外活动进行小结，整理了与课题《分层教学在初中英语阅读教学读后活动中的实践研究》相对应的案例以及相关材料。同时，成员们对项目中下一阶段的具体实施方向进行了细化，明确了阶段性成果的优缺点，并进行了相应的补充。

2. 案例研究

2021 年 11 月 6 日，王嘉意和孙熠玮老师以"分层教学在读后活动中的实践"为关注点，开展了同课异构教学展示：8A Unit 5 Look it up。

2021 年 4 月 8 日，王嘉意老师 8B U2 Water。

2021 年 5 月 6 日，孙熠玮老师 8B U5 Scientist discovers a sixth sense。

2021 年 5 月 5 日，缪雅敏老师 7A U8 How to be a healthy child。

2021 年 9 月 23 日，缪雅敏老师 Reading Advantage: Unit 1 Lions。

以上为校级教学展示课，在磨课过程中，我们始终关注分层教学在读后活动中的渗透，不断优化教学设计。以上教学展示阅读课涵盖了 7A~8B 的典型内容以及课外拓展阅读教材，通过实践—反思—改进—实践，结合校内其他年级教师的典型案例，我们有了更多的思考和改进，形成了案例集。

（四）经验总结，提炼反思归纳

项目进入中后期，我们除了对案例集不断进行综合和归纳外，也将自己的所思所得以文字形式进行内容整理和提炼。

缪雅敏老师《分层教学在初中英语读后活动中的实践研究》一文获"静安教育学术季·第五季""基于因材施教思想的教与学的实践探索"征文二等奖。她还以关注初中英语低年级读后活动的分层教学为抓手，录像课 6B M2 U6 Seasonal Changes 及其教学设计与反思（牛津上海版），获得爱满天下杯第二十届全国教师教育论文大赛三等奖。

王嘉意、孙熠玮老师虽时值任教初三，也在不断进行教学实践与反思。

通过我们反复实践、改进，形成了一份较为完整的案例集，制定了较为完善的读后活动中的分层途径与策略。这一年时间虽短，但采取有效分层策略对学生发展、教师成长的促进作用是显而易见的。

五、项目成果与分析

（一）项目成果

1. 初步探索了分层教学对于初中英语读后活动的意义和价值

通过文献咨询，依据课题《分层教学在初中英语读后活动中的实践研究》，我们对大量的国内、国外文献进行调查和研究。就核心概念——分层教学、读后活动及两者的结合进行了研究现状的整理和总结，形成了一份分层教学在初中英语读后活动中的实践研究文献综述，可供教师了解分层教学的重要性，及其对于初中英语读后活动的意义。

2. 初步形成了初中英语读后活动分层较具代表性的案例集

（1）读后活动的种类

熟悉文本类活动：描写、说明有关信息点之间的简单联系；深化理解类活动：个性化的解释或回应文本内容，推断作者意图；拓展运用类活动：在相似情境中应用文本内容或语言探讨或解决问题；分析对比类活动：解构文本内容和表达，分析、对比文本内容与新情境的联系；评判推断类活动：批判性地评价文本内容和表达，回应文本内容，作出个性化的判断，表达自己的思想；建构创造类活动：用所获取的信息推导或创构新的内容和思想并进行表达。

（2）阅读课文的体裁

6—7年级：家谱、邀请函、对话、诗歌、调查报告、旅游手册、海报、菜单、食谱、活动安排、电影指南、标志、食物链、故事、购物清单、展示板、相册集等。

8—9年级：文章。

（3）案例集概要

6A U8 The food we eat；6A U9 Picnics are fun；6B U6 Uniforms for different seasons；7A U8 Growing healthy、growing strong、8A U5 Look it up 1；8B U2 Water；8B U5 Scientist discovers a sixth sense 及课外阅读 Reading Advantage: U1 Lions。

案例集涵盖了牛津英语6A~8B具有代表性课文的课件及教案，课外阅读的课件及教案，可较为直观地展示读后活动中分层的设计，以期能帮助部分教师解决分层教学在读后活动中的设计问题。

3. 初步总结了初中英语读后活动分层的策略

（1）对学生分层。英语教师在进行读后活动教学时，要掌握学生学习情况、学习习惯、心理动态、学习水平等方面，根据诸多方面的因素对学生进行分层。大致分为三层：第一层的学生对于学习英语有抵触和畏惧心理，内向不爱言语，在课堂上的学习仍有很多的问题；第二层，学生拥有比较良好的阅读学习习惯，通过合作能解决问题；第三层，学生英语学习能力非常强，对于英语学习积极又主动，可以帮助同伴学习。因为读后活动多为小组活动，通过学生分层可以进一步在读后活动小组中将学生分置不同的角色。

（2）对教学目标分层。教师要根据对不同学生的了解，在读后活动中制订不同的教学目标，对于不同类型的读后活动也要进行合理的调整，培养学生的学习兴趣和学习的积极主动性。在相对应的读后小组活动中，在同一小组内设计不同角色任务，进行自主分配，鼓励学生根据自身水平选择相应的角色完成相对应的任务。在这些小组任务中必然会有动脑、动手，分散、整合的任务，这既是一个很好的锻炼学生合作能力的机会，也是一个很好的以强带弱的契机。这就需要教师在准备时对创设真实学习情境有属于针对自己学生学情的思考。

（3）对教学方法分层。为了课后环节的顺利实施，分组时还需考虑学生的不同特长。但是在经过精心的思考和设计的活动中，层次较高的学生就自然而然地承担了更多的表达分享任务，层次较弱的学生在讨论时能够有针对性地表达想法、提供创意。在读后活动中运用不同角色的设定激发学习兴趣，促使学生主动获取知识，从而得到处于不同角色中的成就感。学生们的学习积极性得以调动，增强了竞争中获得的趣味性，学生融入其中，课堂效率自然得以提升。

（二）简要分析

1. 项目结果的科学性、可靠性与创新性

初中英语教学主要分为听、说、读、写这四个板块，其中英语阅读教学在英语教学中占比颇重，且随着不同年级初中英语牛津上海版教材中阅读难度的上升，学情也往往千差万别，出现两极分化现象。在教学中，层次较高的学生对课堂教学活动往往反应迅速准确，层次较低的学生却迟缓无措。英语的读后活动总是在理解阅读文本的基础上开展。一般而言，读后活动是为读完整个文本后的教学而设计的，是基于对所学文本内容和语言的再现，在新的语境中超越所学内容，依托已有认知、情感、态度和价值观来进行新的思考。也正因为读后活动超越了所学内容，它就是对学生综合能力的考查。学生的知识水平、认知能力、兴趣爱好甚至是家庭背景的些许不同都会导致课堂教学反馈的差别。在读后活动中实施分层教学，使每个学生都能在难度提升中得到切合自身的充分发展。所以，对于分层教学在初中英语教学活动中的合理运用的实践研究很有必要。

基于"中国知网"的五种数据库（中国学术期刊全文数据库、中国重要报纸全文数据库、中国重要会议论文全文数据库、中国优秀硕士学位论文全文数据库、中国博士学位论文全文数据库），笔者以文献"篇名"为检索项，分别以"分层教学""初中英语阅读教学""英语读后活动""分层教学在初中英语阅读"及"分层教学在读后活动"为检索词，采取"精确匹配"方式进行检索，时间跨度从2001年至2020年3月11日，做了相关的文献收集和整理。表5-1显示，关于"分层教学、初中英语阅读教学"研究主要集中在最近十年之中，尤其是最近5年，相关研究论文增长态势明显，但把目光聚焦到阅读教学的读后环节时，关注度较其他来说偏少，当"篇名"设定为"分层教学在英语读后活动"检索时，知网搜索结果为0。论文的增长态势与教育改革的推动，教师的教育理念、教育环境及学生学情不断变化有关，论文的偏少则表示现在对于英语读后环节的关注度和重视度还是不够的。

表5-1 关于分层教学在英语读后活动的实践研究文献检索结果
（以"篇名"）为检索词，采取"精确匹配"方式

时　间	"篇名"检索词				
	分层教学	初中英语阅读教学	英语读后活动	分层教学＋初中英语阅读	分层教学＋英语读后活动
2001—2005 年	1 042	71	2	2	0
2006—2010 年	3 011	274	16	2	0
2011—2015 年	7 961	1 857	52	41	0
2016—2020 年	14 308	6 493	160	311	0
合计	26 322	8 695	230	356	0

一般来说，英语阅读教学的过程涵盖了读前活动（Pre-reading activities）、读中活动（While-reading activities）及读后活动（Post-reading activities）三个阶段。三个阶段的难度往往是递增的，在读前环节中激活学生背景知识，在读中环节中学

习语言点及文本相关的阅读技能，在读后环节中深化理解，挖掘深层思考，激发学生创造力。在颇有难度的读后活动中，针对学生对学业掌握程度的不同给予不同的指导很有必要。本文统计分析相关资料及文献数据，对分层教学模式、英语阅读教学读后活动等方面近几年的文献进行梳理，以期为今后的研究提供参考与借鉴。

2. 项目结果的局限性

本项目的结果主要有三：初步探索了分层教学对于初中英语读后活动的意义和价值；初步形成了初中英语读后活动分层较具代表性的案例集；初步总结了初中英语读后活动分层的策略。

但针对结果，局限有两：其一，形成文献综述时，检索文献的总量还是有所欠缺，国外文献的缺乏可能导致部分观点没有进一步地阐述。其二，由于本项目进行的时间有限，在综合整理案例集和相对应的分层策略时还会有所遗漏。

六、项目成效与反思

（一）各层次学生对读后活动积极性有了很大提高

分层教学在教学目标上致力于促进全体学生最大限度的发展；在教学效果上则让各个层次的学生都能获得成功的体验。利用了① 针对不同层次，设计不同类型活动（组间分层）或② 创设真实情境，分配不同小组角色（组内分层）等方法一段时间后，我们观察到与以往相比，学生参与稍有难度的读后活动时更为积极，同时也更愿意举手表达个人想法。在读后活动中进行分层教学中设置了不同难度的课堂教学活动，增强了竞争趣味性，帮助学生更快理解，学生们的学习积极性得到了调动。在同班同学的互相帮助下，层次较弱学生更愿意发言，而层次稍好的学生也有了成为"小老师"的成就感。这些积极效应也会延续到课后作业之中。

（二）教师对读后活动的设计能力大幅提升

通过项目实践期间的频繁研讨、磨课和课堂教学实践，本项目青年教师能够有所思、有所悟，并带动了校青年科研沙龙的英语项目组其他教师一同进步。针对阅读课中难度较大的读后活动，研讨中往往能迸发多种不同的设计思路、分层活动。而在校多次课堂教学展示活动中，老师们的表现也都获得了同组老师的好评。

（三）反思

通过分层教学在读后活动中的实践，各层次学生对读后活动积极性有了很大提高的同时，教师对读后活动的设计能力也得到了大幅提升。但在此基础上，对未来的研究我们也有了更多的设想。在本次项目中，我们着重实践研究了分层教学在读后活动的设计，但随之而来的作业布置问题也是值得我们深思的，研究工作还要不断继续。除此之外，由于本次项目的时间和本项目成员的资历所限，与九年级相关的阅读课例还未涉及，我们后续会继续进行丰富补充，对于典型的课例需要进行进一步的加工与改进，同时分层的策略还有不断拓展和完善的空间。

参考文献

［1］曹秀娟，王言英，吕濯缨．试论布卢姆掌握学习理论［J］．中国校外教育，2010，000（002）：38-38.

［2］高玉峰．论分层教学的实践意义及实施策略［C］//国家教师科研专项基金科研成果2019（八）.2019.

［3］邓茜，文绍荣．初中英语阅读教学读后活动的设计与实施［J］．科教导刊，2015.

［4］葛炳芳．英语阅读教学中的读后活动：理念、策略与思考［J］．英语学习，2018（12）：5-8.

［5］徐珂．关于新课改背后西方学习理论的再认识——以布鲁姆的掌握学习理论为主［J］．大学教育，2014，000（004）：29-30.

［6］葛炳芳．英语阅读教学的综合视野：理论与实践［J］．英语教师，2016，16（13）：153.

［7］许婧，邵士举．初中英语阅读课"读后活动"设计的探究［J］．中学生英语，2016（12）：15.

［8］陈理莉．新课程下初中英语阅读分层教学的有效实施［J］．当代教研论丛，2019，000（004）：103-104.

［9］顾硕宇.初中英语阅读教学读后活动设计初探［J］.教育界（基础教育），
　　　2019（1）.

［10］赵尚华.初中英语学法指导的内容与途径——以引导学生自主阅读为例
　　　［J］.现代教学，2019，000（001）：19-20.

［11］邓飞.初中英语阅读教学读后活动的有效设计［J］.新一代，2020（20）：
　　　113-114.

［12］方志霞.英语阅读课堂读后活动设计低效的表现与改进［J］.教学与管理，
　　　2017（08）：48-50.

［13］高倩雯.分层教学模式在高中英语阅读教学中的应用［D］.陕西理工大学，
　　　2017.

［14］程桂勤.关于分层英语教学的报告［J］.基础外语教育，2005，007（002）：
　　　29-33.

［15］高亚光.在初中英语阅读课中实施分层教学的探究［J］.考试周刊，2017
　　　（8）：92.

［16］洪晓艳.初中英语阅读教学中分层教学模式的应用［J］.校园英语，2017
　　　（35）：84.

［17］陈新忠.新高考背景下的高中英语教学改革［J］.中小学管理，2017（9）：
　　　14-15.

初中数学学科德育渗透的实践研究
——以数学文化融入初中数学课堂教学的实践为例

郁　璐

国家在"十四五"规划中强调：全面落实立德树人的根本任务，把立德树人融入思想道德教育、文化知识教育。教师除了教授学科本体知识，还需要根据学科文化特点对学生进行德育教育。

数学文化，除了包含数学的思想、精神、方法、观点、语言，以及它们的形成和发展，还包含数学家、数学史等内容，即数学文化包含除了数学知识以外的方方面面。

　　在初中数学学科中，我们应该如何以数学文化为载体进行有效的德育渗透呢？

一、关于数学文化知识的学情调研与分析

（一）问卷收集与数据对比（部分）

　　笔者对所在学校四个学段学生进行问卷采样，其中对七年级学生进行两次采样，并在第二次问卷后对部分学生进行访谈。问卷内容主要围绕：学生对数学文化的态度、需求、认知、反馈，以及数学文化在教学中的意义、内涵、实施路径等七个方面（见图5-17）。

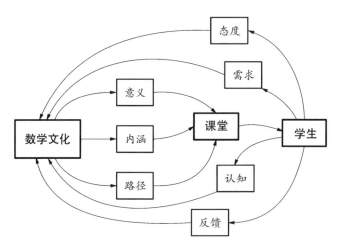

图 5-17　问卷设计思路示意

　　以七年级学生进行的第二次问卷数据为例，分别对笔者参与的有融入数学文化教学的两个班级（所取样本名为"融合样本"）、年级其余班级学生开展抽样调查（所取样本名为"非融合样本"）。本问卷（矩阵）量表题分布在"1、2、5、6、8"题（下），共15小项，可分学生态度、数学文化意义、学生需求三个维度（见表5-2）。

表 5-2　量表题的指标归类

序号（原题号）	维度	题　目
①（1）	学生态度	你会看课本中有关数学家和数学故事的"阅读材料"吗？
②（2）		你会通过其他途径（如网络、书籍等）了解有关的数学文化知识吗？
③（5）		你觉得老师讲授或自己了解到的一些数学小故事（数学文化知识），对于你在学习数学的过程中有促进作用吗？
（6）	数学文化意义	你觉得了解数学史的有关知识，对你数学学习的促进主要体现在以下五个方面：
④（6-1）		提高了学习数学的兴趣，觉得数学很有趣
⑤（6-2）		丰富了有关的数学知识，觉得学习数学不只是"做一些题"
⑥（6-3）		通过历史上各位数学大家的故事，能激励自己去学好数学
⑦（6-4）		通过数学史的学习，能对课堂中数学知识的前因后果有更好的联系
⑧（6-5）		通过数学史的学习，加强了对一些数学概念的认识
（8）	学生需求	对于以下数学法则，哪些常常不能准确运用：
⑨（8-1）		同底数幂的乘法法则
⑩（8-2）		幂的乘方法则
⑪（8-3）		积的乘方法则
⑫（8-4）		整式的加法法则
⑬（8-5）		多项式与多项式相乘的法则
⑭（8-6）		平方差公式
⑮（8-7）		完全平方公式

1. 数学文化的渗透路径

数学文化与课堂教学的融合，有赖于教学设计，更要考虑学生的青睐程度与接受程度，笔者结合汪晓勤教授所著《HPM：数学史与数学教育》（以下简称"《HPM》"）的四种融合方式，从学生学的角度出发，提出六条数学文化渗透路径作为选项，如表 5-3 所示依次为：

表 5-3   数学文化渗透的路径

1	数学课上听老师介绍
2	对老师印发的相关材料进行学习
3	作为小组成员从收集资料到同学交流，参与此类形式的活动
4	解决（改编的）历史上的一些数学题目
5	依相关的历史进程学习某些数学知识
6	学校设立专门的"数学史"活动课

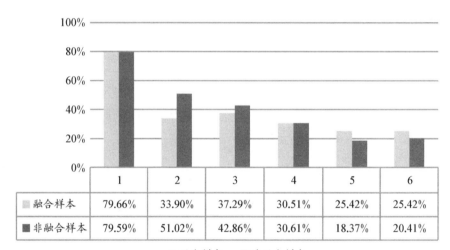

	1	2	3	4	5	6
融合样本	79.66%	33.90%	37.29%	30.51%	25.42%	25.42%
非融合样本	79.59%	51.02%	42.86%	30.61%	18.37%	20.41%

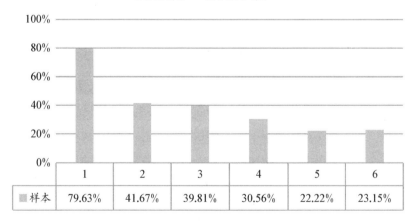

	1	2	3	4	5	6
样本	79.63%	41.67%	39.81%	30.56%	22.22%	23.15%

图 5-18   数学文化渗透的路径统计

2. 学生的需求（见图5-19）

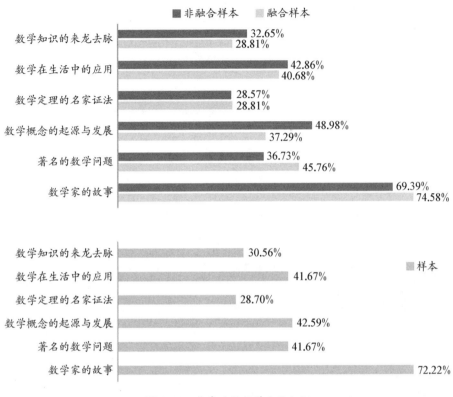

图 5-19 你青睐的数学文化知识

（二）分析与启示

1. 学生对数学文化的态度

从学生层面看，我们拥有一个非常利于开展融合数学文化进行数学教学的环境，无论学生是否参与过此类活动都不会产生太大影响，而对于有过这类体验的学生，对融入数学文化的教学能促进自己数学学习这一理念表示出更充分的肯定。

2. 学生对数学文化的需求

学生对数学家的故事、身边的数学最为喜爱，对数学概念的起源与发展、古代数学名题也保持着高度的兴趣，这些都该成为今后做融入数学文化研究的首要元素。其次，通过一段时间对数学文化的学习，能有效改善学生对数学概念、法则、定理等的理解与认识。

3. 学生对数学文化的认知

学生的数学文化是缺失的，他们大多通过老师习得有关知识。通过一段时间融合数学文化的学习，一部分同学能极大增加这方面知识储备，对自身意志品格、学习习惯都产生一定积极的提升。

4. 数学文化在教学中的意义

数学文化在提高学生学习兴趣、激发学习热情、完善知识结构、提升思维品质等诸多方面都得到了肯定的一票。也证实了在学习过相关内容之后，能对课堂中数学知识的前因后果形成更好的联系，能加强对一些数学概念的认识。

二、数学文化融入初中数学教学的基本模型

（一）数学教学中融入数学文化的基本方法

表 5-4　数学文化在数学教学中的运用方法

类　别	描　　述
附加式	直接展示、讲述有关的数学故事、主题历史
复制式	直接提出历史上的数学问题、介绍历史上数学问题的解（证）法
顺应式	顺应时代，对历史上的数学问题进行改编、思想方法进行简化
重构式	借鉴或重构概念、定理等知识发生、发展的历史

本文在研究过程中开展的融合数学文化的实践方法，全都落在上述四类方法之中。以下从实践中的两个不同角度，对融入数学文化的基本方法形成新的认识。

1. 从数学文化在数学教学上的呈现特征来看，有"直接融合"与"间接融合"之分

所谓直接融合就是看得见的融合，数学文化知识看得见、使用数学文化知识的过程看得见，一般与"附加式、复制式"相应。如由学生按小组汇报关于"分数"的史料、作业中一道《九章算术》的名题、介绍生活生产中某一数学知识的应用等。

这种开门见山的形式，能让人切身感受到数学的无处不在，对相关文化知识的

认识也会更为直接，教师实施也最为便捷，可以做到"拿来主义"，能最大程度地充实课程。但存在的问题是，学生对融合的文化知识印象未必深刻，尤其对数学故事类的陈述性素材，容易相应地有"听过算过，反正经历过了"的学习心态。

所谓间接融合指不容易察觉的融合，教学内容、过程虽经数学文化润色但较之常规并不会显示出"特别"之处，一般与"顺应式、重构式"相应。比如，举一道有历史背景的题目作为解释或应用相关法则的例子，而从例子本身又很难看出有历史的影子；又比如，为引入一个新的数学概念，设计了有趣的问题情境，情境建立在学生已有的学习经验与认知的基础上，实质是源于对历史的再发生，让学生经历从问题提出到问题解决的过程，自然而然地习得知识。

这种润物细无声式的使用数学文化的教学，是"符合自然发展规律的教学"，是能在极大程度上调动学生积极性、激发学习欲望、加速思考进程的教学。沉浸于这样的氛围中，学生除了数学学习的状态能得以很好的提升，对于知识生成过程的理解与记忆、对知识意义和价值的认同感也都会较以往有更好的体验。但相比直接融合的实施，其难度也略高一筹，教师不仅需要先充分学习相关的文化背景，还需要对融合的史料"改头换面"做符合学情的设计和贴近生活的设计。

2. 从数学课堂学习必由之路"听、说、写"出发、依学生活动类型进行融合，有"倾听型融合""对话型融合""实践型融合"三种方式

首先，上述三种方式是基于学生课堂活动的融合，是参照教学环节特征与需求进行的融合。

像情境引入的故事背景，起承转合中的平稳衔接，课堂小结的升华，提炼观点后的佐证与补充，都可以运用倾听型，一般与"附加式"相仿。值得注意的是，这个过程中，学生不仅可以做听众，同样也可以对史实滔滔不绝。此外，氛围对演绎者提出了较高的要求，平铺直叙显然会让人打不起精神。而且内容上要与教学密切相关，也要不失趣味与凝练。

所谓"对话型"指的是，将数学文化融合于课堂对话，像以历史问、以历史答、探讨历史的价值等都是不可或缺的做法。在教师与学生的对话中渗透数学文化，有时需要先提供一个文化背景作为对话展开的基础，也可以在对话中慢慢渗透进数学文化，或是对话本身就源于数学史，一般与重构式相应。比如，在分析二元

一次方程组解法时，先简单介绍刘徽在这方面作出的努力，然后围绕"刘徽的做法"展开讨论。又如，在学习了勾股定理的各家证明后，发表"你比较喜欢以上关于勾股定理的哪种证法？"等。

所谓"实践型"指的是，在练习与操作等活动中融入数学文化，一般与"复制式、顺应式"相应。比如解一道历史上或源于历史的数学习题。又比如，像折纸、裁剪等操作，让学生体验历史上数学家们研究数学的过程，在"做"中传递数学文化。

其次，以上三种融合方式也是基于学生学习内容的融合，"听故事、做题目、聊原委"，大部分融入课堂的数学文化就其内容已经决定其运用方式。不过相同的史料对于不同学情的学生，还是要进一步考虑合适的活动场景，比如同样是一段"附加式"的数学故事，在有的学生看来安静倾听就好，而有的同学则能产生很强烈的共鸣，互动即发。又比如，数学题未必都是用来解的，将"动手实践"切换到"对话"模式又何尝不可。

表 5-5　基于数学文化运用方法的认识

运用数学史的方式	基于呈现特征	基于学生活动
附加式	直接融合	倾听型
复制式		实践型
顺应式	间接融合	
重构式		对话型

实践表明，某些数学知识的教学过程在融合了相关的数学文化后，三维目标的某些方面能取得更好的成效，不同形式的融合始终应交错于课堂教学中。

（二）数学文化融入初中数学的基本原则与特点

数学文化融入数学教学必须遵循五项原则：趣味性、科学性、有效性、可学性、新颖性。经过研究发现，数学文化融入初中教学还应符合"贴近性"原则，同时还能在部分融合中体现双重"揭示性"。现从亲历的教学中提取融合数学文化的若干片段，对具体的融合经历及体会作进一步说明。

【案例一】

（1）一个引入的调整——对话型融合举例

首先出示学校往届运动会的几张图片，让学生从熟悉的场景逐渐走到以下的数学问题：

在去年入场式表演时，A班的"魔幻方阵"取得了广大师生的一致称好，但排练过程却一波三折：

体育委员小王提议在队伍行进中由正方形方阵变为长方形方阵，同学小李则担心，外圈人数和圈内人数是否会发生改变？小王通过示意图消除了小李的顾虑。（是这样的吗？）

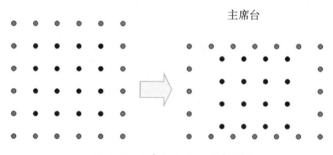

图 5-20 "魔幻方阵"示意图

还指出，外圈任意两人的间距保持不变，外圈周长也就不发生改变，所以对方阵不产生影响，里面同学能照常表演，还能利用两侧多出的空间。（你怎么看待？）

此时班长小徐却提出方阵面积在变化后实质变小了，对方阵表演可能造成影响……

（2）说明：平方差公式源自古代土地面积分割，本片段是笔者对以往融合数学史开展的教学作出的调整。笔者原先引入新课所用的是"租赁土地形状变更"的情景，考虑到土地变化能令学生体会到数学在生活中的应用，加以"间接融合"了知识点所属的历史背景，进而导出法则，合情合理。但课后仍有个别学生抱怨"分土地关我们什么事"，可见这样的"对话"还是与学生相疏离的。

笔者在践行上述五项原则的同时，补充"贴近性"（贴近教学内容、贴近学生学习）作为融入数学文化的第六项原则，相对于可学性（符合学生认知基础）而言贴近性更强调材料"接地气"的一面，也正是此例所要传达的观点。以方阵表演为背景的调整，在另一个班的教学中收到了强烈的反响，不少学生在课后还专门就方阵其他变化情况以及与平方差的关系进行了探讨。

【案例二】

（1）一个拓展的深思——实践型融合举例

在平方差公式的第二课时中，笔者拓展了第一课时用到的丢番图问题："在丢番图的《算术》第 1 卷中有这样一个问题：已知两个正数的和为 20，乘积为 96，求这两个数。"从带领学生一起分析如何运用平方差公式求解，讲述到巴比伦人的"和差术"历史，向学生展现古人平方差公式的研究动机正是简化计算。

此外还呼应了案例一中的引入："在引入的故事中我们发现，长方形的面积是由两个正方形面积之差表示的，那么：是否所有的长方形面积都能用两个正方形面积作差表示？由此，对两数的乘法运算是否有所启示？"通过深入，把原来的代数问题与几何联系起来，在感受数形结合思想的同时指出这正是"公元前 3 世纪古希腊数学家欧几里得"证明平方差公式的几何方法。

（2）说明：丢番图的问题属于"复制式"地使用数学史料，像这样直接拿历史问题作为练习的目标指向，往往与"知识技能"的达成有关。在参与听课的老师中，绝大部分都对此题的使用表示赞许，但在笔者参与的其他实践中还发现，"复制"得成功与否或许还与"复制"的量有关。

笔者以为，一般在直接融合占比较大的课堂中，容易出现因部分材料"久远"，外加无意识地"堆积"，而造成学生觉得"材料太难"的印象，这里的难未必指题目本身构思精巧难以琢磨，往往是史料在语言方面的表述，在一定程度上给学生造成了困难，上文所言贴近性在这里就更强调为一种"适度"了。预控由量到质无形间形成的压力，避免由此造成的融合品质下滑，是我们在融入数学文化进行教学时值得注意的。

虽然数学与生活方方面面密不可分，但并非所有数学知识在教授时都有与数学文化融合的必要，或者说我们需要对哪些课时可以融合、便于融合、能有效融合进行思考。

（1）通过分析教学目标来作为确定是否将数学文化运用于该节课教学的主要依据。

以沪教版《数学》第四章4.3节圆的面积为例，目标指出"通过操作、实验、探索导出圆的面积公式"，细想这一过程，不正与我们历史上诸位探索过这一课题的数学家做的是同一件事吗？这样的实践型融合，完全可以通过"重构"实现"过程与方法"的自然达成。再看这节课的情感目标"在操作实验中，引导学生感悟'无限逼近'的数学思想"恰可以融合"阅读材料"中提到的刘徽的"割圆术"等等。

（2）以充分利用好课本资源为前提的数学文化融合，更便于我们快速投入课程的开发。

比如，沪教版《数学》第十九章"几何证明"，就含有非常丰富的数学史素材。这就说明，本章内容与数学文化联系密切，要求教师在这一章的教学中，不仅要让学生掌握基本的数学知识，还需要在相关内容的基础上进一步挖掘其文化内涵，传承数学文化，使学生在学习过程中能吸收相关的文化营养，从而得到更加全面的发展。

结合《HPM》中对教学设计、实施、评价的基本流程，笔者在研究过程中若干课例的实践，以及上述相关要素的分析，形成了融合数学文化的"需求整合→资源凝练→要素确定→方案初成"四步教学模型。

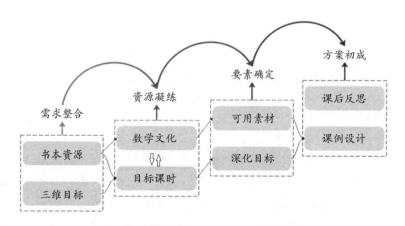

图 5-21　数学文化融于课堂的教学模型

（1）需求整合阶段即为明确什么样的课可以融合、依据什么（目标）融合。通过对课本已有资源的分析、教学目标的解读，便产生了融合数学文化的教学内容，也就是目标课时。

（2）在资源凝练环节，我们将根据目标课时去寻求相应的数学文化，这里的数学文化素材一般遵循教学原则中提到的：有趣味、符合史实、符合学生认知基础、易于学生接受、贴近学生学习生活、新颖有特色。另一方面，也是基于书本资源对数学文化进行定量扩充以满足目标课时的需求，最终形成"可用素材"。

（3）通过与数学文化的整合，目标课时的教学目标有一些可能会发生改变，由于有数学文化介入的教学目标也将提升为"深化目标"，它与可用素材便作为开展数学文化融合教学的关键要素。

（4）一套完整的教学方案应该包含课例设计以及实施教学后的反思，此处的课例正是基于前三步的一个成果，通过"教学实践＋反思"促成新的教学设计，循环往复，不断趋于"无痕"的数学文化融合的数学教学。

三、拓宽渗透数学文化的视角与平台

数学文化包罗万象，本文涉足的"课堂交融"只是冰山一角，值得深入挖掘与实践的仍有一大片广阔天地。

1. 聚焦融合内容与方式的比重调整

在后期的调研中笔者发现，以"数学家小故事"领衔的数学史文化在大量实践后，同样不可避免"模式单调、类别单一"的问题，对教师学习与使用还存在专业要求较高、学科（数学内部）联系较广、资源整合较为繁琐等问题，对小部分学生还存在数学史料理解困难、与课本知识无法无缝衔接等问题。此外，面对高年级学生存在的不可避免的学业压力，有效融合数学文化的关键便落在从内容择取上做些新的文章。

内容的选择取决于实施方法的选择。顺应式教学有利于凸显历史上数学问题的价值、思想方法的形成过程、激发学习兴趣；而重构式教学则能"在借鉴历史的基础上，结合知识的逻辑顺序和学生的心理发生顺序，自然而然地呈现一个主题"，使学生对相关数学概念的理解更为深刻。这两种方法连同涉及的史料应作为后续实

践的重心。

另外，在内容选择上同样可以调整方向，考察生活生产、科学技术、人文艺术等更为贴近学生的"真"资料、"真"问题，以发挥出应有的"真"价值。

2. 搭一把"互联网+"的时代快车

本文旨在"课堂教学"的实践研究，但对课堂的界定似乎有些狭隘了，既然数学文化的存在形式是多样的，那么所谓融合也可去寻找更大的舞台。

以资料投放为例，QQ（微信）群、云盘、微信公众平台等都是学习的好去处：群的即时性、云盘的大容量、公众平台的多元化发布等都能为数学文化这一"额外"内容的学习与交流，提供强而有力的支撑。尤其是补充资料、影音文件等不再便于在课内作进一步学习的材料。同样，像学生参与的数学文化学习体验，以及各种活动的反馈（如小组调研、小报展示等），还能在许多自媒体上进行交流。

数学文化融入课堂教学，不仅可以帮助学生发展实事求是、理性求真、求变创新的数学精神，还可以帮助学生塑造专注坚持、批判质疑、严谨务实的数学品格，是我们数学学科德育渗透的有效途径。

参考文献

［1］汪晓勤.HPM：数学史与数学教育［M］.上海：科学出版社，2017.

［2］吴雪煌.聚焦数学文化，落实立德树人［J］.试题与研究，2021（08）：7-8.

［3］王燕.立德树人背景下初中数学教学策略刍论［J］.成才之路，2020（12）：114-115.

［4］茅芳.数学文化融入初中数学课堂教学的实验研究［D］.西南大学，2020.

［5］刘宇飞.数学美在中学课堂中促进学生德的发展［D］.西华师范大学，2020.

［6］陈瑞红.基于立德树人背景下的初中数学教学思考［J］.科学咨询（教育科研），2019（09）：143.

［7］陈建设.初中数学课堂教学中德育教学的实践策略探讨［J］.中华少年，2019（26）：91.

混合式教学在初中英语语法教学中的应用研究

陈　敏

课程标准（2022年版）提出，教师应充分利用现代技术，扩大学生学习资源和机会的范围。英语语法作为英语语言教学重要的一部分，掌握语法规则是良好语言能力的前提。但在传统教学中，英语语法成为初中生学习英语的一大障碍。他们对单一的课堂形式无法提起兴趣，部分填鸭式教学不能满足他们个性化学习的需要，且传统的教学评价形式过于局限。因此，以提高学生的语法学习能力为目标，转变传统教学模式是初中英语教学亟待解决的问题。在信息技术的不断发展下，混合式教学应运而生。它结合了传统教学和在线学习的双重模式，形式多样灵活。本文对混合式教学在初中英语语法教学中的应用进行了研究，旨在探讨混合教学对学生成绩和学习态度的影响。

一、国内外研究现状

语法是语言教学中的难点。长期以来，初中英语语法教学多以教师讲解词汇用法等为主。这样的教学活动造成学生被动式的输入，既无法让学生提起学习语法的兴趣，也使学生不能充分正确合理地利用语法规则。科学技术的迅速发展带动了教学的创新，使得混合式教学出现在大众的视野中。何克抗（2004）2003年12月在全球华人计算机教育应用大会上首次提出了混合教学的概念。从此，这种教学方式受到关注。人们对此的定义也有很多。混合式教学可以提高学与教的效果，学生们将会越来越倾向于适应混合式教学。但是以混合式教学为依托，进行英语语法教学的研究很少。以中国知网为例，多数论文都以理论研究为主，这为本次实证研究打下了很好的基础。

二、研究目标

本文以混合式教学为背景，探讨混合式教学在初中英语语法教学中的应用及效果。通过问卷调查和教学实验的形式，本文旨在探讨以下问题：① 混合教学模式对学生英语语法成绩的影响，② 混合教学模式对学生学习态度的影响。希望能为今后初中英语语法教学提供有效经验。

三、核心概念

（一）混合式教学：本文中所提及的混合式教学意指，同一内容的教学采用不同形式的线上教学与传统课堂中老师与学生面对面学习相结合的方式。

（二）初中英语：本文所探讨的初中英语是以初级中学（六至九年级）为学段，且以上海市为地域坐标，把英语作为第二语言的学习。

（三）语法教学：语法教学在本文特指以上海市英语教材为依托，教师对于教材中语法内容的解读向学生进行教授。

四、研究方法和工具

本实验主要采用问卷调查法、文献研究和实验对照。研究采用了不同的测量工具，包括学习者问卷、预试卷和后试卷，并利用 spss 23.0 软件对前测和后测的结果进行了分析。

五、研究实施步骤

（一）对选定的两个被试班级做了前期测试，并访谈任课教师和部分学生

实验前在实验班对学生进行问卷调查。在本论文中，被研究的对象是上海市某中学的中学生。学生学习上海市英语教材。考试能够更直观、客观地反映学生的信息。所以在实验开始之前，首先通过测试对两个班的语法成绩进行了比较，以测试他们的英语语法水平。其中包括语法填充练习、纠错练习、选择题等题型。所有题型都经过仔细斟酌。填充练习和选择题都选自上海市中考英语真题。纠错练习由所在备课组老师筛选，从而保证语法测试的有效性。预测的目的是确保实验班和对照班的英语水平没有显著差异。根据学生在测试前的表现，分为 A 班和 B 班。以 A 班为实验班，B 班为对照班。两个班级的学生都有求知欲和较强的逻辑思维能力，教师易组织课堂活动。

除了语法测试，也以访谈和问卷的方式调查了被试。第一个访谈是关于学生对

混合教学模式的态度，包括三个问题。第一个问题：你喜欢混合教学模式在英语语法学习中的应用吗？为什么？第二个问题：在你看来，传统教学和混合式教学，哪种教学能促进你的英语语法学习？第三个问题：混合式教学如果能促进你的英语语法学习，你会在哪方面有所进步？

问卷分为开放式问卷和封闭式问卷。开放式问卷中，学生可以根据给予的问题给出多种答案。而封闭式问卷则在答案上有所限制，只能从指定的选项中作出选择。本次问卷以中文为语言，主要采用李克特量表（Likert Scale）进行数据收集，调查混合式教学实施前后学生对英语语法教学的态度的变化。

（二）实验班级进行混合式教学，另一个班级利用传统教学，为期两个月

在教材和语法内容相同的情况下，使用两种不同的教学方法，一个月复习一次。实验班的教学除了传统教学之外，还利用了钉钉软件进行线上教学。软件内提供了不同的学习界面，如班级圈、钉盘、家校本、视频直播、连麦等功能。对照班采用传统师生面对面的教学法，教学内容相同，包括让步状语从句、不定式、祈使句等。教师为实验班的学生提供网络资源，如关于这些语法的歌曲、讲座、诗歌等，学生可以自主学习教师所提供的课件和网络资源在线学习语法要点。除此之外，教师还在学习平台上逐步更新了一些简单而有吸引力的任务，通过多项选择、语法填充、错误纠正等形式，学生可以根据在线学习平台评估的测试结果，立即看到自己对每项任务的知识掌握情况。此外，在这个过程中，教师应该提供指导和帮助。在此之后，教师在平台上继续补充探索性任务，即为学有余力的学生扩展知识。在平台的帮助下，学生可以组成小组活动完成此类挑战任务。

教学过程中由自我评价、同伴评价、教师评价和网络教学系统评价组成，旨在了解学生的学习结果和合作学习能力。

【教学实例（以宾语从句为例）】

Teaching objectives：

• Students can master the structure of the object clause.

• Students can learn and understand the object clause independently.

Teaching procedure:

课前老师上传了英语歌曲"as long as you love me"作为导入和预习作业。通

过钉钉请学生聆听并完成部分歌词填空。所填部分为宾语从句。I don't care who you are. I don't care what you do. 课中利用已完成的练习进行本次主题语法的分析和讲解。进一步加强学生对于宾从连词和语序的结构梳理。课后在钉钉再次上传本课时所教授的语法重点。同时发送拓展性挑战内容，供学生在家自行完成。

（三）实验结束进行后期测试，分析数据结果，并再次访谈和调查，获得初步结论

实验结束之后除了语法测试，又对学生的英语语法学习态度作了研究，在友好的环境中鼓励他们说出内心真实感受。第一个问题：你是否通过混合式教学模式提高了你学习英语语法的信心？第二个问题：你以后会更积极地在英语课上回答问题吗？第三个问题：当你看到其他同学的进步时，你会受到鼓舞吗？最后一个问题：你认为老师回答问题后的反馈是否与你的期望一致？

六、成效与结论

通过问卷调查、测试和实验后的访谈获得以下几个方面的结论。首先，混合式教学的应用对初中学生的英语语法学习有正面影响。测试结果表明，混合式教学的实验班明显比传统教学下的对照班成绩提高幅度大。其次，实验结束后，学生更愿意相互交流、与老师互动以寻求帮助。对教师而言，老师可以根据教学进度上传教学资源，实时检测学习的任务完成情况。第三，针对第二个研究问题，"混合教学模式对学生学习态度的影响是什么？"结果表明，混合式教学能使学生对英语语法产生积极的态度，激发学生学习语法的兴趣，提高学生学习语法的动机。被试认为混合式教学下的英语语法学习比传统的更为有趣，从而在自身态度上发生了许多积极的变化。下列是摘录的一些学生的看法：

学生A：我觉得这样的学习很符合我的兴趣。以前做语法题总是漫不经心，是机械化地在做题，甚至想到不会就问其他同学的答案，现在很期待老师在网上发布的预习作业和拓展挑战，开始去认真思考了。

学生B：现在的混合式教学让我时不时忍不住想和同学们用英语交流，哪怕是在课间也会一起谈论语法题。对英语学习的兴趣大增！

学生C：原来语法不是死记硬背。通过混合式教学让我知道英语是渗透进生活

的，它真的帮我提高了成绩！

七、反思与展望

混合教学在实践过程中仍然存在一定问题和困难，我们必须在使用过程中逐步改进，才能达到最佳效果。首先，混合式教学的有效性依然取决于网络课堂和线下课堂活动的设计及应用，且线上教学活动与线下教学活动应密切结合，不能脱离。再次，课堂上的教学应以学生为主体，可以让他们感知、分组讨论，然后自行描述结论。如果学生没有完全理解语法知识，则可以通过线上活动再次学习和练习。最后，教师应该始终激励学生，引导他们探索和解决问题，切实落实到实际学习生活中去解决问题。

参考文献

［1］Barnum. C., & Paarmann, W. Bringing Introduction Other Teacher: A Blended Learning Model［J］. T.H.EJournal, 2002, 30(2): 56-64.

［2］Harvey Singh. Building Effective Blended Learning Programs［J］.Educational Technology, 2003 (6): 51 -53.

［3］Larsen-Freeman, D. Teaching Language: From Grammar to Grammaring［M］. Beijing: Foreign Language Teaching and Research Press, 2005.

［4］Wai, C. C, & Seng, E. L. K. Measuring the Effectiveness of Blended Learning Environment: A Case in Study in Malaysia［J］. Education and Information Technologies, 2015, 20(3): 1-15.

［5］Eryilmaz, M. The Effectiveness of Blended Learning Environments［J］. Contemporary Issues in Education Research, 2015, 8(4).

［6］张明，郭小燕．"互联网+"时代新型教育教学模式的研究与启示——微课、慕课、翻转课堂［J］.电脑知识与技术，2015，11（12）：167-171.

［7］赵玉.基于混合式学习的"中职课程设计与开发"课程学习效果研究［J］.电

化教育研究，2014，35（05）：91-96.

[8] 黎加厚.关于"Blended Learning"的定义和翻译[EB/OL].http：//www.jeast.ne/jiahou/arehives/000618.html.

[9] 马志强，孔丽丽，曾宁.国内外混合式学习研究热点及趋势分析——基于2005～2015年SSCI和CSSCI期刊论文比较[J].现代远程教育研究，2016（04）：49-57，102.

[10] 王国华，俞树煜，黄慧芳，等.国内混合式学习研究现状分析[J].中国远程教育，2015（2）：25-31.

初探化学酸碱盐实验命题研究

杨丽婷

作为一名初中化学教师，如何在中考中带领自己的学生取得优异的成绩，是每一位教师都在思考的问题。了解初中化学试题的命题过程，对教师针对学生实际，制定符合中考方向的复习题、测试题，加深对中考说明的理解，避免学生在复习中走弯路、做无用功，能够起到很大的作用。从近几年中考命题发展来看，更加注重考查学生的知识运用能力，尤其是实验试题的命题，化学实验创新的试题几乎成了当下的重点，也将是以后命题的发展方向。下面我就从以下几个方面介绍一下在命题研究中的心得体会。

一、注重命题的科学性

酸碱盐课题作为初中化学第二学期的重点，也是中考的一个命题热点和难点，区别于第一学期的知识点的相对分散，第二学期的酸碱盐的知识点都是环环相扣、相辅相成的，每一块内容和每一个章节都是独立存在的。作为教师，在命题之前，我们首先要认真研究《中学化学课程标准》和《考试说明》，这样才能把握命题的方向，使我们的命题符合中考的要求。

因此，我就酸碱盐近几年一模、二模、中考中出现的相关题目进行了知识点的整理，以便命题方向的准备：① 酸碱盐的概念、组成等内容；② 酸碱盐的俗名、性质及用途等内容；③ 复分解反应发生条件的内容；④ 酸碱盐之间相互反应的规律；⑤ 酸碱盐知识的变化现象、反应过程等内容。

在整理后会发现前三点内容主要以选择题前 15 题、填空题中较简单直接问法形式出现，属于送分题，后两点内容是中考命题重点把握的知识点，常以最后两道选择题、简答题、推断题等形式出现，主要检验同学们的归纳、演绎、逻辑推理、形象思维能力。甚至还会结合跨学科数学、物理等知识综合，以考查大家将不同学科知识迁移、综合能力，运用多学科知识分析解决问题能力和创新思维能力。但是前面也有提到酸碱盐的知识点都是环环相扣的，要能够有能力完成后两块内容的题目，必须建立在前三点知识点非常熟悉的基础上。所以，针对前三点内容命题，主要是以概念、性质、变化反应的分散巩固（即不成型的题目）。

针对后两点内容命题，则更倾向于以例题、专题经过整理后的形式呈现。

二、注重命题的层次性

随着社会环境的影响加深，学生个体差异非常明显，主要体现在学生基础知识的层次和学习能力等方面，这样就必须在命题中体现出不同学生的学习水平。在命题中，针对不同学习层面的学生设置多层次的命题材料，才能贯彻落实"因材施教"的教学理念，同时也能有效地提升学生对学习化学的兴趣和学习化学的自信心，不要让他们有"一看这题我就不会的想法"。

例如：

表 5-6　粗盐提纯

【方法讨论】	【杂质升级】
1. 海水获得粗盐的方法？＿＿＿＿＿＿＿＿	$NaCl$ 溶液（$CaCl_2$ 和 Na_2SO_4 溶液）
2. 除去粗盐中混有泥沙？＿＿＿、＿＿＿、	＿＿＿＿＿＿＿＿＿＿＿＿＿＿＿＿＿
3. 除去 $NaCl$ 中混有的 $CaCl_2$＿＿＿＿＿＿ 化学方程式＿＿＿＿＿＿＿＿＿＿＿＿	$NaCl$ 溶液（$CaCl_2$ 和 $MgCl_2$ 溶液）＿＿＿＿＿＿＿＿＿＿＿＿＿＿＿＿＿
4. 除去 $NaCl$ 中混有的 $MgCl_2$＿＿＿＿＿＿ 化学方程式＿＿＿＿＿＿＿＿＿＿＿＿	$NaCl$ 溶液（Na_2SO_4 和 $MgCl_2$ 溶液）
5. 除去 $NaCl$ 中混有的 Na_2SO_4＿＿＿＿ 化学方程式＿＿＿＿＿＿＿＿＿＿＿＿	＿＿＿＿＿＿＿＿＿＿＿＿＿＿＿＿＿

续　表

【方法再讨论】 除去 NaCl 中混有的 CaCl$_2$ ＿＿＿＿＿＿＿＿＿＿＿＿＿＿＿＿＿＿＿＿ ＿＿＿＿＿＿＿＿＿＿＿＿＿＿＿＿＿＿＿＿ 除去 NaCl 中混有的 MgCl$_2$ ＿＿＿＿＿＿＿＿＿＿＿＿＿＿＿＿＿＿＿＿ ＿＿＿＿＿＿＿＿＿＿＿＿＿＿＿＿＿＿＿＿ 除去 NaCl 中混有的 Na$_2$SO$_4$ ＿＿＿＿＿＿＿＿＿＿＿＿＿＿＿＿＿＿＿＿ ＿＿＿＿＿＿＿＿＿＿＿＿＿＿＿＿＿＿＿＿	【杂质再升级】 逐一除去粗盐中混有的 Na$_2$SO$_4$、CaCl$_2$、MgCl$_2$，得到纯净的氯化钠。 试剂：① 过量的 Na$_2$CO$_3$ 溶液 　　　② 过量的 BaCl$_2$ 溶液 　　　③ 过量的 NaOH 溶液 　　　④ 过量的稀盐酸 试剂选择的顺序： 方法一（填序号）＿＿＿＿＿＿＿＿＿＿ 方法二（填序号）＿＿＿＿＿＿＿＿＿＿ 方法三（填序号）＿＿＿＿＿＿＿＿＿＿

针对粗盐提纯实验题目的设计都是由浅入深，实验操作步骤也是由简单到复杂，这些题目设计到最后让学生自己"思考实验操作的顺序以及原因"的问题设计也正是近几年中考的一个热点考法，即实验探究的评价与设计，多层次考察了学生的能力，更是要求能用化学语言进行简要且精确表述。2020 年中考也是以粗盐提纯为背景，让学生对实验过程中的操作进行评价阐述，同样以粗盐提纯为背景也是相同实验设计评价考法的还有 2017 年中考。

三、注重命题的多样性

这里所谓的多样性，更多指的是同一知识点在不同类型题目（选择或简答），不同背景题目的不同考法（流程图形式、推断题形式等），例如：NaOH、BaCl$_2$ 溶液中通入二氧化碳发生两步反应，根据不完全统计，这个套路的题目背景曾经出现在了 2015 年奉贤二模最后一道选择题、2017 年黄浦和虹口二模简答题最后一道、2018 年中考、2019 年金山二模最后一题等重要考试中。因此，在第二轮复习中我也会将我们做过的题目和十几个专题进行匹配，整理出这个并且要告诉学生这个也是一种心理上疏导，不要让学生看到题目就产生畏难情绪，也是对自己的知识进行查漏补缺的方式。还有在命题时也可以注意的一些小细节，比如将化学兴趣小组的实验地点改为自己的学校，将做实验的同学名字改为本班同学名字，这样的代入，也是让学生在心理上更愿意重视题目、去分析题目。

命题过程是教学相长的过程，促使教师了解学情和钻研教材，命题过程也是研究的过程，是发展教师专业能力的有效途径。作为教师，我们应该明确我们研究命题的目的并不是为了考倒学生、打击学生的自信心，而是为了让学生通过不断的练习，熟练地将知识点进行联系和运用，以此达到复习的目的，在考试中收获成功的喜悦，并由此验证教师复习教学的有效性，使学生以更从容的、自信的姿态迎接一模、二模以及中考。

基于体育结构化教学的初中篮球大单元教学研究与思考
——以初中八、九年级篮球教学内容为例

宋立宸

近年来，体育结构化教学已成为体育课程改革的重要课题，在体育教学中强调呈现结构化知识，有利于引导学生对学科知识进行整体的认识、理解和把握，更好地掌握运动项目的知识技能，提升知识技能的运用。体育教学规划的基本单位是单元，目的是让学生通过一个阶段的学习，完成一个相对完整的知识单元。随着体育课程改革的推进，在常规单元和小单元的基础上，提出了大单元教学的理念，可以贯穿学期、学年的水平目标，从宏观角度优化教材结构和通盘设计。体育结构化教学和大单元教学在理念和目的上具有一致的指向性，两者有机融合和运用有助于提高体育教学质量。篮球项目是学生喜爱的集体运动项目，包含运球、传接球、投篮、配合等一系列技战术。篮球教学中往往采用单一的动作教学，忽视技术动作间的相互衔接，学生对篮球知识技能的认识缺乏系统性、整体性和全面性。基于这样的思考，初中篮球项目的教学应该站在体育结构化的大单元高度进行深度教学。

一、知识技能再梳理，使教学走向结构化

教师要进行体育结构化教学，必须仔细研读教材，找到各个知识技能之间相辅相成、互为促进的关系，落实到单元教学流程之中。学生才能通过知识技能的传授、循序渐进地练习、反反复复地实践，以达到理解知识技能间的关联性、层次性

和完整性，进而形成运动能力。例如，笔者在八年级跳投的学练中设计了课时关键问题和环节问题（见表5-7），除了每节课的体育结构化教学设计，不同课时之间也进行了结构化联系，更强调投篮内容贯穿运球、传接球等内容，提升学生比赛中在复杂局面下处理传球的能力。

表5-7 教学设计

课时	教学内容	技术动作迁移	关键问题	环节问题
1	跳投	单手肩上投篮	跳投如何完成？	跳投的动作要求是什么？ 球在什么时候出手？ 与单手肩上投篮有什么区别？
2			如何在比赛中运用跳投？	运球与跳投如何衔接？ 传接球与跳投如何衔接？

二、技术链条再整合，使单元走向大单元

教师在分析教材时，要根据课程内容和水平目标，构建大单元教学。在设计跨年级大单元教学时，要对同一年级的运动技能教学进行横向梳理，找到知识技能的内在联系，也要进行纵向梳理，实现知识技能的融会贯通，达到螺旋式学习效果。在设计跨年级篮球大单元时，要根据学生对篮球技术的认知和掌握，遵从循序渐进、螺旋上升等教学原则，构建结构化的教学模式。例如，笔者根据"水平四"的目标要求和篮球技战术类型，在初中八、九年级的篮球大单元教学规划中设计了技术链条和学习目标（见表5-8），除了关注八、九年级的篮球教学内容，更要重视结构化底层逻辑的建设。把技术链条通过复习、导入等方式落实到单元教学，教师能够根据不同学情进行教学设计，增加前置运动技能的学练，强调运动技能之间的横向联系。学习目标方面关注运动技能的整体掌握，更强调各技术动作在实战中的运用，提升学生在篮球运动方面的整体水平。

表 5-8 学习目标

类型	技 术 链 条	学 习 目 标
运球	变向运球——胯下运球、身后运球、运球转身——持球突破	熟练掌握能多种方式的运球，能在比赛中运用并摆脱防守。
投篮	行进间单手肩上投篮——行进间低手投篮	熟练掌握行进间低手投篮技术，能在空切、运球过人、快攻等情境下运用技术并得分。
	单手肩上投篮——跳投	熟练掌握跳投技术，能在比赛中与跳投、传接球合理衔接。
战术	传球、投篮——传切配合	熟练掌握空切、一传一切配合，能在比赛中运用传切配合得分。
	运球、传球、投篮——突分配合	熟练掌握突分配合，能在吸引防守后及时分球，在比赛中运用突分配合得分。
	运球、传球、投篮——掩护配合	熟练掌握掩护配合，选择合适的运用时机，掩护者能转身跟进，能在比赛中运用掩护配合得分。
防守	脚步移动——个人防守	能够合理利用手臂和脚步动作，阻挠和破坏对手的进攻意图。

三、构建学练赛一体化，使课堂教学走向高效化

在教学实施的过程中，教师既要关注学生运动能力、健康行为、体育品德的发展，又要根据学情和教学需要创设不同的教学情境和结构，帮助学生渐进成长。在初中八、九年级的篮球项目教学中，每堂课都要贯穿运球、传球、投篮等基本技术，让学生进行"单个中学、组合中练、比赛中用"的发展性学习，实现从学练走向比赛运作。例如，在准备活动中，设计运球绕障碍物、抢截球游戏、球操等；在运球的学练中，设计运球＋传接球、运球＋投篮、运球＋战术等；在投篮的学练中，设计接球＋投篮、运球＋投篮、不同位置投篮等；在战术的学练中，设计不同的防守情况、以战术为基础设计对抗或比赛等。构建学练赛一体化的篮球课程，能够解决学练内容低级重复、教学过程单一断裂，将比赛的复杂局面摆在学生面前，形成一个学练赛互相补充的篮球教学体系，培养学生积极思考的习惯，能够去运用所学知识解决比赛中出现的问题，这对提高学生的篮球水平和体育课堂效益都

起到了积极的作用。

　　基于体育结构化教学的初中篮球大单元教学是落实体育与健身学科核心素养的一条有效途径，也是双减背景下体育课堂减负增效的有效策略。从教师角度来说，这需要教师对初中的篮球教材有深入的研究，重视技术动作的本质联系，能够整体把握知识体系，建立更为高效的篮球大单元设计，有利于增强教师对篮球教材的理解，加强篮球教学的整体性、有效性，迅速提升教师的专业能力；从学生角度来说，有利于帮助学生深入掌握篮球运动知识与技能，培养学生真正学会打篮球，从而形成篮球兴趣特长，将篮球运动作为日常健身的一种手段。

参考文献

［1］刘月霞.指向"深度学习"的教学改进：让学习真实发生［J］.中小学管理.2021（5）：13-17.

［2］金文波.有效设计体育大单元教学的方法策略［J］.中国学校体育，2021，40（10）：87.

［3］李正林，张登芬.实施体育结构化教学的策略与建议［J］.中国学校体育，2022，41（02）：29-30.

核心素养背景下的初中数学课堂有效提问设计研究
——以"无理方程"的教学为例

俞兰兰

　　新课标指出："在数学课程中，应当注重发展学生的数感、符号意识、空间观念、几何直观、数据分析观念、运算能力、推理能力和模型思想。为了适应时代发展对人才培养的需要，数学课程还要特别注重发展学生的应用意识和创新意识。"[1]目前，高中数学课程标准修订组的专家提出了数学核心素养的基本成分：数学抽象、逻辑推理、数学建模、直观想象、数学运算、数据分析。[2]现如今，初中数学需要教师关注学生核心素养的培养，关注学生的学习进程，从而促使教师们对课堂的有效提问逐渐重视起来。本文以沪教版《21.4 无理方程》第一课时为例，进行深入研究。

一、创设有效的情境，培养学生的问题意识

教师应该摒弃传统的直接讲授新知的教学模式，结合学生情况，创设问题情境，让学生感知数学源于生活，从而激发学生的学习兴趣，这样能大大降低部分学生对应用题的抵触心理。这里的结合学生情况，是指如遇教材情境复杂、数据较为复杂或与学生实际生活相差甚远等现象，教师应以授课学生为基础，根据教材现有的问题情境进行适当改编，切不可照搬照用。面对情境，教师应设立明确的提问，引导学生产生问题意识。例如，在无理方程的教学过程中，笔者设立了两次问题情境，以引出新知。

（一）情境一

笔者选用教材中的情境（用一根 30 厘米长的细铁丝弯折成一个直角三角形，使它的一条直角边长为 5 厘米，应该怎样弯折？）设立以下问题：这里的"怎样弯折"是什么意思呀？你打算怎么解决这个问题呢？

【分析】在应用题中，我们常常见到一些生活化的关键词，如何将这些关键词转化为数学基本模型，是学生的难点。这两个问题涉及了初中数学核心素养中的"数学抽象"和"数学建模"。

学生甲：设另一条直角边长为 x 厘米，则斜边的长为（30-5-x）厘米，根据题意，可列方程 $5^2+x^2=(25-x)^2$。

此时，教师应带领学生们一同检查方程中每一项的含义，从而确定所列方程是否正确，这一过程有助于培养学生列方程解应用题的良好习惯。

问：这是一个什么方程？还有其他解决办法吗？（若没有学生举手，教师应提示：斜边还可以怎样表示呢？）

学生甲：斜边的长还可表示为 $\sqrt{25+x^2}$ 厘米，根据题意，可列方程 $5+x+\sqrt{25+x^2}=30$。

问：这个方程有什么特点？与前面所学的方程有什么不同？

问：如果给它命名，叫什么方程呢？

由此引出课题。

【分析】对于教师的提问，学生可能会有不同的回答，教师要充分预设，以便课堂上及时地应答。另外，对于多种答案的 ppt 不方便展示，而交互式白板非常方便。因此建议教师们积极学习新兴的信息技术，以辅助课堂更好地呈现。

（二）情境二

在无理方程概念引出后，接着是代数方程的分类。笔者设立了如下问题情境，在概念辨析中，设置了四个方程：（1）$x^2+\sqrt{5}x+1=0$；（2）$\dfrac{1}{x+3}+\dfrac{1}{\sqrt{2-x}}=\sqrt{3}$；（3）$\sqrt[3]{x-1}+2x=7$；（4）$\sqrt{x}+\dfrac{1}{x}=2$。其中，学生对第四个方程产生极大的争议，有的学生认为它属于分式方程，有的学生认为属于无理方程，还有的学生认为既属于分式方程，又属于无理方程。那么此时，就显示出了代数方程分类的学习必要性，从而自然地引出代数方程的分类。

【分析】关于代数方程的分类什么时候引出，笔者进行了多次尝试，最终发现了可以巧妙利用学生学习进程中出现的问题来推动新知的出现。结果当然是收效显著，此处迎来了课堂第一次小高潮。

二、立足方法步骤，提出问题反思

本节课的难点是无理方程增根产生的原因。在教学过程，通过探索无理方程的解法，引导学生观察并类比分式方程增根产生的原因，从而从两个方面真正理解增根产生的原因，其一为无理方程化为有理方程的过程中导致未知数的允许取值范围扩大；其二是 $p=q$ 得到 $p^2=q^2$，反过来 $p^2=q^2$ 并不能得到 $p=q$。这样一来，不仅对于"为什么会产生增根"学生有了深刻的理解，也对产生的增根有了充分的认识，再通过两个例题，归纳增根的两种情况：① 使左边 $\neq$ 右边；② 使被开方数小于零。这是本节课的重点内容，也是难点，笔者进行了如下提问以及学生可能的回答。

探讨如何解方程：$x=\sqrt{3x+4}$？

（1）你打算怎么解决呢？答：去根号（两边平方），得到 $x^2=3x+4$ 这一步。

（2）你这样做的目的是？答：去根号，转化为整式方程。无理方程不会解，我把它转化成整式方程，我是可以求解的。

（3）这是数学中常用什么思想啊？答：化归思想。

（4）两边平方的依据是什么？

（5）表扬回答问题的同学，引起学生的争议：老师，−1 代进去，左右两边不相等，要舍去。

（6）引发学生思考：为什么会产生增根？

（7）如何"验根"？

【分析】对于无理方程的解法教学，教师往往会让学生跟着老师一步步地写，并归纳步骤，这完全不符合新课改下的教学要求。笔者根据教材要求，不断追问，在引导学生探究出无理方程解法的同时，让学生清晰地认识每一步的由来，以及增根是如何产生的。这一教学过程，学生沉浸在老师的一个个问题中，有效地锻炼了学生数学学习的严谨性和规范数学语言表达能力。无理方程的解法探索中蕴含了类比、化归等数学思想。教师应注重学生的数学思想方法的学习及应用。核心素养观念下要求以学生为主体，让学生自主探究，因此，教师在教学设计中应以问题为驱动，给学生时间思考、讨论。

三、解决问题，内化知识发展能力

在完成教学任务后，再给出一道练习：求方程：$x+\sqrt{x-2}=2$ 的解，并给出问题：请你用今天所学知识解答，本题不止一种方法哦！课堂上学生共给出了三种解法。最后归纳：解无理方程时，应先观察，再选择方法，特殊的方程用特殊解法更简便。

【分析】在练习部分中，教师应适当设置一些思维能力题，以激发学生的思维广度。大量的常规练习，往往会让学生对数学感到无趣、无用，最后一道解方程为笔者自编，旨在引导学生利用无理方程的特点来解决问题。最后，笔者引导学生回归课堂开头的实际问题，让学生解决，体现了数学应用于生活，内化了学生的知识发展能力。

四、结语

教师要关注学生学习进程，就要在课前的有效问题设计上下足功夫。在日常的教学过程中，教师应以学生为主体，注重启发和引导学生，切实地优化问题的清晰度和精准度，给学生思考和表达的时间。只有这样，才能有效地培养学生的问题意识和数学思维能力，提升学生的数学核心素养。

参考文献

［1］郑毓信. 数学教育视角下的"核心素养"［J］. 数学教育学报，2016，25（3）：1.

［2］中华人民共和国教育部. 义务阶段数学课程标准［M］. 北京：北京师范大学出版社，2011.

"双减"背景下初中体育教学的实施

卢　权

2021年党中央、国务院联合下发了关于"双减"的意见。意见中明确提出要鼓励学生积极参加体育锻炼，这个意见凸显了体育教育的重要性，也让中学体育教学迅速成为社会热点。体育教学是体育课程理论向实践转化的关键输出。本文以"双减"背景下初中体育教学为研究对象，对其组织形式、实施模式、需要作出的调整变革进行研究探讨，以期为提升初中体育教学质量提供参考依据。

一、"双减"背景下初中体育教学的现实困境

（一）初中学校体育教学配套设施无法满足需求

由于初中学校面临中考带来的直接压力，始终把文化课教学放在重要位置，因此忽视了体育教学的提升，导致初中体育教学在软硬件的配套上存在一定缺陷和不

足。一方面，学校体育教师供给不足，根据教育部 2021 年公布的全国义务教育阶段体育教师数质量情况，基本情况见表 5-9。

表 5-9　2021 年全国义务教育阶段体育教师基本情况统计表

项　　目	数　　量
全国义务教育阶段学校	22.2 万所
义务教育阶段学生总数	1.5 亿人
义务阶段体育教师数量	59.5 万人
每所学校体育教师数量	2.67 人 / 所
每千人拥有体育教师数量	3.96 人 / 千人

通过表 5-9 可以看出，在校体育教师的数量不多，平均每所学校拥有体育教师数量不足 3 人，每千名学生拥有的教师数量不足 4 人，与当前体育教学日益重要的趋势明显不符。另一方面，初中体育硬件设施不齐全，初中体育运动场所不规范，各个学校的体育设施缺少统一标准，体育场馆条件也差距较大，影响了初中体育教学的开展，限制了体育教学内容和方式的运用。

（二）学校体育"家校社"共同参与意识不足

"双减"政策鼓励家庭、社会、学校共同参与学生教育，促进学生全面发展。但多年来受应试教育的影响，家庭、社会的作用发挥还不明显。一是认知程度不足。调查显示，一半以上的受访者对于家长对孩子的影响作用不清楚，单纯将教育责任归于学校，在体育教学中也存在类似问题，加之对应试分数的重视程度高于对体育的重视程度，导致了学校体育"家校社"共育意识不足。二是缺乏"家校社"共育条件。"家校社"共育概念提出已经有一段时间，但是各方的参与热情不足，现实的不足导致各方对"家校社"合作持怀疑态度，并且由于三方缺少共同的利益合作点与合作动力，导致家庭、社区对中学体育教学的参与兴趣不足，学生体育教学完全成为学校的义务。

（三）体育课程的评价体系不够完全

"双减"实施第一年，体育课程还没有形成与"双减"政策相匹配的评价标准，评价指标仍停留在具体的体能测试成绩上，以成绩评价效果的倾向没有得到纠正，体育教学质量的好坏集中在学生体测成绩的差异上，但不同的学生身体素质存在许多差异，因此对于不同的学生应当有不同的评价标准和侧重点。但是当前体育教学评价标准不够灵活全面，存在与文化课一样的"唯成绩论"现象，影响了学生对体育课程的参与热情。另外，体育课程对学生的培养是全方位的，不仅仅包括体能素质，也包括学生的意志品质、协作意识、团队意识等方面，但是当前的体育课程评价标准却没有相关方面的评价标准。

（四）体育教师专业水平仍需提高

初中体育教师的教学能力还需要进一步提升。随着科技进步，体育科学的内容与技术也不断变化，并且从深层次上影响到体育教学的展开，因此，体育教学需要持续不断地加强体育教学知识的学习，不仅仅要学习前沿理论知识，同时还需要加强对教育心理学、运动生理学等知识的学习。特别是在"双减"背景下，体育教学的重要性不断提升，更需要改进以往的教学理念，更新学科知识，落实"教会""勤练""常赛"要求，帮助学生养成良好的体育运动习惯。

二、"双减"背景下初中体育教学实施方式的改进策略

（一）资源融合满足初中体育教学需求

第一，完善不同学校之间体育教师资源的有效融合，立足学校自身提高体育教师数量和能力标准，另外，可以促进各个学校之间教师交流，提高师生比例，在此基础上多方培养有效提高学校体育教师的教学水平。例如，笔者所在学校共有体育教师10人，能够满足本校学生日常的体育教学和训练活动，在此基础上，可以与其他学校进行教师资源共享，最大限度弥补因教师资源不平衡造成的教学差异。第二，改善学校体育教学场地。改革开放以来，我国城镇化的快速发展，学生多、场地少已成为当前学校体育发展所面临的重要问题，可以将临近的中小学体育场馆进行共享，特别是发挥拥有室内场馆的学校作用，实现有限资源效用的最大发挥。第三，教育部门应设专职岗位吸纳体育部门优秀退役运动员和教练员，使优秀退役运动员有机会将职业素养融入学校体育或者向其购买教学服务，由此优化学校体育师资队伍，在教学和训练上保障质量。在这方面，笔者所在学校与教育局和上海体育

学院展开合作，利用他们的专业技术优势和教学经验，专门开设体育课程，进一步丰富学生的课外体育活动内容。

（二）完善课程形式丰富体育授课内容

丰富必修课、选修课、兴趣班、社团、俱乐部等课程结构形式，全面推进课上、课间、课余、课后的恰当结合，学生在课上的学习可以在课余运用，在提升学生参与体育运动热情的同时，还可以帮助学生加强自我学习的热情。社团、俱乐部等组织是对课上教学内容的一种延伸，给不同学生的体育需求提供了解决方案。课余体育竞赛也可以起到对课上教学的一种检验作用，更可以使学生切身感受体育的魅力，促进学生在体育活动中增强全面进步。发展校本课、特色课，积极推进适应学生身心特点、符合学生性格的特色体育品牌，因地制宜，因材施教。挖掘学校体育资源的开发利用，促进民族传统体育项目在学校的开展，延续我国体育文化的传播，培养学生的体育自信、文化自信。笔者所在学校积极响应"双减"政策的要求，针对学生多元化的体育活动需求，以增强学生体质为重点，以原有的拓展课程为基础，开展了多样化的课后体育延时服务，如武术课、篮球课、排球课、田径课、散打课、啦啦操课、趣味举重课、乒乓球课等9大运动课程。不同课程面向不同的学生群体，学生在选择之前可以先通过网络了解课程基本情况，根据自己的兴趣进行选择。时间安排上，在原来星期一、星期五课后延时服务的基础上，在星期三下午专门增设了长达80分钟的延时体育服务，尽可能满足学生的体育需求。在此基础上，针对不同学生的体能情况，实行差异化的培训方案，将运动技能突出的学生纳入校队开展专业培训，并组织参加高水平比赛，帮助他们开拓视野、增长才干。

三、结语

在新的时代背景下，"双减"政策的出台从顶层安排上改变了以往教育模式，减轻了家长以及学生的学业压力。以往学校过分重视升学率，影响了在体育教学上的资源分配。学校在实施"双减"政策过程中，需要将释放出的精力投入到体育教学当中，增强体育教学的人力物力投入，通过学校体育工作的领导与体育教师齐心合力，全方位改进体育教学方式方法，充分发掘自身潜力，一定能迎来学校体育百花齐放、万物争艳的局面。

参考文献

［1］中华人民共和国中央人民政府，中共中央办公厅国务院办公厅印发《关于进一步减轻义务教育阶段学生作业负担和校外培训负担的意见》［EL/OB］. http：//www.gov.cn/zhengce/2021-07-24/content_5627132.html，2021-07-24.

［2］汪晓赞.坚守与突破："双减"政策下学校体育的价值与使命［J］.上海体育学院学报，2021，45（11）.

［3］于素梅."双减"助力体育教育实现新突破［J］.体育教学，2021，41（11）.

［4］李彦龙，常凤."双减"政策下我国中小学课后延时体育服务时效与保障［J］.体育学研究，2021，12.

第六章　项目化研修的行动展望

通过项目化研修，教师能够更好地定位自我发展的方向与目标，实现专业知识和技能的提升。通过项目团队的合作学习和协同实践，教师也可以深入了解其他领域的专业知识和实践经验，拓展个人视野与职业发展路径，促进教育资源共享、教学内容协同改进。项目化研修改变了传统教师培训模式、提升了教师的合作意识、提高了教师的交流能力，为学生提供优质教育资源和服务，还为推动学校文化建设、管理体系完善以及未来的发展开拓了广阔的空间。

但是，在探索项目化研修发展的过程中，学校也遇到了一系列新的挑战和难题：如何衡量教师项目化研修对学生发展的影响、如何建设更有效的教师专业学习共同体、如何对研修项目更科学地进行监测和评价、如何用数字化技术赋能项目化研修发展、如何使学校从管理型组织迈向赋能型组织，等等。在未来探索"项目化研修"的征程上，我们认为应从以下四个方面行动：

① 进一步丰富研修项目的内涵——从学生发展的视角增加项目研究维度，明确不同项目对不同教师在技术与价值多重领域的赋能解读与增值。

② 进一步扩大专业发展的覆盖——为不同年龄层次的教师提供相应的项目设计，发挥不同梯队教师的才能，把每位教师的潜能充分挖掘出来，扩大专业发展的覆盖面，最终让学生获益发展。

③ 进一步细化项目评价的机制——开展教师个性化发展的成效跟踪、项目成

果的长期效应研究，对项目任务完成程度、研究深度进行显现跟踪管理，完善项目化研修的评价绩效。

④ 进一步探寻赋权增能的机制——如为参与研修的教师"工作松绑"，减轻冗杂的事务性、会务性工作，通过提供学术假期等制度保障激励创新。

我们相信，集聚学校发展、师生成长等共同利益与目标；突破学段、学科壁垒，尊重教师个性选择，提供研修时间、资源等保障；自上而下与自下而上持续互动，突出过程性、增值性评价的项目化研修，终将对每一位教师、学生、学校未来的高质量发展提供坚强的支撑。

第一节　坚守项目化研修的主阵地

随着"核心素养"提出、新课程标准颁布，新一轮教育改革不断深入。在"以学习者为中心、以学习经历为基础、以学科核心素养培育为旨归"的理念指引下，课堂教学进入了全新的时代。《上海市进一步推进高中阶段学校考试招生制度改革实施意见》引导师生丰富学习经历、促进学生转变学习方式、强调通过学科学习、综合实践活动落实学生综合素质的培养，通过激活学习主体的内在潜力与学习热情，实现更优的"知识生成、问题解决、思维成长"。与此同时，在"双减"背景下，教师对作业认识、对学生个体的评价视角也要有全新的认识。特别是作业的设计、布置、批改、反馈，更是提升教学质量的主要环节，亦是教师开展项目化研修需要坚守的主阵地。

一、新中考改革背景下的课堂转型

华东师范大学钟启泉教授指出："教育改革的核心在于课程改革，课程改革的核心在于课堂改革，课堂改革的核心在于教师的专业发展。"

（一）构建高效课堂，提升教学效益

以学生发展为中心所构建的高效课堂是：教师在了解和尊重学生个性差异、个体特征的基础上，凸显学生主体地位，鼓励学生自主思考问题、自由展现自我，在单位时间内最大限度、最完美地达成教育教学目标、提升学生核心素养的课堂。

《素养何以在课堂中生长》一书中提出，立于课堂中心的"学习者"是学生亦是老师。我校同样提倡"课堂既是教师的布道场，也是教师的修道场"，"从有效到高效"的课堂建设，需要教师解放教育思想、更新教育理念，付出更多的智慧与汗水。

1. 构建课堂模型

"课堂模型"（lesson type）是由赫尔巴特（Herbart）在《普通教育学》中首次提出的，是对教学基本结构的一种抽象描述。课堂模型尤为强调各个教学环节之间的相互联系、相互制约、相互协调。

我们对课堂模型的设计坚持三大基本原则：① 在指导思想方面，坚持以教师为主导，学生为主体；② 在教学任务方面，坚持以培养学生核心素养为目标；③ 在教学程序的设计方面，坚持从学生的认知规律出发。然而，没有一种课堂模型是为完成所有类型的学习或是适用于所有学习风格而设计的，作为教师要灵活运用多种模型，才能立足课堂达成高效。我们重点引导教师重视"本源"、关注"结构"、提炼"流程"，逐步形成了基于学科特色、课型特点的高效课堂模型（见表 6-1）。

表 6-1　部分课堂模型示意

学科	基于课型特点	模型结构（操作核心要点）
语文	讲读课	① 预习（背景、字词、佳句、概括、体会、质疑）→② 研读（设疑、讨论、点拨）→③ 拓展（文本、向读、向写、向生活空间）→④ 练习（多样趣味、巩固启发）
数学	复习课	① 基础复习（复习基本概念、形成知识网）→② 题组训练（对应知识点、复习基本技能、完善结构图）→③ 典型呈现（抓重点、破难点、培养解题技巧）→④ 阶段小结（联系、延伸知识点）→⑤ 反馈检测（夯实双基，总结归纳）→⑥ 布置作业（个性导图、提高探究）
英语	新授课（5P 模型）	① 准备热身（Preparation）（话题）→② 呈现感知（Presentation）（挖掘教材素材、模拟真实生活）→③ 操练实践（Practice）（Dialogue, Pair work Group work）→④ 运用生成（Production）（Read and match, Listening, Survey）→⑤ 巩固提高（Progress）（口头到笔头）

2. 凝练高效内核

在核心要素指引下，相较于以往"学生单向度的被动接受学习内容"，我校教师强调学生自主实践与教师的引导作用，更加注重"以培养核心素养为根本目标的教学设计与实施"，注重用实践探索活动的成功体验，来提升学生的人文底蕴，培养学生的科学精神，注重学习行为发生的多元主体性及其相互作用。

以九年级数学"解直角三角形的应用"一课为例，我校李沁老师设计了"旗杆测量"的实践活动，把"课堂"转移到学校操场，通过活动中不断重构和丰富学生的经验，在情境问题的分析与解决中也成功削弱了知识的符号化与概念化。诚如李老师的教后感言："基于真实情境的体验，能激发学生主动思考；针对每个学习者进行优化和量身定制的学习，也利于发掘学生自身的兴趣，较之常规的课堂讲练，这样的实践活动，使学生参与度和成就感都有了很大的提升。"

此外，我校在后疫情时期对"双线"融合式教育展开研究，从"教学准备、教学组织、教学评价"三个维度，通过"双平台互补、资源再编辑、教师微视频、学生自媒体"等十余条策略，实现了让知识获取的途径更加丰富多元、助力真正的个性化教与学，为课堂高效添翼。

（二）创新学科活动，延伸课程特色

马扎诺（Marzano）的教育目标分类理论指出，学生是否能积极参与新的（学习）任务由自我系统决定，精准定位目标并跟踪达成由元认知系统决定，最终通过已有知识领域提供内容、认知系统完成信息加工。这意味着，课堂学习不只是知识习得、信息输入，适切的"体验与探究"是保障信息处理、加工、再输出的关键。而真实有趣的任务情境将催生良好的学习体验，进而激发出深入的探究。

同时，在寻找适合学生个性化发展路径的过程中，我们发现要关注每一个学生成长，要用心去提供适合他们的教育，同样需要创设更多的平台与机会——学科节活动应运而生。

在第四届文学节中组织学生基于教材课文，通过课本剧等形式学习探索历史人物及历史事件。再如，第五届数学学科节围绕"快乐数学，有你有我"开展了"学科节会标设计"、融合体育竞技的"趣味数独华容道竞速赛"、动手实践"巧拼七巧板"、多媒体技术渗透的"视频讲题比赛"等。学校还通过积累跨学科项目实践的

诸多案例，积极开发基于跨学科项目的校本课程，思考本土化 STEAM 教育模式、校本化跨学科项目化学习等。

基于"人本化"与"生本化"的出发点，学科节活动的舞台延伸学科特色，一展学生所长，在激活教师创造的激情和内在动力的同时，也对如何加强学科内部的纵向认识与管理提出了新的要求。

（三）迭代研修机制，加速教师发展

课程改革的成败关键在于广大教师的支持、参与以及行动。在大力推进高效课堂研究的过程中，我校不断精进原有的教师文化建设，通过不断迭代基于校情的教师研修机制，提升教学效益，加速教师发展。

1. 教师论坛机制——传播研究理念

"教师论坛"是我校的特色活动之一，是教师交流共进的一个重要平台。充分利用校本培训等契机，组织形式多样的主题研修，发挥每位教师的学术专长、发扬优秀教师的教育智慧，引领全体教师就每期活动谈感悟、写心得，并通过校刊平台，集结老师们的智慧结晶，引发更为全面而深入的思考。

2. 随堂视导机制——实证研究路径

成立教学视导团，对教师的随堂课周周听评。通过使用并更新各教研长牵头研发的"课堂教学观察量表"（见表 6-2、表 6-3）等课堂观察工具，更有针对性地反映教师在课堂教学中的真实情况，及时发现优点提炼亮点，为"高效课堂"的实施提供事实依据。

表 6-2　数学课堂教学观察量表

课堂提问行为（问题引入环节）							
课题：21.4 无理方程　　执教：＿＿＿＿　　观察员：＿＿＿＿　　观察时间：＿＿＿＿							
问题引入：已知平面直角坐标内的 A、B 两点，其中点 A 坐标（1，3），点 B 是 x 轴上的点，且 A、B 两点间的距离是 5，求点 B 的坐标。							
教师提问			学生回答			教师理答	
提问内容	问题指向		回答内容	应答形式		理答内容	理答方式
	明确	模糊		集体回答	个人回答	合作交流	解决预设目标情况	你的建议

表6-3 政史地课堂教学观察量表

讲课教师		科目		授课班级		课题		时间		
						评价导向		效果		
								优	良	一般
导入环节	时间（占课堂教学比例）									
		□直接导入 □游戏导入 □谜语导入 □故事导入 □直观导入 □温故导入 □悬念导入 □格言警句式 □情境导入 □问题导入 □观念冲突导入 □经验导入 □图画导入 □实验导入 □练习导入 □比较导入 □谈话导入 □其他				符合教学的目的性和必要性，符合教学内容本身的科学性，符合学生的实际。				
教学展开		呈现	□讲述呈示 □板书呈示 □声像呈示 □动作呈示 □其他			教学思路清晰，每个环节紧紧围绕既定的教学任务和目标，突出重点，突破难点。信息传递多元化，教学中互动模式多样。				
		互动	□师生互动 □生生互动 □无互动							
		过渡	□分析法 □穿针引线法 □启发性类比法 □悬念过渡法 □激励过渡法 □其他							
教学小结		获得信息渠道 □表情 □问答 □练习 □测验 □操作 □其他				反馈信息准确有代表性，多渠道获得反馈信息。				
教学评价		□积极评价 □简单评价 □消极评价 □思维结果评价 □思维过程评价 □其他				教学评价体现激励性，技巧性，个性化，多元化。				
作业布置合理，不加重学生负担，上课不拖堂。										
整堂课整体上能渗透对学生核心素养的培养。										
整堂课整体上能充分体现本学科的特色。										
整堂课整体上能充分体现赏赐教育的理念。										
意见										

3. 主题教研机制——推动研究进程

学校在探索教研活动的"主题化、课题化"的进程中，推动了"高效课堂"的实践与思考。一方面，教学处定期组织教研组长、备课组长：① 学习先进理念，紧跟教育前沿；② 聚焦热点问题，剖析现实困惑；③ 开展主题教研，分享经验举措。另一方面，教研组积极带领老师们制定研修计划，按照"四个一"与"四个定"开展好每一次教学研讨与校本研修。

在新中考改革背景之下，指向核心素养的课堂重构势在必行，助推师生共同发展的活动场域还将持续改进。深耕于课堂教学、创新于课程特色、着力于教师发展，多措并举，充分挖掘教育信息技术潜能、做足"互联网+"课程教学的实践，是时代和社会赋予学校的教育使命，更是推动数字化、全球化背景下课程与教学改革的责任担当。

二、赞赏教育视域下"高效课堂"的构建与实践

赞赏教育的视域是一种基于"人本关怀"的教育理念，以此出发的课堂构建，是一场符合"最近发展区"与"需要层次"等研究理论的教育创新实践，也是我校正向看待学生成长、积极评价学生发展的进一步探索。运用适恰的赞赏方法，赏识学生课堂上的主动学习、积极思维以及各种良好的学习习惯，都将成为激发学生获取文化知识、提升关键能力、形成必备品格，以及促进心智（健康）成长的重要动力。

（一）延伸"校本"特色，优化育人环境

1. 搭建赞赏舞台

作为课堂教学的延伸，我校通过开展"学科节"活动、"彭初之星"评选等丰富多彩的校本特色活动，发现每个学生的闪光点，践行"赞赏教育"，激发学生的学业热情与学习动力。

我校每学期开展两场学科节活动，每次活动为期一个月左右。老师们根据每个学生的个性特点，结合不同的发展阶段，设计形式多样、精彩纷呈的学科活动。学科节的舞台，丰富了学生的知识体验、反哺了学科学习，多样的学科活动，在提高学生自主学习的积极性的同时，也对高阶思维的养成、跨学科素养的提升产生了积极的影响，让赞赏教育延伸到了课堂之外。

2. 营造赞赏氛围

对于日常教学中"赞赏氛围"的营造，我们强调：① 选择激励角度，捕捉亮点，亲近学生；② 掌握激励程度，鼓励学生，使其具有积极期待；③ 把握激励时机，乘胜追击，感化学生。

尤其在"教学环节"，我们注重形成：① 易于传递赞赏评价的"预复习反馈"环节；② 关注赞赏之中引导与启发的"新知教学"环节；③ 重点突出堂堂清的"阶段检测"环节；④ 在增强作业的针对性、趣味性、选择性的同时，研究如何凸显作业"基础""分层""精选"的作业布置等。

为配合教学环节的落实，学校每个备课组都进行了"校本练习"及"导学案"的修订。"校本练习"的编制遵从课本、落实双基，重点关注了学生的学习基础、学习层次，充分考量了学生的学习规律、发展潜能。"导学案"则是以学法指导为侧重，对学生自主学习进行引导的教学方案，通过适切而多样的知识梳理，强化了学生的自主学习过程。

（二）凝练教学智慧，精进"模型"设计

"视导听课""骨干风采""五四比武""课例研究"等教学展示活动是我校推动高效课堂"模型"构建的重要路径。近两年，学校安排视导课近百节，听课教师超800人次，老师们的研究热情越发高涨。大量的课例印证了"设计学生自主探索活动"是"帮助学生成为学习主人"的基础；是发展学生自主性、自信心的关键；更是"高效课堂"形成的必备要素。

通过对基于赞赏教育理念开展的优秀课例研究，我们进一步提炼了高效课堂的五大核心要素：① 基于问题，重视情境创设，关注问题解决；② 讲练结合，重视活动设计，提升思维品质；③ 自主学习，重视过程体验，突出能力培养；④ 教授方法，强化方法传授，强调学科整合；⑤ 即时反馈，重视评价落实，评价促进教（与）学。

事实上，建立以学生发展为本、以学生学习为主的教学关系，正是契合了课程标准对课堂教学方式的期待。教师通过：① 转变课堂角色——引领学生经历学习过程、发掘思想方法；② 打开教学过程——增强学生建立学科思维、理解学科本质；③ 在意义关系之上建立教学活动——促进师生开展平等对话、实现精神交流。

（三）深化赞赏理念，促进个性成长

赞赏视域下高效课堂构建的指向，既是带动学校全面提升的一方期待，也是促进学生与教师个性成长的持续深化。联合国教科文组织的《反思教育：向"全球共同利益"的理念转变》重新定义了知识。他们认为知识是解读经验的方法，是人们分析问题、解决问题的一种态度与技能。我们的学校教育应该培养学生理解、应用、创造知识的素养，而不是单纯静态灌输信息。以识记为主要手段的浅层学习已经难以满足人才培养的需求，以"做中学"、经验学习、高阶思维培养为特征的深度学习时代已经到来。我们应帮助学生形成学习核心知识、处理人际沟通、规划自我导向的综合能力。

1. 立足赞赏教育

① 营造积极氛围；② 厘清个性目标；③ 勾画学习路径；④ 追求思维共振；⑤ 创设深度体验；⑥ 开展多元反馈。师生间合作展开有意义的探究、创造条件让学生在课堂上说出精彩观点。

2. 创新教学方式

① 继续探索基于问题、基于项目的学习，坚持倡导"体验学习、合作学习、探究学习、建构学习"等多种立足学生个性的学习模式，让学习与生活实际相联系；② 在学习中增强学生面对问题解决问题、学会沟通合作的能力。

3. 深化教师文化

① 在由"制度规定"到"制度文化"的转变中，达成"文化力量"与"赞赏理念"的有机融合；② 使每一位学生浸润在这样的文化环境中"有自信、有想法、有办法、有态度"。③ 使每一位教师在这样的文化氛围的传承中"有好课、有课题、有主张、有风格"。

三、打开作业管理的新视角

（一）家长参与，明确作业布置的基本策略

在实践中我们感到，学生作业负担过重，教师是否能精准设计作业，是作业管理首先要解决的问题。通过前期与家长的座谈、问卷，面对以往作业布置存在的设计少、数量多、品质弱、管理疏的状况，学校出台了作业管理实施办法及作业管理细则，通过对全体教师的专题培训，教研组、备课组、年级组的主题研讨，教师们达成思想上的共识，即作业布置需体现以下基本策略：

1. 巩固教学，体现作业目标的匹配性与一致性

作业布置的主要目的是对课堂教学的巩固，学生通过课堂教学能完成绝大多数的课后作业，作业内容需与教学目标一致，与学生基础匹配。因此，我们需做到课堂教学与作业设计的一致性、作业目标与课时目标的一致性。

2. 精选精练，体现作业内容的典型性和代表性

作业的布置需依据课程标准和教材的要求，认真精选具有典型性和代表性的习题。减量提质，是对教师备课团队专业性的考量。

3. 能力分层，体现作业功能的自主性与诊断性

作业布置需做到"选择与分层"，对具有不同学习基础与学习能力的学生可设计不同难度与层次的作业，作业可设计为"必做"与"选做"。让学生在作业时产生自主学习、自我诊断的品质。

4. 控制时间，体现作业总量的达标性与时效性

教师在布置作业时需要考虑不同类型的学生完成作业所需时间，通过基础题、提高题、能力题的调节，控制完成作业的时间总量。在作业布置时，教师可以班级中等层次的学生为参考，给出完成作业的建议时间，引导学生高效率地完成作业。这要求学校与家长紧密联系，可由家长反馈与评价。

5. 教师先做，体现作业布置的精准性与针对性

但凡布置给学生的作业，教师应事先做一遍，以此更好了解作业的难易程度和容易出现的问题，以便于教师对学生布置具有精准性与针对性的作业。

（二）家长知晓，完善作业批改的基本准则

作业批改是了解学生作业完成情况的必要手段。我校通过多轮实践，在作业批改上形成以下认识与行为。这些认识与行为也是完善作业批改的基本准则，我校利用家长会的形式，将这些准则与要求明确告知家长。

1. 对个性化问题，加强面批面改

教师对作业批改要及时、规范、认真，指明作业的正误，并做好作业讲评，对

个别学生的个性化问题要做到面批面改。

2. 对共性化问题，加强诊断调整

教师需通过作业批改，及时获取教学的反馈信息，发现共性问题，加强诊断辨析，以此及时调整教学策略与方法，积极改善教学行为。

3. 对作业实况，加强数据分析

作业必须由教师亲自批改，禁止由学生批改作业、试卷，教师需尽可能对每次作业中学生的答题情况进行统计、梳理，做好数据分析，以真实有效的实证数据来为调整作业布置作支撑。

4. 对反馈作出评价，加强激励引导

对学生完成作业的情况要有及时、准确的反馈，评价语言要客观公正，既要指出错误及不足之处，也要肯定长处与特色。对学生作业中出现的问题，加强激励性指导，做好针对性讲评。我们还将学生作业中反映出的亮点及进步第一时间与家长进行沟通，使家校合力助推学生的成长。

（三）家校互动，进行作业管理的优化实践

1. 实施作业公示制度

学校要求各备课组提前一周将备课组内的作业进行汇总，在各科作业中，明确作业总量及作业时间，每周一在学校公示栏内予以公示，在学生家校联系本上进行反映，学校做好检查与反馈。

2. 开展作业情况抽查

学校建立作业常态调研机制，课程与教学处设计问卷，定期对各个年级学生完成作业的情况进行抽查，问卷分发至学生及家长，对于采集信息作跟踪反馈与分析，并将问卷情况与结果第一时间反馈至年级组与备课组，对出现问题进行预警提示并作改进建议。

3. 进行系列主题研修

围绕学校"双减"背景下作业管理的优化与完善的主题，各教研组确立分主题进行研究。如语文教研组根据学生兴趣、学情，设计了"查阅类作业""观察类作业""调查类作业"等；数学教研组将作业作了"必做""选做"等分类，除常规作业外，还有笔记整理、思维导图、应用探究、个性化作业等；英语教研组则提出

"用质量换时间"，将作业分为准备性作业、实践性作业、拓展性作业、创造性作业；政史地心综合组的书面作业主要围绕配套练习册展开，对相关习题进行精简，特色作业则通过开展活动、设计专题性或研究性的长作业，由个人或小组合作完成。

通过系列主题研修，教师们一致认为，教师在设计作业时既要有对课堂知识的巩固，也要有走出课堂拓展性，向社会和生活开放，要多设计一些让学生自主发挥、各抒己见的作业；要赋予作业以多维的形式和丰富的内容，使作业体现出趣味性、实践性、开放性和探究性的特点，让学生在充满挑战的愉悦环境中完成学习任务，最终实现作业"轻负担高质量"的效应。我们将学校主题研修的信息通过校园公众号对家长进行宣传和引导，以期形成家校的共识与合作。

4. 组织作业展评活动

坚持开展形式多样的作业展评活动。如利用假期，推出"快乐假期，让我们去探究"主题作业设计与展示活动；将学生的静态作业、动态作业在学校公众号上发布。各类学科作业设计新颖、多彩多姿：数学学科相关知识点的思维导图梳理；英语学科"学唱英语歌""影视配音""主题演讲"作业；地理学科的创意地理景观模型制作；历史学科"我从书中来"历史图片 cos 大赛的实践性作业；"道法"学科以"四史"教育为主题的讲故事比赛；物理组开展的"电学知识在现代生活中的运用"自主探究；生物组的生物模型制作、家庭旅行小药箱设计；化学组的实验活动"生活中的水"成果汇报，以及"病菌、人类、历史"主题的跨学科作业等。

这些形式多样、风格迥异的作业吸引了学生积极参与，也得到了教师、家长们的广泛关注和支持。

5. 策划优化作业征文活动

学校在教研组、学科项目团队、教师个人中征集案例、开展交流探讨，积极鼓励教师在全面育人观的视野中，积极探索作业优化的形式与途径。教师们踊跃参与案例交流、征文评选等活动，而学校则将这些征文内容第一时间推送给家长。如体育组的实践总结：① 提供训练菜单：根据不同年级学生的特点，设计符合学生居家练习的亲子训练菜单，供学生和家长进行选择参考；② 布置打卡作业：利用钉钉平台，布置各项体育打卡作业，如 1 分钟跳绳、仰卧起坐、武术等项目，这些项目家长也可参与其中，学生们可以上传亲子练习视频，老师可以直接进行点评；

③ 进行体育微课拍摄：体育教师将一些锻炼的内容进行短视频拍摄，让学生在家中就可以和家长一起学习基本技术，为后续的学习打好基础。

教师们将实践中的思考与做法作系统的思考与梳理，在严格控制减少作业时长、减少作业总量两个"减少"的前提下，践行"四多"方向，即多布置实践性作业、多设计长周期作业、多提供可选择的亲子作业、多关注跨学科特质的作业，交流分享、集思广益，助推了学校作业研究的氛围。

（四）家校协同，思考进一步探索的方向

"双减"背景下的五项管理，聚焦于"作业管理"，如何优化作业设计、完善作业管理，使作业真正发挥其应有的功能与定位，还需在实践中加以重视、加以研究与推进。

1. 强化举措落实

作业的管理与优化，尚需不断加强举措的落实，做到基础性作业规范化、个性化作业多样化，更好地设计大单元视野下的基础型作业、实践类作业、探究类作业、迁移创新类作业，培养学生的思维品质与解决实际问题的能力，这就要求教与学内容和方式的转型与创新。同时，为克服"校内减负、家庭增负"的现象，家长的理念与行动需和学校同步共行。

2. 注重效率提升

作业管理的关键在于提质增效，我们将进一步关注学生作业完成的方式与效率，结合学校"五项管理"举措，广泛征求家长意见与建议，充分利用课后服务时间，培养学生良好的作业习惯，加强对学生的学业辅导与督促，加强作业的合作性与探究性，使作业的质量与效益得到提升。

3. 运用数据分析

进一步运用信息化管理手段，完善学校信息化平台的运用。一方面，搭建线上作业平台，共建作业资源，另一方面，也运用平台数据，从学生、家长、教师这几方面，多维度了解学生实际完成作业的情况，以大数据为依托，为优化作业设计与管理提供实证支持。

4. 促使观念转变

在学期中、学期末，围绕作业的设计、内容、反馈及评价，开展系列主题论坛活动，在此还需特别关注"五育并举"下的劳动作业、体育作业、艺术作业的布置与优化，促进教师教学方式的改进与提升、家长教育观念的更新与转变。

5. 促进家校协同

作业管理的优化，不只是学校一方的工作，家庭是重要的协同方。在作业管理上，家校应进一步加强沟通，真诚合作、相互信任，在教育理念、内容、方法上保持一致，协同育人，才能真正发挥减负增效的功效。

打开作业管理的新视角，让我们看到了作业管理背后现代化的"教书育人"大文章：看似简单而又习以为常的作业设计、布置与评价，撬动的是学校作业管理理念、方法、途径的更新与迭代；作业管理的优化与完善，需要在提升学校办学水平、培养学生综合素养、助推教师专业发展、促进家校协同育人的大背景下去思考、去谋划。

第二节　打造项目化研修的新高地

以项目化研修，赋能教师发展，前者是路径后者是目标，清晰通达的路径是加速实现目标的保障。在"暑期修炼项目"的学习研讨中，我们认识到提升教师专业素养的关键在于专注教育教学的实践研究，其中，"习惯读书、注重反思、记录研究、教师评价"的实践与"教师的基本素养"之间存在紧密的联系。因此，进一步赋能教师的着眼点，既要放在项目化研修环节、内容的迭代上，也要对外部的研修环境提出新的要求。

一、做实项目化研修的四个环节

项目化研修的核心是一个个模块式的项目，从酝酿到孵化，通常包括：选题、设计、实施以及展示四个基本环节，每个环节都对研修的效果起着实质性的影响，需要研修小组的老师们通力合作，同时也需要学校科研、教研等团队进一步参与。

（一）合理选题

项目化研修能否成功的关键在于选题。通常，教师教育教学中的真问题和真痛点，或是教师个人的发展需求和研究期望，能吸引他们积极参与到研修工作中来。目前学校各项目组的构成基本遵从双向互选的原则，然而只是依据大方向参与项目组的教师，往往缺乏持续的研修行动力，究其原因或在于教师缺乏定制的个人项目，一个聚焦、专属的研究选题能衍生出一系列有价值的研究，促使教师获得更多的研修参与感和成就感。

一个好的项目选题一方面来自项目组本身的赋能指向，另一方面则需要个性化开发。自 2022 年起，学校科研室会利用区级课题申报等契机，结合项目组的研修主题，从 6 月开始邀约线上教师，采用头脑风暴的方式，与老师们探讨匹配教学特点、当下热点的选题，再辅以文献推送。历时一个假期的酝酿，形成个人或团队微研究，最终以区级或校级课题的形式融入项目组的整体研修之中。目前，已经尝试在见习教师的培训过程中指导项目的选题，并鼓励撰写课题申请书。后续将以区域总课题为引领，借鉴近年立项课题，形成校本《项目选题指南》，为不同阶段的教师发展提供参照。

（二）精准设计

无论是项目化研修的整体实施，还是研修团体中个人项目的有效开展，主要有赖于每个项目的精准设计。项目设计不仅是研究者的工作路线和方向，让研究者有章可循，制定项目设计这件事本身也是对研究行动的一番深入审视，事实上所谓事半功倍，在项目化研修中指的应该就是花大力气把整个项目从宏观到细节全部谋划清楚。

在撰写课题申请书时，科研室可以协同老师或研修团队针对研究目标细致分析行动的关键步骤，拆解研究的主要内容，为小组成员分配合理可行的研究任务，结合日常的工作安排确定研修进度和时间节点，形成阶段性问题解决的基本路径和办法。再如，通过结合项目化研修活动统计表，开发实践科研年度活动方案，全面整合教师个人和项目团队的各类研修活动，加强目标引领与成果驱动，使整体研修有侧重，个人研修有期盼。

（三）有序实施

项目实施需要大量的专家指导、同侪共进，以及自我学习，这也是项目化研修赋能教师发展的核心动作。根据任务设计，教师个人或小组成员各司其职，按照项目的进度，安排自己承担的工作任务。

然而，如何保障研修的纯粹性与有效性是需要进一步探索的。纯粹性是指就问题本身而探索，不涉及事务性工作。教师研修的本质是教师学习，而教师学习须遵循成人学习理论，其逻辑起点在于"提升个体的教育教学能力，从而及时应对和破解他们当前所面临的困惑和教学实际问题，获得真实教学问题解决的办法"，其有效性则有赖于"不同教师的教学实践经验"。

因此，通过"全程化调研"与"教研组卷入"两种策略，或能助推研修的实施。在市级课题申报初期，zhi 小队对全校青年教师围绕"自我效能感"等开展了相关的问卷调查与分组访谈，了解了不同发展阶段青年教师的自我认同与发展需求。随着研修的不断推进，项目开始聚类丰富，可以找到新问题、开拓新路径、调整新方案。贯穿始终的调研是捕捉教育教学突出问题的必然行动。规划调研内容、扩大调研对象、反馈调研结果，是全程化调研的实践方向。

所谓"教研组参与"是继项目领衔人后打破研修闭环的思考。以课例项目组为例，基于课堂观察开展研修活动是教师最为熟知也最容易参与的研修项目，但不同学科背景的教师如何科学地观课始终是个难题。在对 TVS（基于视频技术的课堂教学评价）的学习研讨中，项目组教师将国际课堂观察工具结合校情打磨，开发从师、生、教学设计等不同维度观察课堂的工具，并已尝试邀请教研组针对其中某一板块观课评价。当然，更广义的教研组参与可能是希望有更多的教育教学骨干、团队与不同的项目组有机融合。

（四）全面展示

目前，部分青年教师、领衔人依托团队或个人的研修项目已经走到了区级乃至更大的平台。我们能清晰地感受到，开花结果的不只是项目本身，从中获益最多的一定是全身心投入其中的每一位教师。量化的统计与分析是对研修成效的科学评判，而各种形式的分享交流则是对研修成果、对研修教师最好的肯定。如何拓宽项目的展示渠道、丰富项目的展示方式都是后续实践需要探索和思考的。

合理选题、精准设计、有序实施、全面展示，做实这样一个闭环，再进入下一趟研修之旅，在如此循环反复螺旋上升中，赋能每一位教师的专业发展。

二、领衔人的角色定位与转换

教师研修缺乏动力的原因不仅与参与项目选题的合理性有关，可能还与项目团队成员构成及需求有关。

20 岁、30 岁、40 岁的教师在其各自的年龄段均有各自的需求，也面临相应的稀缺。

以阅读项目组为例，成员正有着这样"卡点式"年龄结构分布的稀缺力与需求点。怎么改变？抓核心矛盾。什么是大方向卷入后缺乏持续研修行动力的核心矛盾呢？如项目领衔人杜老师所言，赋能的核心价值：不是改变，而是看见。

逃过了 2020 年的居家网课，没能逃过 2022 年的线上教学。这是我第一次亲历线上教学。黑板变屏幕，老师变主播。为更清晰地传递授课内容，制作用于线上教学的 PPT 耗费了我大量的时间。短时间内来不及通过阅读书籍转换技术实践，我向项目组成员程志华老师发出求助信息。小程老师利用一款笔记应用 Notability，手把手远程引导我掌握课本资料导入、实时手写笔记、页面分屏设置等技能。为了更好地教会我记忆步骤、使用功能，小程老师为我拍摄制作了一个非常适合"技术小白"学习的短视频。这一次被"赋能"的过程，让我受益匪浅，那时候，我们项目组研究的课题正是"深度学习"。

最稀缺的，其实也是最需要的。显然，在这条"深度学习"数字转型的赋能链上，作为"领衔人"的我处于"下端"。40 岁的我有稀缺、提出需求，20 岁的小程因材施教，在赋能链的"上端"为我"输血"。与此同时，为了更好地赋能我，她搜索技术、挖掘数据、处理语言、学习媒体，完成了一次属于自己的"临床造血式深度学习"。

一个人变强，是从意识的觉醒开始的；而一个团队变强，是从团队中的人变强开始的。

在这个过程中，单向度的赋能转变成多向度的交互，原有的"领衔人"与"项目组员"互换了角色位置，实现了赋能功能的新转换。在旧的模式里，成员向上提供信息，领衔人向下传达指令；如今我们颠倒过来，领衔人向成员提供信息，释放需求，打通成员了解信息的多渠道，给予成员能够主动作出决策的可能性。比如负责人汪利老师日常在项目群内共享优质推文与实践案例。这样的多向度交互意味着，在项目团队的组织架构中任何一个层级的人现在都能够看到以前只有上位领导者才能看到的东西。领衔人在这样的新模式里，将最大化激发与赋予自己与团队成员潜能。而激发个体、赋能团队又是推动组织持续发展的新途径。

因为有效的领衔不只是关注"什么"和"如何"（即团队的任务和完成任务的过程），更应关注"谁"，即个体团队成员的能力点与需求点，团队成员之间的互动关系和动力合力。忽略了"谁"，那么即便知道"什么"和"如何"，也不能高效完成任务，持续的研修动力更无从谈起。

我们需要知道是为"谁"创设共同的语境，因为当"大方向卷入"导致成员持续研修疲软时，只有在这个共同的语境之下才能够回答"为什么这样的研修是有意义"的这个问题。因为如果我们不能正面回答成员这个问题时，所谓的"领衔"在未来实际上是没有价值，也毫无意义的。因为不回答这个问题，就不会有新生的力量加入到队伍中来。

项目化研修的"大方向卷入"就像同频率的光，领衔人只有成为一面多棱镜，小光圈、少干扰、多角度，方能使同频率的光在棱镜中因折射角的不同，而闪烁不同波段与色彩的光芒。这就是领衔人赋能中应发挥的杠杆效应。用三句话来概括项目"领衔人"所担的职责就是：成为"多面棱镜"、发挥"杠杆效应"、创设"共同语境"。

过去，研修领衔人更关注的或许是曾经"如何做"；回顾历程，更应反思未来"如何不做"。其实，人人皆可"领衔"，不只追求做赋能链上的"上位者"，不做教育场上的"承包人"，打破项目领衔人的固定性，让其成为组内流动的"角色"，让每一个组员都能在流动中成长，找到自我的真需求，赋能自我的真燃力。

三、注重教育写作，走进专业生活

教育写作，指的是教师在教育教学实践与管理过程中，对自己的工作进行反思，并将其形成书面文字的一种写作活动。

一项调查报告指出，我国城市中小学教师中有八成以上从未在报纸、杂志上发表过文章。面对教育写作，中小学教师普遍存在畏难、抵触的心理。作为一名教育管理者，在学校的管理中，我一直以自己的实例倡导教师"多读书、勤思考、多动笔、善反思"。现在学校依托科研沙龙平台，学科项目团队围绕确立的总课题，定期开展相关研讨、交流与展示，有越来越多的教师重视实践中的观察与积累，有越来越多的教师记录下自己教育教学的点滴感受与启迪，教师们的文章纷纷发表于市区级教育杂志。教育写作，使教师们拥有更多的专业自信与专业自觉。教育写作，也是项目化研修新的发力点。

（一）教育写作，丰富专业智慧

教育写作的形式比较宽泛，包括"教育日志""教育随笔""教学反思""教育叙事""教育科研""文学创作"等。当代教育家魏书生曾说："结合实际去写，就逼着自己去看更多的书，在实践与写作的过程中又加深了自己对理论的理解，养成了用理论去指导实践的习惯，是一举多得的好事。"有学者这样表述："教育写作可以改变教师的知识结构，帮助教师从知识的搬运工变为理论的创设者。"的确，教育写作可以丰富教师的专业智慧，影响教师的专业习性、专业信念、专业素养、情感与态度，使他们体验到职业带来的幸福。

教育写作需要教师付出时间与心血，教育写作一定是辛苦的，会遇到瓶颈与苦恼。但我相信，文章的灵感来源于用心备课的过程中、精彩呈现的课堂中、思维交锋的听评课活动中、对学生的关心呵护中、交流学习的感悟中、对自己教育行为的反思中……

当我们引导每一位教师都倾情投入到自己的教育生活中去，并逐步养成"观察生活—发现问题—提炼问题—自主思考—持续写作"的专业生活习惯时，在教学一线的普通教师就能在写作中不断实现思想与实践的创新，形成更理性的思想与实践。

写作需要理性思维，人的思想对行为有决定作用，是各项领导力范畴的"核心"。就校长而言，抓住教师理性思维的培养，就是抓住了教师发展的"关键点"。其一，校长首先需要引领积极的专业生活价值观，提升教师的专业认知与专业品质；其二，校长自身的榜样引导至关重要，自主思考、冷静审慎，不趋同、不附和、有自己的理想追求、有自己的专业主张、有自己的责任担当，校长的言行、管理个性、思维品质，直接影响着教师的教育教学生活；其三，校长应具备赞赏教育与学校治理的视角与眼光，实施分布式管理，赋予教师更多的责、权、利，赋能教师的专业成长，让教师在教育规律、科学价值观的引领下，能自主取舍教学策略和方法，促进学生精神和人格的成长。在这一过程中，理性思维引导实践，而教育写作促进、影响着理性思维，教育写作是教师专业成长的一条必经之路。

（二）教育写作，培养阅读习惯

教育写作是一种"输出"，它一定需要更多的"输入"，"多读书"就是一种显现的输入。特级教师华应龙老师曾说："我们作为教师，首先要通过阅读来'救赎'自己。教师作为最应该阅读的职业群体，阅读应该是教师的第一修炼，更应该是教师的一种责任。"当我们不会读书时，书面是平的；会读书，字句都浮动起来了。读他人的文字，想自己的问题。我们看似读了很多无用的书，然而这些书中的言语总会在我们或迷茫、或困惑，甚至是喜悦时浮现。阅读会不知不觉地影响我们，影响我们的教学工作，丰富我们的生活，滋养我们的精神与生命。华老师还说："备课就是酿酒，工夫越长，酒越香。"换成"阅读"两字也可成立。阅读是个慢工夫，好好感悟，好好品味，也能酿出一壶有滋有味、醇香四溢的老酒。年龄越长、阅历越深，就有利于更快更智慧地汲取书中的养分。读书是一种本源性的进修，教师生命的常青在于读书，阅读有字之书、无字之书，都是丰富自身涵养的途径，而教育写作则将这份阅读的积淀酿成教育的智慧。不断阅读、不断反思、不断写作，会让自己的每个教育日子都特别有意义，会让自己的教育人生也特别多姿多彩。教育写作是一条教师通往职业幸福之路。

（三）教育写作，引领专业生活

在《一名校长的实践思辨录》中收录了我从教以来，在学科管理工作、学科教学、师资培养、研训感悟等方面所留下的思考。我从事学校管理工作已有近 20 年的时间，"让学校成为师生共同成长的家园"一直是我坚守的办学理念、管理理念、教育理念。

日常的实践思考应具有反思性。我至今仍然在记录自己的管理日志，从 2009 年至今，已有 14 年时间，积累了百万字的素材，这是自己一段心路历程，也是自己专业成长与专业生活的印记。

有学者对许多校长的成长与成功之路进行研究，得出了一条成功校长具有普遍性的规律：成功校长的成长，靠积累而不是靠速成，依靠实践的积累和经验的积累，不是靠短期速成，更不是靠包装；成功校长的水平，靠悟性而不是靠记性，依靠对教育本质的领悟和对学校管理的领悟，不是靠记忆背诵教育学和管理学的名词概念；成功校长的成功，靠借力而不是靠权力，靠发挥广大师生的聪明才智，向别人借脑借力，不是仅靠上级授予的行政权力。

"积累、悟性、借力"需要的是智慧与修炼。教育写作正是自我修炼的过程。因为写作就是一种思考，教育写作就是对自身专业工作的一种反思，也是专业能力有所提升的表现。校长的使命是带出一支勤于学习、善于反思、勇于实践的教师队伍，能够让教师超越功利走上自觉学习与研究的道路。我想以自己的教育写作实践带动更多教师开展教育写作。我很欣喜在我的学校有不少教师，尤其是青年教师走上教育写作之路并取得长足的发展。我想，有活力的学校不正是教师在成长中能获得引导与支持的学校吗？带动教师教育写作是加速教师专业成长的捷径。

教育写作，能引领着每一位教育人更好地走进专业生活。教师要成为大先生，做学生为学、为事、为人的示范，反思是其中重要的一环。写出自己教育教学的心得与感悟、写出富有个性特色的学校管理学，应是教师、校长对专业的一种追求。因此，拿出书写的毅力与勇气，让我们一起尽心有为地面对每一天的教育实践，真实记录丰富多彩的教育生活吧！

四、聚焦主题研修　促进专业成长

教育质量的关键在教师，探索促进教师专业成长的教学管理策略，对提升学校教育的质量和效益，具有丰富的现实意义与鲜明的实践价值。我校通过不断深化"主题研修"，持续助力教师专业成长。

作为课堂的组织者与引导者，教师们精心设计课堂活动的过程也是扎实功底、拓宽视野的过程。我们倡导：课堂上可以解决的问题不留到课外；课堂外产生的问题，在研修中解决。学校坚持综合施策，深化主题研修。

（一）打造教研文化

教研是保障基础教育质量的重要支撑。我校倡导教研是：① 发掘经验的有效媒介；② 产生学术的最初舞台；③ 传递教改导向的适切场所；④ 搭建专业成长的重要平台。

事实上，教师的专业发展并不完全依赖于自我，教师总是处在一定的生态环境中，个人环境、组织环境都能对教师的专业发展产生重要的影响。"团结、合作、进取、共享"的教研文化是我们促进教师发展，推动学校改革所营造的重要生态。教研制度、研究主题、实证反馈、展示评价，是我们建设教研文化的必备要素。

我校确立了"科研强校，以研促教"的研修理念：教研团队紧跟教育前沿，围绕学校总课题，设计主题教研、开展案例研讨、分享课题成果、提升研修品质。

在课题引领实践的过程中，学校不断升级校本研修模式，持续开展教师研训的六大"模块建设"，关注一线问题，夯实研修成效。

（二）优化双组建设

发展专业学习共同体是促进教师专业发展、改善学生学习的有效途径。"教研组、备课组"在相当程度上具有专业学习共同体的特点和功能。可以通过"外部赋权"和"内部增能"两大策略优化双组建设：一方面定期召开两长会议，加大教研组的外部赋权，努力营造平等对话、相互理解的教研氛围；另一方面通过集体备课、同组研修实现教研组的内部增能，进而合力构建一个共商共建、互惠共生的专业发展共同体。

（三）探索研修评价

主题研修的三大基本形式——"自我反思、同伴互助、专家引领"——也是开展实证性研修评价的重要出发点。在研修过程中，我校充分关注教师专业发展、教师自主成长，围绕研修主题，进行动态的形成性的评价，形成了"基于主题的常态支持反思体系"和"基于主题的教学比武展示活动"。

例如，学校党政、分管领导、教研组长、骨干教师等教师组建"教学调研组"，每周进行随堂课听评活动，通过汇总、挖掘、提炼课堂亮点，反馈教学问题，促进教师教学技能提升。又如，我校每年都会开展"骨干教师教学风采展示""五四中青年教师教学比武"，通过"三字一话""教学展示""主题分享"等系列评比活动，以赛促教、以赛促研。每次活动后，学校积极鼓励教师撰写教学后记、教学案例、教育日志、教学论文，并开展"十佳"系列评比，以肯定、表彰老师们的努力付出。在过程中、问题中、经验中、成效中，逐步形成了常态的"研修反思"文化，促进教师专业素养的不断提升。

概而言之，立足教师专业成长的主题研修，激发了教师的潜在动能，也为学生个性上多元化、可持续发展提供了无限可能。在全面深化教学改革，全面深化教师队伍建设的进程中，我们还需进一步深入探索不同学段、不同学科、不同特点的教师间互通互联机制，促进教师的多样化、灵动性发展。

五、营造氛围，助力成长

项目组的活动如何更具成效？青年教师如何得到良性、快速发展？新学期开始，学校的随堂视导课重点聚焦于青年教师的课堂，发现青年教师的课堂可圈可点，不少青年教师有了长足的发展。这一方面离不开青年教师自身的努力，一方面也离不开学校顶层设计及团队研修优良的氛围。从学校顶层设计面而言，要继续强化和突出：

（一）定目标

开学伊始，学科专委会成员点对点完成对青年教师上一年度成长手册的反馈，在反馈中，我们注重目标引领与目标激励，让所有青年教师信心满满迈入新学期的征程。在随堂课的调研中，学校也注重方法的引导与传授，让教研团队参与其中，让磨课、研课的教研氛围愈加浓厚。结合每学期两个教研组的学科节安排，持续深入学科实践活动。在活动中锻炼队伍、在活动中发展专业，是一条重要主旨。

（二）压担子

赋能青年教师需要更多的任务驱动。研讨会务发言、教师论坛发言、升旗仪式发言；开设区、校公开课；申报拓展课程、研修主题及个人课题；带领学生参与市区比赛；见习教师每月汇报课，推荐进入市区名师工作室；参与市区教学技能比赛，等等。这些任务，对于青年教师而言，都是担子、都是平台。

发布任务、积极推荐、及时肯定，这对于让青年教师接受挑战、勇于实践，从而形成学校百花齐放、多点突破、你追我赶的团队文化与氛围，具有积极意义。

（三）创机会

尊重、赞赏、引导、激励，是我们在梯队建设上的总思路。学校对于见习教师、职初教师都有带教机制，这对于青年教师的发展，提供了机会。带教机制的完善也有利于促进中老年教师的发展，包括在项目化研修中，一定要重视中老年教师的作用；在管理中，也要多创造机会让资深教师有传授、引领、发表教育教学主张的平台与机会。

在给青年教师锻炼的平台上，让师傅与他们结伴而行，实现师徒结对传薪火，青蓝携手共成长。

（四）重实践

青年教师的成长是在一线磨炼、锻炼出来的，青年教师首先要沉浸一线，在班级管理、学科教学中成长起来，培养能上好课的青年教师、务实肯干的青年教师、有责任心的青年教师，他们是学校的未来与希望。我们要重视他们在实战中的成长，并在实践的过程中及时给予他们积极的评价，给予他们应有的帮助与支持。如邀请专家、教研员做青年教师的带教师傅，给予青年教师更直接的实战指导；推送阅读书目、好文章给青年教师，专业引领之门还需开得更大些。

我校青年教师说，追梦需要激情和理想，圆梦需要奋斗和奉献。立足岗位的奉献与奋斗，是青年教师成长的必经之路。赋能青年教师的成长，是促进教师自我锻炼、自我反思、自我提升的重要理念。我们还能为他们做些什么？我们一起再探求！

第三节　回归项目化研修的策源地

我校一直倡导"教师应是一名具有研究能力的实践者"的理念。赋能教师包含对其研究能力的培养与引导，即教师从"教学型"教师向"科研型"教师转变。名师的成长充分明示了"运用科研为教学赋能"这条路径的关键性。教师应努力成为教育教学的研究者，而不只是执行教材的工作者。事实上，研究能力的成长更是教师专业发展的不竭动力。

一、教师成长离不开自主研究

在数字时代下的智慧教育，只有有内驱力的人才能实现"弯道超越"。在罗树庚所著的《教师如何快速成长：专业发展必备的六大素养》一书中，总结了教师成长需要具备的六大素养，其中一个重要的观点便是——教师的成长来自研究力。

教师对教育的研究一定要从自身实际需要出发，在实践中吸收他人的思想、思考自己的教学行为，一点点改进。这应是一种适合一线教师对教育研究的方式。项目团队市级课题的深入推进、教育部新子课题的确立、新课标的理解学习……这些目标的达成，最终都离不开教师的自主研究，如何创设自主研究的氛围及提供支持保障的机制，是给校园管理层的命题与挑战。

如项目研修团队的教师，是以自身需求为出发点，提出问题、假设，进行循证、反思、合作、研究，在这一过程中，淬炼思维品质，形成实践成果。

《激活学生创造力：发达城区教学深度变革的实践性循证研究》是"十四五"规划教育部课题，我校拟定的子课题为"激活学生创造力的教师关键教学行为的实施与研究"。这一实施突破点，还是聚焦在教师的核心素养提升上，一方面基于课题长周期研究的一贯性、系统性，一方面也是进一步推进、深化市级课题探索的抓手。无论是创造力、深度变革还是教师胜任力，这些都和新课标、新课程的大背景息息相关。课题研究中，我们需要案例、报告、数据作为实践性研究的证据。证据的收集需要有循环论证的过程（如倡导教师多上课、多比较、多反思、多积累）。

在新课标的消化、理解、实践中，教师的自主研究应加强四个方面：一是加强学习交流（如教研组在组长会议上轮组进行分享，就起到一定学习、分享、交流、借鉴的作用）；二是加强校本教研（校本教研主要以课例为主，强化课堂实践与反思）；三是加强监控反馈（在实施推进中的检查、反馈至关重要，它可使实施的目标、路径、问题愈加清晰）；四是加强考核评比（评比中的增值性评价值得关注）。在教师的增值性评价中，可从学生成长和教师成长两个维度进行，在学生成长维度，可以将学生个性化发展、学习习惯、学习自信心、学业成绩等作为增值考核要点；在教师成长维度，可以将教师个性化发展、教学过程管理、教学水平提升等作为增值考核要点（类似绿色指标的分析）。通过增值性评价，真正做到激励教学自主发展。

二、关注身边的研究场

教师的培养靠带教、靠读书、靠研究；教师的成长则需要氛围、需要任务、需要激励。

王厥轩老师在《徐汇中学的办学经验》中指出，打造学校的"研究场"，提升师生的研究品质。其一，学校是个研究场，课堂、实验室、专用教室、图书馆都是研究场，在学习中研究、在研究中学习，要成为学校的风气。教师是做学问的，他需要带给学生人格魅力和学术魅力。其二，教师的学问就是靠好学、善思、勤研，靠的是多读、多思、多做、多写，言传身教比什么都重要。其三，科研兴校，科研兴师。其标志是全校教师队伍的专业素养有一个整体的提升；全校特色课程的优秀团队能得以打造；教师有研究的习惯，并产生一批丰硕的科研成果。

研究、分享、反思，要努力在校园中构架起这样的研究场与团队实践氛围。青年科研沙龙，正是以点带面，促进教师养成研究习惯的平台与媒介，也是项目化研修的起点。疫情期间，科研项目团队的活动如期举行，每次活动有主题、有交流、有分享、有启迪。

三、让学生走向自育与幸福

三寸粉笔，三尺讲台系国运；一颗丹心，一生秉烛铸民魂。学校是师生共同成长的家园，肩负培根铸魂、启智润心的重要责任。教师的发展最终要落实注重学生的自育与幸福。

（一）注重教师文化建设

建设良好育人氛围、创设优秀教师文化，是培养全面而有个性发展学生的前提。在我校的教师文化建设中，我们致力于教师主动的"自我管理"文化、互动的"信息共享"文化、全员的"自主参与"文化、常态的"研修反思"文化、广域的"读书交流"文化。

多年的团队文化建设卓有成效，一支善于反思、勤于研究的教师团队已经形成，正用心探索着育人的目标与方式。我校王老师撰文说："成长需要等待：用爱和包容等待学生的成长、用尊重和理解等待家长的成长、用坚守和踏实等待自我的成长。"我校莫老师在教师论坛上这样表达他的教育情怀："我努力当好一名数学老师，努力当一名好的数学老师，因为此刻我考虑的不再是褒奖和欢呼，也不单单是一份稳定的收入，而是实现理想……现在看来，这似乎就是一份不可割舍的情怀，是我对教育教学理想、信念、抱负以及追求的执着坚持，更是一份我在追寻生命意义的路上，对内心精神家园的守望。在延续这份情怀的过程中，需要的，或许是细细挖掘深埋在心底的对教书育人的真诚、敬畏、责任和深沉的爱。"

（二）注重学生课程体验

在学校整体管理中，我们提出了"德育生活化""课堂高效化""艺术特色化""校园和谐化"的学校发展愿景。

学校管理团队设计绘制了课程图谱，把学校的办学理念、发展愿景、育人目标与课程设置紧密联系，从课程的类型、目标、内容等多个维度，深化展开。如我们架构起 PALS 课程群，丰富"人文与社会""科技与创新""生命与健康""艺术与修养"等课程建设；我们开展学科育德活动，充分挖掘学科资源；我们把社会实践、职业体验、生涯规划、心理建设纳入课程体系，设计丰富而多样的主题活动，如学科节、读书节、艺术节、科技节、体育节、心理月、爱心义卖、元宵游园，这些都成为学生们印象深刻的活动。活动培养了学生的积极情感，增强了他们的感受体验，寓教于乐，使学生们更好地认识自己、规划自己、发展自己、评价自己。

2020 年疫情期间，在线教育管理的设计中，我校把专题教育与教学活动进行重整。学校通过"致敬系列""探究系列""运动系列""劳动系列"等丰富多彩的活动，让学生在"系列"活动中增强体验、表达心声、贡献力量；让学生在"系列"活动中认识公共卫生、培养科学精神、强化责任意识、实践生活教育，实现学校育人的价值。

（三）注重学生身心健康

体育之表是增强体质，体育之里是一种精神，我校充分重视学生体育活动。如我校结合市区级立项课题，每学期开展多样新颖的赛事与活动。对评选出的"体育小健将""体育小达人""体育之星"进行隆重表彰。我们以各种评价方式，鼓励学生积极投身体育锻炼，让学生在各种体育比赛中得到意志磨炼、培养健康体魄；在形式多样的体育活动平台上，增强学生的运动兴趣、激发运动潜能、培养运动习惯。在心理健康教育中，我们从"生命成长"这一视角出发，丰富学生"生命成长"的认识、促进学生"生命成长"的感悟、培养学生"生命成长"的能力、引导学生"生命成长"的轨迹，让学生树立积极健康的人生观、生命观。我们还围绕学校确立的市级课题"初中生生涯辅导在家庭教育中渗透之探究"，联手家庭教育，展开积极探索，并取得广泛影响。

四、追求幸福的教育人生

积极心理学之父——美国的塞利格曼教授关注焦点在于"人类的积极品质"，心理学的一个重要的使命是让普通人生活得更有意义、更加幸福，因此需要通过大力提倡积极心理学来帮助人类真正拥有幸福。在《持续的幸福》一书中，塞利格曼提出幸福由五个元素决定——积极的情绪、投入、目标和意义、和谐的人际关系、成就感。因此，教师的工作幸福感是关系到其专业发展和学生教育质量的重要因素之一，在教育改革创新中具有极其重要的地位和作用。

脑科学的研究成果告诉我们安全愉悦的情绪体验是大脑工作的最佳状态，因此教师工作的重要任务就是要在工作和生活中得到快乐：通过合理分配工作量、营造融洽的校园氛围、参与教学研究交流等方式来提升自身的幸福感，能使其更好地融入到教育教学和校园文化建设中。此外，通过需要明确自己的职业规划与发展定位，并不断反思和优化自身的教育理念与教学方法，以达到更高水平和更有实效的教学效果。在工作和家庭之间找到平衡，也是教师幸福感的重要来源之一。因此，每天微笑面对压力、面对挑战、面对工作、面对生活是教师需要树立的人生态度。

（一）赞赏教育

赞赏教育与积极心理学倡导的原则有不少趋同之处。积极心理学认为，人生最值得追求的目标是幸福。教育者要在交往互动的过程中及时表达爱与赏识，要用充满爱心的感性语言表达对学生的爱，对学生的学习过程进行公正、及时、正面的评价，让学生获得积极的体验，才能对学生产生激励效果。学生的学习动力源于充分的积极情绪体验——被爱、被欣赏、被尊重的感觉。

在学校教育管理中，学会赏识教师、学会赏识学生，就显得尤为关键。赏识需要积极的心态与心理，每天让自己的心态、情绪保持平稳、和善、理智，这对于工作、生活中的人和事，都有裨益。

（二）沉浸体验

沉浸体验是一种最令人满意的体验，是人们在受其内在动机驱使而从事具有挑战性却可控的任务时所经历的一种独特的心理状态。我们的教学活动如何使学生有更多的沉浸体验，在活动创设中及时的鼓励和积极的评价尤显重要，一旦学生的自主意识得到增强，就会产生强烈的学习知识的成就感和内驱力。在教育教学活动中，教师需耐心陪伴和等待学生的改变和成长，相信学生的向善性，相信学生拥有自己解决问题的能力。而教师则需克服自身的消极情绪，以使教学活动高效开展。

（三）心理免疫力

乐观、自尊感、成就感、信仰、忠诚、勇敢、坚韧不拔等是我们心理强大所需的品质，尤其是乐观。以乐观的心理来看待事物的人更容易摆脱挫败的不良情绪，更可能采取积极的行动，获得更好的成就。如何增强心理免疫力，使自己有足够的动能去激发学生、激发自己，这需要我们不断地修炼与内省。

（四）性格优势

性格优势分为"基调优势"（稳定的持续呈现的优势性格，如好奇心、谦逊、活力等）和"阶段优势"（根据情景的要求表现出的优势，如毅力、勇敢、开放性思维）。性格优势虽有天赋的可能，但研究表明，它是可以培养的，如果我们致力于为学生营造积极正面的环境，就可以激发学生潜在的性格优势。

其一，对于学校教育而言，如果以每个学生的性格优势特征作为教育辅导的基础，就更容易培养出健康优秀的学生；其二，对于家庭教育而言，如父母针对孩子的性格特质给予及时的鼓励和肯定，就能让孩子的优势特征得到发挥，更容易培养自信有创造力的孩子；其三，以性格优势特征为基础，教师引导学生向跟职业匹配的方向发展，会使学生更容易获得成功体验而不断走向新的成功。

赋能教师专业发展研修大事记

- 2014 年 9 月 2 日，学校开展第一次"青年科研沙龙"活动，形成青年教师科研团体。

- 2014 年 9 月 11 日，中青年教师个人发展规划启动。

- 2015 年 3 月 13 日，教师"读书漂流"活动正式启动。

- 2015 年 3 月 31 日，"关注课堂模型，提升教学效益"首届五四中青年教师教学比武活动开幕。

- 2015 年 9—10 月，学校参与中英数学教师交流项目，2 位老师赴英开展为期 1 个月的教学工作。

- 2015 年 12 月，学校成为上海市见习教师规范化培训学校。

- 2016 年 11 月 29 日，在首届静安教育学术季中，学校主办"立足专业、提升素养——基于校本研修背景下教师专业成长的实践研究"区级展示交流活动，校长发表主旨报告。

- 2016 年 10 月 31 日，区级重点课题"基地校'见习教师规范化培训'适切性问题及改进策略研究"立项；2017 年 1 月 5 日，项目开题论证。

- 2017 年 11 月 13 日，首届骨干教师教学风采展示活动拉开帷幕。

- 2018 年 9 月，青年科研沙龙五大学科项目组成立。

- 2018 年 11 月 29 日，数学信息项目组在第三季静安教育学术季"拥抱每一位学生的发展，我们在行动"主题论坛上交流发言。

- 2019 年 5 月 29 日，校长、各学科项目团队在区科研活动中做了"科研引领，项目研修——适应学生个性化发展的学校管理策略研究"的主题交流。

- 2019 年 10 月 25 日，数学信息项目组"初中数学核心素养与数学教师命题素养的关联性研究"立项为区教育科研一般课题；2020 年 1 月 14 日，项目开题。

- 2019 年 11 月 28 日，学科项目团队在第四季静安教育学术季"积淀 反思 成长——走在促进学生个性化成长的研究之路上"主题论坛上做了交流发言。

- 2020 年 3 月 24 日，青年科研沙龙首次尝试线上会议。

- 2020 年 10 月 20 日，各项目团队就项目化研修阶段成果与异校跟岗干部展示交流。

- 2020 年 10 月 26 日，理化生项目组"指向初中生科学探究能力培养的个性化实验作业的跨学科实践研究"立项为区教育科研一般课题；2020 年 12 月 29 日，项目开题。

- 2020 年 11 月，英语项目组"分层教学在初中英语读后活动中的实践研究"成功立项上海市中小学青年教师（2—5 年）专业发展实践研究项目；2021 年 11 月，项目以"优秀"的成绩结项。

- 2020 年 12 月，学校初步构建结构化项目网络，在学科项目组基础上扩建项目化研修团队。

- 2021 年 1 月，学校申报的上海市教育科学研究项目"学校治理视角下赋能青年教师的项目化培训实践研究——以发达城区优质公办初中为例"立项；2021 年 4 月 8 日，项目顺利开题。

- 2021 年 3 月 15 日，"党建、德育、课例、科创、阅读"项目组成立。

- 2021 年 3 月 16 日，青年教师微党校项目确立。

- 2021 年 4 月 15 日，阅读项目组确立团队研究主题"指向初中青年教师专业能力发展的阅读项目实践研究"。

- 2021 年 5 月，项目化研修启用活动观察表。

- 2021 年 6 月 11 日，"教师自我效能感"调研访谈工作启动。

- 2021 年 9 月，项目化研修月度活动在线协同统计。

- 2021 年 10 月，理化生项目组参与静安区第二届中青年发展团队项目，开启新征程。

- 2021 年 11 月 8 日，数学信息项目组"利用支架提升初中生数学综合问题解题能力的行动研究"立项区级一般课题；2022 年 1 月 4 日，项目开题。

- 2021 年 12 月 23 日，在第六季静安教育学术季中，学校主办"聚焦真问题 营建新生态——项目化研修赋能教师个性化专业成长的实践研究"区级研讨活动，校长作主题发言，各项目组老师参与教学展示与论坛交流。

- 2022 年 1 月 12 日，健康课程项目团队参与 2022 年上海市学校健康教育特色课程实践研究启动会；2022 年 3 月 29 日，团队子项目"'科学战疫，守护健康'传染病防控课程设计与实践研究"立项论证。

- 2022 年 6 月 23 日，"静安区科研初中学段沙龙暨彭浦初级中学科研项目组汇报"区科研论坛在线上召开，校长及项目研修团队作了主题发言。

- 2022 年 7 月，启用项目化研修量化评价方案。

- 2022 年 8 月 31 日，课例项目组为全校教师作了"以课为例，同研共修"的主题分享。

- 2022 年 12 月 15 日，在第七季静安教育学术季中，学校主办"新思维 新探索 新发展——推进教育数字化变革的学校实践"区级研讨活动，校长作主题发言，各项目组老师参与教学展示与论坛交流。

- 2022 年 12 月 28 日，校科研室在第七季静安教育学术季科研活动上作了"项目化研修：赋能教师专业发展的新探索"主题发言。

- 2022 年 12 月，课例项目组"基于 TVS 的初中教师项目化课例研究"立项区级一般课题；2023 年 1 月 10 日，项目开题。

- 2023 年 1 月 10 日，区科研室指导市级课题研究推进与课题结项工作。

- 2023 年 1 月 17 日，市级课题研究成果集汇编工作启动。

- 2023 年 3 月 2 日，上海市陶行知研究协会"小先生成长行动"项目工作会议在我校召开，"小先生"项目团队作了关于"小先生制在学生活动中的实践研究"的开题报告。

- 2023 年 3 月 3 日，课例项目组老师参与静安区第七届学术季论坛并作了主题发言。

- 2023 年 3 月 16 日，项目团队参与申报静安区中小学（幼儿园）"515 工程"自创式研修；5 月 11 日，数学项目组、课例项目组成功立项。

- 2023 年 4 月，科创项目组筹备上海市建筑模型、车辆模型比赛。
- 2023 年 5 月 6 日，理化生项目组三名老师合作开设跨学科公开课"我帮稻农选好种"。
- 2023 年 5 月 30 日，市级课题研究成果汇编初稿完成。

后　记

2020 年，我编著、出版了 32 万字的《一名校长的实践思辨录》、44 万字的《促进学生个性化成长的思考与行动》两本书。书中很多素材都是来源于我和老师们的"工作手记"。

教师的工作就是将个人的知识转化为学生的知识。教师每天都会遇到各种各样的教育教学问题，有些被妥善解决了，还有更多则是解决得不甚恰当，乃至悬而未决的。"工作手记"可以帮助教师将这些需要更多思考的成功与失败的"点滴"、存在于记忆中的碎片感悟落笔保存，这是教师整理思绪、反思实践、理论化个人知识的过程，也是职业生涯的"打卡"修炼。

前段时间，我看到程红兵校长的一篇推文《那几年，我给〈未来教育家〉写过专栏》，程校长在管理实践中也一直记录着"工作手记"，他的"工作手记"记录的都是工作中的感受、理解和反思。其中，有谈学校课程的、有写课堂的、有写校园生活的、有毕业典礼讲话的内容等等。程校长说自己的工作手记的一个很显著的特征就是自说自话，大部分是置身于教育现场的个人思索，不一定准确，但绝对真实、不虚、不装。他还写道："工作手记其实就是一个校长的所思、所想、所做、所为，也可以说是一个校长的心路历程。"读到此处，我共鸣良多。多年来自己在管理实践中记录的"只言片语"确实可以连成一段真实的办学心路历程。我习惯一遍遍重读"工作手记"，回首当时发生过的事、遇到过的人以及自己思想的转变，从而系统地回溯问题，找到前行的动力，明确未来方向。

我将数十年来坚持不懈的方法倾力推荐给了学校的老师们。不怕迈的步子太小，只怕总是踟蹰不前；不怕做的事太小，只怕总是无所事事。有方向、有计划，日复一日的付出和努力终能引向更大收获，塑造一个更加完善的自己。后来，越来越多的教师开始尝试"工作手记"，一篇又一篇记录下了对于教育教学现象的思考，对于课堂教学的研究，对于职业生涯发展的规划，还有读书笔记。于是，我开始鼓励教师不要仅在行政影响或者个人感召下做做看，而是能在"点"上思考，发挥更大的效力："点连成线"，让教师的实践反思与理论融合，形成教师持续专业发展的理论基础；"线形成面"，组建专业学习的共同体，凝聚推进教改的共识合力。

学校传统的"书漂"活动为老师们定期推荐书籍和文献，2019、2020 年学校每年创设研讨、沙龙达 70 多次。尽管老师们更深入地走近了彼此，交流了对课堂教学中困难点的认识，但是我作为校长——活动的发起者"躬身入局"后意识到，目标更加精准的研修设计会更有效地适应教师个性化的专业发展。

2020 年开学，我在与区科研员徐梦杰和刘慧老师开诚布公地多次研讨之后，决定申报上海市教育科学研究一般项目"学校治理视角下赋能青年教师的项目化培训实践研究——以发达城区优质公办初中为例"，在科研的引领下对促进教师专业成长开展系统的校本探索，为更多面临教师持续专业发展问题的学校提供先行先试的经验和样例。

课题以"治理"为解决问题的视角，就是要构建"自下而上"与"自上而下"相结合的学校管理双通道；并要考虑教师的年龄特征与工作需求，以专业任务为目标导向，强化教师自主选择，适当地参加培训项目；以赋能学校中比例不断上升的"青年教师"为突破口，孕育民主、和谐、互信、共赢的校园学习生态。从"自治"到"共治"，不仅校长，每一位教师都是发现和解决学校教育教学问题的关键，盘活教师的活力，从而促进老、中、青全校教师的经验交流与融合。市级课题最终成功立项。

2021 年 4 月 8 日，刚刚装修一新的学校迎来了盛大的课题开题论证会，联合国教科文组织教师教育中心主任张民选教授、上海市教育科学研究院陆璟副院长、静安区教育局陈宇卿局长、静安区教育局科研室王俊山主任等一行专家、领导莅临现场，给予学校创新改革设想以充分肯定，为课题的深入推进提供了宝贵的建议。我还清楚地记得，张民选教授恳切地提出期望，"在课题研究的过程中要为不同年龄层次的教师提供相应的项目设计，发挥不同梯队青年教师的教学才能、领导才能以及学科研究才能，把每位青年教师的潜能充分挖掘出来，最终让学生得到发展"。这奠定了学校至今坚定不移的工作主线：探索优化学校治理新路径，着力促进教师专业成长。

课题开展期间，作为课题总负责人的我一直边实践边记录，也欣喜地见证了随着课题的深入，我们的青年教师团队、项目领衔人团队、干部团队正悄然发生着观念的转变和行为的迭代优化，而这变化的背后是教师们在经历学习和锻炼后的专业知识、专业能力和专业情感的拔节生长。教师的"工作手记"成为贯穿研究始终的推进抓手和成效展示。项目组聚焦研讨，科研室通过校刊《紫风铃》和学校公众号发表教师优秀的"工作手记"，并组稿投送到市、区各级期刊。有不少教师竟已将以前不情愿、甚至惧怕的专业记录、写作，变成了日常工作的习惯。这是一段学校和我个人走过的值得回味的难忘时光。

人的素质、智慧不是与生俱来的，而是通过后天习得的。关于成长性思维的研究显示，努力学习与专注坚持，决定了人能够在任何特定的追求上获得成功，这便是优势积累效应。心理学家 K. 安德斯·埃里克森（K. Anders Ericsson）通过一项分组调查实验发现，越是优秀的专业人员，越是经历过长时间的训练。马尔科姆·格拉德威尔（Malcolm Glodwell）在畅销书《异类》中提出"10 000 小时工作定律"，如果一个人每天工作 8 小时，每周工作 5 天，要成为一个领域的专家，至少需要 5 年的锤炼。神经科学告诉我们，大脑如同肌肉一般，当外界对之施以压力或刺激时，会以不可思议的方式成长与变化，"做难事，必有所得"。

今天的教师要终身专业发展。我们要用成长性的思维指导我们的实践，在此过程中，始终保持对外部世界的好奇心，勇于尝试新的事物，抱有开放、反省、不断灵活变化的行事方式。教师要带着轻松一点的心态，带着发展自我的视域，带着平和的心境，微笑着迎接难事、迎接挑战。教师要从容、沉着、专注，按照计划去完成一项项任务，相信自己终究能抵达彼岸……当然，要成为顶尖者或伟大的人物往往还需要压力。通过长时间、不懈选择做难事、做自己没有做过的事，坚毅忍耐，调整心态，教师可以从艰苦中享受成就的乐趣，将"压力"转化为"动力"。

"学校治理视角下赋能青年教师的项目化培训实践研究"就是我们举全校之力做的一件"难事"。课题组努力将越来越多的教师囊括进来，共同探索项目组的科学布局、过程推进和评价，并与学校赞赏教育视域下高效课堂的构建相结合。我们欣慰地看到，青年教师的自主性提升，接连获得各类成果和奖项，新老教师之间更加深度地交流、合作。我们也曾遭遇推进的困境，项目建立时的各种突发情况，科研机制创新中的风险。好在我们一直能战胜挑战，从未放弃，迎难而上，相信我们会找到答案。

本书作为上海市教育科研一般课题（C2021117）"学校治理视角下赋能青年教师的项目化培训实践研究——以发达城区优质公办初中为例"的研究成果，呈现了近年来学校开展项目化研修所取得的一点成绩，也是我校教师集体努力的结晶，感谢所有教师的辛勤付出！尤其对在项目化研修过程中总结、凝炼研修案例，提供相关材料的项目团队和老师们表示感谢！在课题的研究过程中我们有幸得到了上海师范大学、上海市教育科学研究院、静安区教育局、静安区教育学院等各单位领导、专家的关心与指导。特别感谢静安区教育学院徐梦杰老师，从课题的申报、推进，到成果的梳理、提炼，她都给予了全方位的指导与帮助，为研究奠定了坚实的基础。本书能顺利出版，还得益于上海东方出版中心的张爱民编审、黄驰编辑、刘叶编辑的大力支持。在此一并表示衷心的感谢！

本书各章节部分材料提供者如下（按相关文本的出现顺序排列）：绪论、后记，程核红。第一章第一节，丁先波、赵琰；第二节，崔颖、汪文婷、宁新军；第三节，刘仁峰、毛在君。第二章第一节，程核红、王思思、缪雅敏；第三节，杜文佳、陈惠娟、吴新庄。第三章第一节，英承智；第二节，汪利、解慧园、杨丽婷；第三节，程核红、毛在君、符静嫣。第四章第一节，王雅红、马莉、程核红。第四章、第五章部分文章由宁新军、英承智统稿，原文作者均在文中署名，此处不一一罗列。第六章第二节，英承智、杜文佳、程核红。英承智参与了书中文本材料的梳理与审校的工作，程核红对全书进行了统稿、审稿、定稿。

面对未来教育的复杂性与多样性，赋能教师专业发展的项目化研修还有广阔的探索空间。我们将继续以"学校治理视角下赋能青年教师的项目化培训实践研究"为引领，坚持问题与目标导向，不懈探索、反思、研究，为教育人才发掘、培养和输送搭建平台，使教师在项目化研修的机制运行中获得更快、更好的发展！

由于成书时间较仓促，书中难免有疏漏及不妥之处，敬请批评、指正！

程核红

2023 年 6 月